고전에 묻다

인문학자 김경집의 고전 새롭게 읽기 3

고전에 묻다

인문학자 김경집의 고전 새롭게 읽기 3

◉ 김경집 지음 ◉

학교도서관저널

머리말
다양한 시선으로 고전에게 묻다
새로운 길로 고전이 답하다

많은 이들이 고전을 읽는다. 고전을 읽어야 한다고 강조한다. 그러나 갈수록 고전을 읽는 사람은 줄어든다. 마크 트웨인의 말처럼, "고전이란 누구나 제목도 알고 지은이도 알며 '심지어' 대충 줄거리까지 아는데 정작 아무도 읽지 않는 책"이 되는 중이다. 갈수록 '일반 독자'가 희귀 종족이 되고 있는 현실에서 고전이란 '겁나게 두툼하고 너무 오래전 이야기이며 어렵기까지 한' 책이라 여기기 쉽다. 그래서 고전古典에 '옛 고'가 붙었을 게다. 그런 고전으로는 고전苦戰하기 딱 좋다. 그러나 고전은 고전高展 즉 높은 곳에서 바라보는 너른 시야를 마련해준다는 점에서 놓칠 수 없는 보석이다.

어쩌다 보니 책에 대한 책을 여러 권 썼다. 출판전문지 『기획회의』에 고전에 대해 연재할 기회를 얻어 여러 해 읽고 썼다. 그렇게 다시 두 권의 책을 펴냈다. 처음에는 판에 박은 고전에서 벗어나 때로는 비틀어서 보는 방식을 다뤘고(『고전, 어떻게 읽을까?』), 다음에는 같은 책을 시간의 차이를 두고 읽으면서 내가 어떻게 달라졌는지, 책을 해석하는 방식이 어떻게 변화 혹은 진화했는지를 나 자신의 경험을 실마리로 풀어냈다(『다시 읽은 고전』). 이제 연재 작업의 마지막 단계를 묶어 세 번째 책으로 펴낸다. 세 번째 단계에서 다루고 싶었던 건 크게 두 가지였다. 하나는 저자나 주인공의 시선을 따라 읽을 수밖에 없는(모든 책들이 그렇지만) 독법을 벗어나 다른 시선으로, 예를 들어 조연의 시선으로 바라보거나 심지어 사물의 입장에서 바라보는 식의 익숙하지 않은 접근법 즉 '새로운 물음'으로 다가가는 것이다. 다른 하나는 나의 모든 감각과 상상을 동원하여 새로운 이성과 감각으로 '느끼고 상상하는' 접근법이다.

우리는 소설을 읽을 때 주인공의 심정에 나를 감정이입하고 동일시한다. 그것은 훌륭한 공감의 방식이기는 하다. 그리고 대부분의 주인공이 작가가 전하고자 하는 중심적 메시지의 화자이기도 하다. 그러나 그 주변에 있는 수많은 인물들 또한 나름대로 세상의 중심이다. 어느 누구도 들러리나 엑스트라 역으로 살지 않는다. 다만 힘의 중심에서 빗겨나 있을 뿐이다. 『토지』를 읽을 때 주인공 서희의 입장에서 바라보는 건 불가피하다. 그러나 다시 읽을 때는 서희가 아닌 다른 인물의 입장에서 읽어보는 것도 좋다. 하나의 시선, 하나의 해석만 존재하는 게 아니다. 사람이 그렇고 삶이 그러며 세상이 그렇다. 비단 소설만 그런 건 아니다. 심오한 사상도 나의 이성을 이입하고 수용하고 해석하며, 읽은 뒤에는 나의 새로운 해석으로 다가설 수 있어야 한다.

이런 새로운 방식의 '감각 소환 읽기'는 현재 그리고 미래를 이어갈 과거의 새로운 소화라고 생각한다. 낯설고 불편하지만 일단 해보면 꽤나 재미있고 소득도 만만치 않다. 물론 일단 한 번 읽고 난 다음의 도전이다.

또 다른 하나는 고전에서 답을 먼저 얻으려 할 게 아니라 내가 먼저 고전에 물어보는 것이다. 답은 하나밖에 없지만 질문은 끝이 없다. 답은 다른 이가 내린 거지만 물음은 내가 던진다. 이것만으로도 큰 소득이다. 하물며 고전에 물음을 던지는 건 더더욱 매력적이다.

혼밥의 새로운 발견처럼

내가 이러한 시도를 생각해낸 것은 다소 엉뚱한 발상에서 비롯했다. '혼밥'이 점점 더 일상이 되고 있다. 식당에는 '혼밥석'까지 마련되고 있다. 혼밥에 대한 시선에는 안타까움이 담겨 있다. 관계가 옅어지고 지갑이 얇아지기 때문이라 여기기에 그럴 것이다. 그리고 그런 판단은 크게 어긋나지 않는 현실 인식인 듯하다. 하지만 안타깝게만 여길 게 아니다. 어차피 겪는, 겪게 될 현실이라면 다른 방식으로 '생산적으로' 소화할 수도 있다. 혼자 밥을 먹는 게 익숙하지 않다. 남 눈치도 보인다. 그래서 그런 외로움을 달랠 겸 자투리 시간 활용의 방식으로 혹은 습관적으로 스마트폰을 검색하며 밥을 먹는다. 감각은 두 갈래로 나뉘어 먹는 일은 그저 연료를 주입하거나 음식을 쑤셔 넣는 수준으로 전락한다. 슬픈 일이다. 그렇지만 생각을 바꾸면 그 '서글픔'도 전혀 새로운 생산적 경험으로 변화할 수 있다.

  이왕 겪는 혼밥을 다른 방식으로 소비해보자. 음식은 내 몸에 필요한 영양소를 공급하는 가장 기본적 수단이다. 우리가 식사 때 오로지 음식에만 집중하고 그것을 느껴본 적은 뜻밖에 별로 없다. 누군가와 함께 식사하면서 밥에만 모든 감각과 사고를 집중할 수는 없는 노릇이다. 그런데 혼자 밥을 먹게 되면 오로지 내 몸과 음식이 1:1로 대면한다. 음식에 대한 생각과 느낌에만 집중해보면 어떨까? 내 입에 들어오는 모든 음식의 식자재에 대해 하나하나 음미하고 감각을 최대한 살려 느껴본다. 그 음식의 모든 과정에 닿아 있는 사람들의 손길과 마음도 느껴본다. 음식을 통해 내 모든 감각을 깨우고 느껴보는 것만으로도 이미 의미 있는 경험이다.

그런 생각을 조금 더 적극적으로 응용해보면 흥미로운 일도 생긴다. 예를 들어, 전주에 가면 많은 이들이 '비빔밥'을 먹는다. 비빔밥은 모든 식재료들이 한 그릇에 섞였을 뿐 아니라 고추장이나 다른 양념들까지 한데 섞인다. 그래서 각각의 재료에 대해 음미하기 어렵다. 그렇다면 전주의 비빔밥 식당들이 음식을 낼 때 각각의 재료가 조금씩 담긴 작은 그릇을 함께 제공하여 먼저 그 각각의 재료들을 하나씩 음미해보게 하고 그 다음 비빔밥을 먹으면서 아까 먹었던 식재료들에 대한 미각과 식감을 하나씩 느껴보게 하는 것이다. 그러면 우리의 잠들었던 많은 감각들이 살아나게 되는 경험을 할 것이고 그런 경험이 우리의 감각을 더 풍부하게 만들 것이다. 그건 이미 하나의 멋진 경험이고 그 경험의 확장 과정이다. 또한 그 음식을 접하는 내 몸에 대해서도 생각하고 느껴볼 수 있다.

고전 또한 그러한 방식으로 새롭게 소비할 수 있을 것이다. 흔히 고전은 한 번 읽은 뒤 몇 해 뒤 다시 읽으면서 어떻게 다르게 읽히는지에 따라 나의 변화를 스스로 확인할 수 있는 매력을 지녔다. 하지만 꼭 한참 뒤에 읽어야 할 당위는 없다. 곧바로 다시 읽을 수도 있다. 예를 들어 책을 모두 읽은 뒤 곧바로 다시 읽으면서 각각의 감각을 느끼는 방식이다. 시각,

촉각, 후각, 청각, 미각 등 다양한 방식으로 오로지 각 감각의 흐름을 느껴본다. 우리가 책을 읽을 때 흔히 주인공의 관점에서 혹은 주제의 관점에서 소비하는 게 일반적이다. 그런 과정에서 다른 것들은 잘 느끼지 못한다. 스토리의 전개 혹은 주제의 서술에 집중할 수밖에 없다. 그런데 그 책을 다시 읽으면서 감각의 차원으로 해석해보면 뜻밖에 놀라운 경험을 할 수 있다. 연세대학교 캠퍼스의 청송대를 대부분 '靑松'으로 알고 있지만 사실은 '聽松'이다. 소나무를 '듣는다'는 것은 뜻밖의 생각이다. 소나무의 목소리일 수도 있고 솔밭에 흐르는 바람소리일 수도 있다. 그런데 오직 시각적으로만 이해하니 '푸를 청靑'을 '자동적으로' 떠올린다.

이런 방식은 책을 오로지 시각과 정보의 차원에서만 접근하고 소비하던 전형적인 방식에서 벗어나 새로운 느낌과 생각으로 진화하게 해준다. 사실 지금의 독서는 20세기까지의 독서 소비와는 다르다. 지식과 정보 혹은 '시각적' 이야기의 소비 위주에서 21세기가 요구하는 다양한 감각과 생각의 영역으로 확장할 수 있어야 한다. 그게 책이 주는 또 다른 매력이고 장점이다. 가령 헤밍웨이의 『노인과 바다』를 다시 읽을 때 바다라는 공간에 대해서만 몰두해보자. 바다의 물빛, 하늘과 구름의 색깔, 시간마다 달라지는 햇빛의 느낌 등 모든 시각이 다양하게 펼쳐진다. 이미 이야기는 다 안다. 그러니 다시 이야기의 흐름을 재생할 게 아니라 읽으면서 놓쳤던 다양한 감각을 직접 느끼고 짚어보는 것 자체가 훌륭한 상상력의 과정이고 공감의 방식이다. 노인의 구릿빛으로 그을린 얼굴은 단순히 색채로만 서술되지 않을 것이다. 그의 깊게 패인 주름들만 떠올려도 하나의 그림이 된다. 다시 책을 읽으면서 이번에는 청각을 중심으로 읽는다. 그 다음에는 또 다른 감각들로. 말로만 콘텐츠의 시대니 어쩌고 할 게 아니다. 이런 식으로 다양하게 책 한 권 읽는 것만으로도 충분한 상상력과 창의력뿐 아니라 다른 사람과 대상들에 대한 공감의 능력을 극대화시킬 수 있다. 어쭙잖은 창의력 책들 100권 읽는 것보다 낫다.

권위에 휘둘리지 않고 내가 주체가 되어 물었을 때
고전은 비로소 내게 입을 열었다

아무리 부인해도 고전의 권위를 거부하기는 어렵다. 시공을 초월해서 생명력을 갖는다는 것 자체가 이미 최고의 권위다. 하물며 체제에 순응하는 교육방식에 익숙한 우리로서는 고전의 지식과 정보를 수용하기 급급하고 그것을 권력으로 사용하려는 의도가 강해서 감히 묻지 못하거나 그럴 이유를 찾기 어렵다. 하지만 어느 정도의 내공이 쌓이면 대들고 따질 수 있어야 한다. 당대 관점과 현재의 그것이 같을 수 없다는 것만으로도 이미 그럴 수 있는 자격과 조건은 충분하다.

지금의 관점에서 보면 보수적 자본주의 논리의 맹주처럼 여겨질지 모를 애덤 스미스의 『국부론』은 당대 기득권층에서 볼 때는 불순한 좌파 지식인의 선동으로 보일 수 있다. 그는 당시의 권위와 통념에 대해 대담하게 도전했다. 그것은 그의 질문이다. 당대 보편적 가치와 사상에 순응하지 않고 '자신의 물음'으로 맞선 것이다. '왜?' '어째서'라고 따지는 주체는 바로 나 자신이다. 우리가 많은 책을 읽는 이유 가운데 마지막은 바로 그것을 위함이다. 그런 점에서 최고의 권위를 부여받은 고전에 질문을 던지는 건 이미 그 자체로 매력적이다.

누구나 해답을 찾는다. 그러나 그 실마리는 나의 물음에서 비롯된다. 내가 고전에 물었을 때 고전은 내게 새로운 방식으로 답한다. 고전과 나의 그러한 '묻고 답하는 감응'이 일어날 때 고전의 생명이 새롭게 태어난다. 그러니 묻고 또 물어야 한다. 고전은 엄청난 대답을 담고 있다. 다만 묻는 사람에게만 그 대답의 모습을 드러낸다.

물론 모든 작품을 다 그렇게 읽을 까닭은 없다. 그리고 일일이 그렇게 하는 것은 좀 번거로운 일이기도 하다. 나는 이 책에서 두 가지 실험적 방법을 시도하면서 전반부에서는 다른 배역의 눈으로 보는 방식을 택했고 후반부에서는 고전을 전복하지 않는 범위 내에서 내가 어떤 질문을 던질 수 있을까를 고민했다. 흔히 고전은 한 번 읽고 다시 읽지 않을 책이 아니라 두고두고 읽어야 할 책이라고 한다. 그런 점에서 똑같이 읽는 건 고전에 대한 예의도 아니다. 물론 일차적으로는 제대로 이해하고 해석하는 것이 필요하겠지만 거기에 갇혀서, 권위에 눌려서 혹은 그 지식을 지적 권력으로 삼기 위해 추종하는 것을 벗어나야 한다. 나는 감히 이러한 방식들이 탄탄한 기초와 가능한 변용을 통해 어색한 조합이 아니라 매력적이고 생산성이 높은 고전 읽기의 도전을 주도한다고 믿는다.

나의 이러한 일종의 실험적 고전 읽기가 분명 낯선 방식이고 이전에 축적된 전례가 흔치 않은 탓에 쉽지 않은 일이라는 데 동의한다. 또한 나의 한계와 주관적 혹은 때론 자의적 해석에 빠질 우려도 분명히 있을 것이다. 그럼에도 불구하고 나는 이러한 새로운 시도가 누군가에게 새로운 시선을 열어줄 것이라 믿는다. 그게 옳고 그름을 떠나 그럴 수도 있으며 그런 방식을 통해 전혀 새로운 지평을 열어줄 수 있다면 기꺼이 해야 할 의무감을 느낀다.

여러 해 동안 규칙적으로 고전을 읽고 생각하며 묻고 캐는 일을 할 수 있도록 멍석을 펴주고는 단 한 차례의 간섭도 없이 묵묵히 응원해준 『기획회의』의 배려가 새삼 고맙다. 한기호 소장의 뚝심과 믿음 덕에 여기까지 왔다. 그리고 탄탄한 실력의 이기홍 편집자가 다시 튼실하게 길잡이로 매조져 책의 꼴을 갖췄다. 나는 베푼 게 없는데 이런 홍복을 누리니 거듭 고마울 뿐이다. 이 책이 그분들께 제대로 빚 갚음이 될 수 있으면 나로서는 다행스러운 일이다.

드디어 3부작을 완결하는 뿌듯함보다 두려움이 앞선다. 그래도 또 기회가 주어진다면 마다하지 않을 것이다. 이 작업은 실상 번거로운 일이다. 여러 고전들을 다시 읽어야 할 뿐 아니라 그것들을 곧바로 또다시 읽으면서 새로운 시선과 감각 그리고 해석의 실마리를 끄집어내는 일은 결코 쉽지 않다. 끊임없이 묻고 캐는 일 또한 지난한 일이다. 하지만 내가 물었을 때 비로소 답을 얻을 수 있다. 고전은 그 물음에 발끈하지 않고 오히려 더 깊은 울림으로 새롭고 다양한 답을 건넨다. 그러니 일단은 그렇게 나아가볼 일이다. 그저 판에 박은 듯한 상투적 이해와 해석을 미뤄두고. 여러분들의 응원과 날카로운 비평을 기대한다. 칼릴 지브란의 명언을 등대 삼아 밤의 항해를 떠날 것이다.

"'나는 진리를 발견했다'라고 하지 말고 차라리 '나는 한 가지 진실을 알아냈다'라고 말하라. Say not, 'I have found the truth,' but rather, 'I have found a truth.'"

차례

4 머리말 ──────── 다양한 시선으로 고전에게 묻다, 새로운 길로 고전이 답하다

1. 우리는 모두 슈호프다

17 오감을 깨우는 책읽기 ──────── 『어린왕자』
27 소인의 눈으로 다시 읽다 ──────── 『논어』
37 주연만 존재하는 건 아니다 ──────── 『벚꽃동산』
48 역사는 균형이다 ──────── 『영국사』
59 경제학의 진실을 두려워하지 말라 ──────── 『경제학을 리콜하라』
69 우리는 모두 슈호프다 ──────── 『이반 데니소비치의 하루』
79 우리들의 슬픈 자화상 ──────── 『세일즈맨의 죽음』
89 그 언어들로 행복할 수 있는 ──────── 『무진기행』

2. 이 사람의 신발을 신고 걸어보라

103 소소한 인물에 대한 깊은 애정 ──────── 『유자소전』
113 이 사람을 보라 ──────── 『스콧 니어링 자서전』
124 꺼지지 않는 불꽃 ──────── 『전태일 평전』
134 침묵이라는 심연 ──────── 『은밀한 생』

145 전통과 근대의 대항 ——————『월레 소잉카 대표 희곡선』
156 누군가는 사랑했고 누군가는 살아갔다 ——————『닥터 지바고』
167 할렘 르네상스의 재발견 ——————『한때 흑인이었던 남자의 자서전』
177 시대의 눈으로 본 당대 풍경 ——————『러시아 기행』
188 힘겨운, 과거와의 화해 ——————『밤으로의 긴 여로』
198 어떻게 공감하는가? ——————『타인의 고통』

3. 영원한 사유의 보물

209 여행, 생각의 이동 ——————『이탈리아 여행기』
220 진짜 여우는 누구인가? ——————『군주론』
230 내면의 울림을 깨우다 ——————『가문비나무의 노래』
240 신곡神曲? 인곡人曲! ——————『데카메론』
251 우주에서 바라본 점 하나 ——————『창백한 푸른 점』
262 17자에 담긴 우주 ——————『바쇼 하이쿠 선집』
273 거짓 경제논리에 휘둘리지 않기 위해 ——————『도덕감정론』
284 인간 사유의 역사적 보물 ——————『그리스 로마 에세이』

296 찾아보기

1. 우리는 모두 슈호프다

나는 늘 시계를 본다. 왜 시계를 보는 거지? 어쩌면 그 시계가 나의 간수일지 모른다. 나는 늘 시계의 눈치를 본다. 나에게 행동을 명령하는 것은 내가 아니라 그 시계다. 그렇다면 시계는 나의 수용소가 되는 셈이다. 눈에 보이는 울타리에 갇히고 간수에게 통제되는 수용소의 삶과 달리 나는 어디든 내 마음대로 갈 수 있고 간수는 없다. 그러나 스스로 두려워서 적당히 설정해놓은 울타리(그것을 애써 보호용 안전지대라고 부르고 싶어하겠지만)와 타인의 시선의 감시에 스스로를 인계하고 있는 현실의 삶이라고 크게 다르지 않다.

오감을 깨우는 책읽기
앙투안 드 생텍쥐페리의 『어린왕자』

여전히 우리에게 독서는 지식과 정보를 얻는 가장 안정적이고 풍부한 샘물이다. 어떤 사람은 책의 시대가 끝났다고 하지만 그건 하나만 알지 둘은 모르기 때문이다. 책은 무엇보다 깊이와 너비에서 다른 채널들에 비해 월등하다. 학자나 작가가 몇 해를 혹은 심지어 평생을 바쳐 연구한 결과물들이 그 한 권의 책 속에 농밀하게 녹아 있을 뿐 아니라 체계적이고 논리적이며 전체를 아우르는 주제의식이 분명하다.

예전에는 책이 지식과 정보를 얻는 가장 확고한 채널이었지만 이제는 다양하고 '빠른' 채널들이 널려 있을 뿐 아니라 어렵게 글을 읽지 않아도 되는 영상 정보가 넘친다. 그러니 책을 멀리한다. 책 안 읽어도 된다. 다만 그런 정보나 지식들은 파편적이다. 큰 그림을 그리고 구상하며 판단하고 행동하는, 주인의 삶을 만들지 못한다. 주체적 삶이 어렵다. 노예로 살아도 사는 건 가능하다. 명령에 따라 노동하면 먹을 건 얻을 수 있다. 그러나 책은 내가 삶의 주인이 되도록 하며 나와 세상 그리고 삶을 이어주는 창window이다. 무엇보다 책은 섬세한 사유, 다양한 감각, 깊은 감정의 세계를 확장해주는 엄청난 힘을 지녔다.

왜 우리는 『어린왕자』를 애정하는가?

한국인들 책 안 보는 건 어제오늘 일이 아니다. 갈수록 그런 성향은 심화될 것이다. 하물며 고전은 더욱 읽지 않을 것이다. 그저 낡은古 '더미의 책典'이다. 그러면서 고전苦戰한다. 고전古典은 고전高展 즉 높은 안목으로 세상을 바라보는 것이다. 그런 점에서 고전은 시간과 공간을 초월해서 사람들의 인식과 감각을 깨운다. 살면서 더불어 갈 도반이다.

그런데 그토록 책을 꺼리고 특히 고전에는 손사래 치는 한국인들이 유독 좋아하는 고전이 있으니, 아마 그 으뜸을 꼽으라면 바로 『어린왕자』가 빠지지 않을 것이다. 워낙 좋은 작품이다. 그러나 그것만으로는 '유독' 좋아하는 이유의 설명으로는 부족하다. 내 생각으로는 우리의 삶에 대한 반작용인 듯싶다. 지금의 내 삶이 맑고 깨끗하며 순수하고 따뜻하다면 모를까 그렇지 않거나 심지어 반대의 상황일 때 저절로 그런 상태에 대한 그리움이나 동경이 생긴다. 그럴 때 『어린왕자』를 떠올리는 건 어쩌면 자연스럽다. 지금보다 어릴 때 읽었다. 그때는 적어도 지금보다는 맑고 깨끗하며 순수하고 따뜻했다. 책의 내용도 그렇다.

책을 읽는 동안 우리가 일상에서 잃고 살았던 그 감정들이 되살아난다. 그러나 책을 다 읽고 난 뒤는? '나도 그런 때가 있었지.'라는 회고적 감상에 빠질 뿐이다. 시간을 되돌릴 수는 없다. 비가역적인 어린 시절로 되돌아갈 수는 없다. 그런 감상과 자기 위안에 그친다. 물론 작가가 '레옹 베르트에게' 헌정하면서 어린이들에게 용서를 구하는 세 번째 이유, 즉 '그 어른이 지금 추위와 굶주림을 겪으며 프랑스에 살고 있으며 그 어른을 달래줄 필요가 있다'라고 했던 말에 비추면 '위로'의 목적을 무시할 수는 없겠지만. 그래서 그는 '꼬마였을 때의 레옹 베르트에게'라고 헌사를 고치려 했을 것이다. 그러니 우리가 이 작품을 특별하게 애정하는 이유를 탓할 건 없다. 그러나 그 '꼬마'가 단순히 생물학적으로 어린 소년이 아니라 늘 그의 삶 안에 푸른 나무처럼 살아있는 '작은 아이'로 보는 것이 타당할 것이다.

칠레의 위대한 시인 파블로 네루다의 마지막 시집 『질문의 책』에 다음과 같은 시가 있다.

나였던 그 아이는 어디 있을까?
아직 내 속에 있을까 아니면 사라졌을까?

누구나 '나였던 그 아이'는 있다. 그 아이였을 때 나는 지금보다는 '상대적으로' 순수하고 따뜻했으며 꿈을 지녔다. 그 아이를 잃고 산다. 가끔 옛 친구를 만나면 그 아이를 떠올린다. 심지어 그 아이를 만나고 싶지 않을 때도 있다. 그 아이로 사는 건 비현실적이거나 손해 보기 딱 좋다고 여길 뿐이다. 문제는 '나인 그 아이'가 있는가이다. 정작 '나인 그 아이'를 놓친다. 프랑스어 'petit'나 영어 'little'에는 '어리다, 작다' 등의 뜻이 담겨 있다. 그런데 우리는 무조건 '어린왕자'로 번역한다. '작은왕자'는 없다. 그러나 생텍쥐페리가 의도한 건 '어린' 왕자가 아니라 '작은' 왕자의 뜻에 가깝다고 나는 판단한다. 삶은 '나였던 그 아이'가 '나인 그 아이'를 통해 '나일 그 아이'로 향해 가는 것이다. 누구나 생물학적으로는 나이 들면서 노쇠하지만 '그 아이'를 품고 사는 한 존재론적으로는 언제나 푸른 나무로 살아갈 수 있다. 『어린왕자』를 '작은왕자'로 해석하며 그 아이를 품고 사는 한. 내게 '나인 그 아이'인 '작은왕자'는 어떤 모습일까?

모든 감각을 깨우는 읽기는 결국 생각하고 느끼기다

『어린왕자』에는 여러 등장인물(?)들이 줄 잇는다. 각각의 의미와 상징에 대해서는 이미 섭렵했을 것이다. 그러나 새로운 읽기는 '지각'이 아니라 '감각'으로 '느껴보는' 것이다. 첫 장에 나타나는 보아뱀과 모자는 우선적으로 시각적이다. 그러나 조심스럽게 손끝으로 느껴보자. 보아뱀, 코끼리, 모자의 감촉은 어떤 느낌일까? 나였던 그 아이가 느꼈을 감촉과 나인 그 아이가 느끼게 될 그것은 어떻게 같고 어떤 점이 다를까? 그리고 그 까닭은 무엇일까? 시각과 촉각이 추가되면 이전에 지각으로만 이해하던 것과 전혀 다르다. 나의 감각은 깊은 잠에서 깨어난다. 전혀 새로운 방식의 읽기 경험이다.

생텍쥐페리가 이 이야기를 꺼내기 6년 전 사하라 사막에서 비행기가 고장 났을 때 어떤 느낌이었을까? 그 '완벽한 고독'은 두려움이었을 것이다. 그러나 그 두려움은 불시착과 이탈이라는 '기계적 두려움'이었을까 아니면 개미 새끼 한 마리 찾아볼 수 없는 절대 고독에 대한 당혹감이었을까? 그 당혹감을 넘어 어느 순간 느꼈을 완벽한 고독의 충일감은 어떤 모습이었을까? 사막에 불어오는 바람의 온도, 사방을 둘러봐도 모래언덕뿐일 환경, 그 모래밭에 쏟아지는 뜨거운 태양의 열기와 노란 모래와 뒤섞이는 햇살의 교합이 빚어내는 짙은 색감은 과연 언어로 표현할 수 있는 것이었을까? 그런데 정작 일상의 나는 하루에 몇 차례나 그 햇살의 부피와 온도와 색감에 주목하고 마음껏 느끼기 위해 잠시 가던 길을 멈추고 있을까? '나인 그 아이'로서.

사막에서 지는 해는 어떤 모습일까? 그 장면을 시각적으로 상상하는 것만으로도 황홀할 것이다. 고립무원의 두려움을 잠시나마 잊을 만큼 장관일 것이다. 사막에서 해가 자취를 감춘 뒤 급격히 떨어지는 온도를 느껴본다. 사막은 일교차가 가장 심한 지역 가운데 하나다. 극상의 더위에서 극강의 추위로 급변하는 기온을 모든 피부로 느껴본다. 모든 감각과 세포들이 다 살아난다. 그저 단 한 쪽 분량도 되지 않는 모습이지만 오감을 열어두고 읽어내는 책은 이미 그 자체가 하나의 우주다. 언제 그런 감각을 깨워보았던가.

바람 소리 말고는 어떠한 소리도 진공의 감옥에 갇힌 듯한 밤의 사막. 고요와 적막만 가득한 곳의 밤이 주는 가청범위는 우리가 일상에서 느끼는 그것과는 완전히 다를 것이다. 그러다 아침 녘에 '이상한 꼬마' 목소리에 깨었을 때 그것은 단순한 놀라움에 그치지 않았을 것이다. 그런데 그 꼬마의 목소리는 생뚱맞다. "저…… 양 하나만 그려줘!" 그 꼬마가 바로 우리에게 익숙한 모습의 그 그림 속 주인공이다. 긴 망토에 어깨에는 별을 달았고 보라색 장화에 칼을 지팡이처럼 땅에 딛고 있는 그 소년의 모습은 얼마나 비현실적인 느낌이었을까. 사람을 만났다는 반가움보다 '벼락을 맞은 것처럼' 놀라운 모습일 것이다. 그 소년이 요구한 뜬금없는 '양 그림'이라니! 늘 반복되는 삶은 일정한 노선을 왕복하는 기차나 버스와 비슷하다. 궤도를 이탈할 일 없는 기차와 약속된 정류장을 거치며 가다 서다 반복하는 버스는 지루하지만 안정적이다. 기차가 궤도를 벗어나는 건 탈선이다. 버스가 다른 길로 꺾어 드는 건 당혹이다. 그러나 비로소 그 순간 우리는 늘 반복되는 삶의 순치에서 깨어난다. 그런 일이 얼마나 있을까.

오늘은 어제와 비슷한 하루일지 모르지만 어제와 같은 하루는 아니다. 오가며 만나는 사람들이 어제와 다르고 햇살도 어제와 같지 않다. 그런데도 우리는 늘 반복되는 날들로 느낀다. 그렇게 다른 사람, 다른 기온을 알아채는 것만으로도 오늘은 전혀 다른 하루다. 그게 그 소년의 출현과 무엇이 다를까. 작가가 던지는 메시지도 놓칠 수 없지만(이미 그것은 처음 읽었을 때 어느 정도 파악하고 인지했지 않은가) 이제는 내가 던진 물음과 느낌에 충실하게 스스로 대답해야 한다. 이제 모든 일의 중심은 모든 감각으로 그것을 읽어내는 '나 자신'이다.

What does it mean 'to me'?

책을 처음 읽을 때는 어쩔 수 없이 지은이의 호흡을 따라갈 수밖에 없다.

그의 지식, 생각, 느낌을 흡수하면서 내게 새로운 사고와 감각의 영토를 확장한다. 그러나 그것은 엄밀히 말하면 그의 것이지 내 것은 아니다. 그러나 두 번째 읽을 때 전적으로 내 호흡에 충실하면서 나의 모든 앎과 생각과 느낌으로 해석한다. 그것은 전혀 다른 맛이고 감각이다. 예를 들어 닷새째 날 양 때문에 알게 되는 어린 왕자의 삶의 비밀에서 왕자나 화자가 아니라 나의 감각으로 문을 열어본다. 꽃뿐 아니라 가시까지 먹는다는 양의 행태를 보고 어린 왕자는 가시는 뭘 하는 거냐고 묻는다. 그러나 화자는 고장 난 비행기를 고치기 위해 기관에서 지독하게 빡빡한 볼트를 빼내려고 죽을 애를 쓰고 있었다. 필사적으로 볼트를 풀려는 자의 절망과 희망의 부피를 나는 느끼는가? 내 삶에 박힌 가시나 볼트는 무엇일까? 아니, 그게 가시인지 볼트인지 구별은 하는 걸까? 가시만 있으면 겁을 내 접근하지 못하는 나, 그러나 양은 아무렇지도 않게 그것마저 먹어치운다.

볼트와 씨름하고 있는 화자에게 어린 왕자의 가시에 대한 투정과 원망은 짜증스러울 뿐이다. 나는 언제 그런 짜증을 느끼는가. 아니, 나는 나에게 혹은 누구에겐가 그런 짜증을 유발하는가. 어떻게, 언제, 어떤 방식으로? 꽃이 눈앞에 있지는 않다. 그러나 나는 그 꽃의 색깔과 향기를 상상할 수 있다. 그리고 화자의 손에 잔뜩 묻은 시커먼 기름의 냄새도 연상할 수 있다. 꽃의 향기와 기름 냄새가 섞였을 때 나는 과연 꽃의 향기를 코끝에서 느낄 수 있을까? 그렇게 가려내는 게 가능한 일인가? 나의 일상에서 하나의 냄새만 단독적으로 발생하는 경우가 있을까? 하나의 냄새만 존재할 수는 없다. 분명 어떤 다른 냄새와 섞였을 것이다. 그러나 더 강한 냄새에 묻힌다. 대개는 악취가 향기보다 강렬하다. 그래서 거기에 먼저 반응한다. 내 삶이나 일상에서 악취와 향기는 무엇이고 어떻게 발산될까.

어떤 별에 있는, 꽃향기를 맡은 적도 없고 별을 바라본 적도 없으며 누굴 사랑해본 적도 없이 죽어라 덧셈만 하는 신사의 모습에서 나는 누구를 떠올리는가. 내가 온 후각을 집중해서 꽃향기를 맡은 적이 언제이며 고개를 들어 온 시각을 오로지 별에 집중해본 적이 언제던가. 누군가를 '사랑'해본 적은 있는가? 내게 사랑은 무엇인가? 사랑은 어떤 향기와 빛깔로 내게 들어오며 어떻게 다른 이에게 전달되는가. 단 하나의 별과 오로지 하나뿐인 꽃이 사라질 때 슬픔을 이해하느냐는 어린 왕자의 물음과 울음에 화자가 연장을 내팽개쳤던 것처럼 나는 과연 진정 꽃과 별 그리고 사랑이라는 '손에 잡히지도 않으며 삶에서 덧셈도 되지 않을' 그런 것들에 흠뻑 몰입해서 지금 당장 중요하다 여기는 일을 내려놓은 적이 있는가? 내 손에는 여전히 기름 냄새가 물씬 풍긴다. 기름 냄새는 얼핏 악취처럼 느껴질지 모르지만 우리의 삶에서 그것은 삶의 진지한 냄새이기도 하다. 나는 기꺼이 꽃에게 입힐 갑옷을 마련할 마음이 있는가?

모든 감각과 생각은 모든 한 줄 한 줄의 문장 혹은 하나하나의 낱말에서 쉽게 이동하지 못한다. 머리로 이해한 것과 가슴과 느낌으로 재회한 그것들은 엄청나게 다르다. 무엇보다 그것들은 비로소 나에게서 비롯된 것이고 따라서 주인은 바로 나다! 눈물 흘리며 원망의 눈길로 바라보는 어린 왕자의 금발에 쏟아진 햇살의 각도는 어떤 게 가장 멋질까? 금발도 멋지겠지만 칠흑이나 보랏빛 머리칼이면 어떤 느낌일까. 그 머리카락을 휘날리게 한 바람은 어느 방향에서 불어왔으며 그게 물고 온 모래 언덕 너머의 소식은 무엇이었을까. 과연 내 삶에 사막은 있는가, 혹은 가끔은 그런 사막에서 미동도 하지 않고 아무 데에도 시선을 고정하지 않고 전체를 바라보기는 하는가. 나의 그 사막에는 어떤 바람이 불어올까. 의미와 감각은 바로 '내게'라는 방향이 설정되었을 때 비로소 내게서 모든 '가능한 상상'으로 다가온다.

"사막은 아름다워."라는 그의 말은 내게도 아름다움으로만 존재할까? '모래 언덕에 앉아 있으면 아무것도 안 보이고 아무 소리도 안 들리지만 무엇인가가 조용히 빛이 나는' 사막을 나는 갖고 있는지 조용히 묻는다. 그리고 지금부터 다시 한 삽씩 모래를 옮긴다. "별이란 보이지 않는 꽃 때문에 아름다운" 것이 아니어도 좋다. 꽃은 향기롭고 아름다워서 쉽게 마음을 끈다. 그러나 꽃이 아니어도 눈길과 마음을 두면 깊은 향기와 그윽한 색채를 드러내는 것들이 또 얼마나 많은가. 사막과 꽃. 그 완벽한 대조가 주는 극적인 효과를 제거하거나 완화시키면 그대로 우리의 일상적 삶이다. 그렇다면 가끔 내 일상의 삶을 극단적으로 단순화시켰을 때 사막과 꽃이 어떤 모습으로 존재할지 물을 수 있다. 물론 '나였던 그 아이'가 아니라 '나인 그 아이'만 물을 수 있다.

지은이의 통찰과 지식, 사상과 감성은 고마운 등대다. 그러나 등대는 어두운 밤, 바다를 항해하는 배가 있을 때 존재 의미를 갖는다. 등대를 향해 나아가는 것은 내가 탄 배다. 등대에 대한 동경과 찬사만 존재하는 건 균형적이지 않다. 내 배가 어떤 바다를 항해하고 있는지 어떤 바람이 불고 어떤 바다 내음이 코를 간질이는지 나의 모든 감각을 열어야 한다. 그게 고전이라는 바다와 나의 삶이라는 배의 관계가 주는 선물이다. 다른 방식으로 고전을 읽는 즐거움이기도 하다.

앙투안 드 생텍쥐페리(Antoine de Saint Exupery, 1900~1944)

프랑스 리옹에서 태어나 파리예술대학에서 건축학을 공부했다. 공군에 입대해 조종사 면허를 따고 아프리카 북서부와 남아메리카를 통과하는 항공우편 비행 일을 했다. 제2차 세계대전 때 연합군 정찰기 조종사로 임무를 수행하다가 행방불명되었다. 『남방 우편』(1929), 『야간 비행』(1931), 『인간의 대지』(1939) 등 비행이라는 위험한 모험을 찬양하고 임무를 완수하려는 동지들의 유대를 그린 작품들을 주로 썼다.

1943년 발표한 『어린왕자』는 인간이 고독을 극복하는 과정을 다른 별에서 온 어린 왕자를 통해 상징적으로 표현한 어른을 위한 동화다. 생텍쥐페리는 인간사회에서 정신적 연대를 이루려는 자신의 이상을 동화적 상상력으로 아름답게 표현하며, 인생에서 가장 좋은 것은 가장 단순한 것이고 진정한 재산은 남에게 주는 것이라는 깨달음을 전한다.

소인의 눈으로 다시 읽다
공자의 『논어』

누구나 군자를 흠모한다. 지금 나의 삶이 군자의 그것이 아니더라도 지향은 거기에 둔다. 군자의 삶은 고결하고 존경스럽다. 그런 삶을 사는 것은 상찬할 일이다. 물론 그리 사는 게 쉽거나 단순하고 가볍지는 않다. 공자는 『논어』를 통해 우리에게 군자의 삶을 가르쳤다. 소인의 삶을 경계하고 멀리하라고 타일렀다. 그래서 누구나 소인의 삶에 낯 찌푸리고 그런 삶에 다가가지 않도록 스스로를 감시한다. 어차피 한 번 사는 인생, 이왕이면 품위 있게 살 일이다. 누가 마다하겠는가.

그러나 과연 군자의 삶이 보편적인 것인가? 이상적 삶이고 경외할 품격이지만 그런 사람 흔하지 않다. 반면 소인의 삶은 어떠한가? 오히려 보편적이다. 대부분의 필부의 삶은 그렇다. 소인과 소인배가 반드시 등가는 아니다. 공자가 말하는 소인이란 어떻게 보면 상인의 삶에 가깝다. 상인에게는 이윤이 가장 큰 동기다. 이윤이 없다면 어떤 일을 일부러 하지 않는다. 그건 상인의 도덕률이지 비인격이나 비도덕이 아니다. 소인을 상인이라 할 때 그저 장사치라는 의미의 상인商人뿐 아니라 상인常人으로 보아도 무방할 듯하다. 보통사람을 의미하는 그런 상인에게는 꼭 이윤이 아니더라도 사람의 도리와 기본적인 도덕적 의무감마저 없는 건 아니다. 군자에 비한다면 많이 모자랄지 모르지만 악인이 아닌 것만으로도 충분히 제 몫을 하는 셈이다.

황새의 길 뱁새의 길

누구나 주인공을 꿈꾼다. 주인공은 스포트라이트를 받는다. 그 조명은 밖에서 비춘다. 다른 이들이 인정하고 흠모하는 게 주인공이다. 그러나 밖에서만 조명이 비추는 건 아니다. 안에서 비추는 조명도 있다. 그 조명은 오로지 나에게만 비춘다. 그 조명의 주인공은 언제나 나 자신이다. 어느 누구도 엑스트라로 살기 위해 태어나지 않았다. 군자는 주인공이다. 그렇다고 다른 소인이 모두 엑스트라는 아니다. 설령 남에게는 그렇게 보일지 모르지만 내게는 언제나 내가 주인공이다.

『논어』의 첫 장 첫 구절부터 군자 운운하는 걸 딱히 시비할 건 없다. 「학이편」에서 공자는 늘 배우고 실천하면 기쁘고 멀리서 벗이 찾아오면 즐겁다면서, 군자는 남이 알아주지 않아도 서운하거나 노여워하지 않는다人不知而不慍, 不亦君子乎고 했다. 내심 남이 알아주기 바라면서도, 말로는 그걸 의식하지 않는다는 것이다. 하지만 소인은 어차피 남이 알아주길 바라면서 살지 않는다. 물론 남이 알아주면 더 좋다. 우쭐하기도 하고 기분도 좋을 것이다. 그게 나쁜 건 아니다. 남이 알아달라고 사는 게 아니라 때로 남이 알아주면 더 좋은 것뿐이다. 그러나 매사 남을 의식하고 온갖 수단 가리지 않고 남에게 좋은 평판 얻기 위해 겉으로는 번지르르하지만 속내는 시커먼 위선자보다는 백배 낫다. 하물며 악인과는 비할 바가 아니다. 차라리 「위령공편」에서 말한 "군자는 자신이 능력이 없음을 탓할 뿐 남이 알아주지 않는 것을 탓하지 않는다.君子病無能焉, 不病人之不己知也"라는 언급이 더 살갑다. 남 탓만 하지 않아도 된다. 그건 소인도 능히 할 수 있는 일이다. 군자의 반대는 소인이 아니다. 위선자나 악인이다. 그런데도 군자를 강조하기 위해 '만만한' 보통사람을 파트너로 삼는다. 위선자나 악인과 대조적으로 보이는 건 어려운 일 아니고 희소한 일도 아니니까.

공자는 다시 말한다. "군자는 배부르게 먹는 걸 추구하지 않고 편안하게 거주하는 걸 추구하지 않는다.君子食無求飽, 居無求安" 소인은 어떤가? 배부르게 먹는 걸 좇는가? 아주 배고플 때는 그럴 수도 있지만 대부분은 그렇지 않다. 살기 위해 먹는 것이지 먹기 위해 사는 건 아니다. 물론 이왕 먹는 거 맛난 게 좋다. 배고픈 것보다는 조금은 배불러도 무방하다. 편안함을 마다할 건 아니다. 다만 그 편안함만을 위해 다른 걸 무시하는 건 어리석다. 편안함은 돈으로 살 수 있다. 그러나 소인도 편안함보다는 평안함을 원한다. 평안함은 돈으로 살 수 있는 게 아니다. 그게 무슨 크게 득도한 경지에서만 얻는 건 아니다. 소박한 삶에서 얻어진다. 배부름과 편안함을 바라는 건 배고픔과 힘겨움의 고통을 겪었기에 그것을 피하고 싶을 뿐이다. 언제나 게걸스런 욕망에 사로잡힌 저급한 인간이나 온갖 맛집

순례하는 게 사는 맛이라는 쾌락주의자와는 다르다. 그러니 군자의 삶에 미치지 못한다고 마냥 소인으로 폄하하면서, 정작 꼭 가려내야 하는 저급하고 비인격적인 위인들하고 한데 묶어 도매금으로 넘기는 건 합당하지 않다. 뱁새라고 날개 없는 것 아니고 가고자 하는 곳 없는 것 아니다. 제 몫과 형편에 맞게 산다. 어설픈 권력 따위로 온갖 왜곡과 억압 일삼으며 곡학아세 마다하지 않고 파리를 새라고 칭하려는 것들보다는 차라리 뱁새와 소인의 삶이 훨씬 고결하다. 그러니 함부로 소인의 삶을 우습게 볼 게 아니다. 그 뱁새가 때론 황새를 부러워도 하고 때론 고까운 마음으로 '제까짓 게 날면 얼마나 멀리 간다고. 그래 봐야 너도 새일 뿐이야.'라고 빈정대기도 하는 건 애교로 봐줄 일이다.

하나의 잣대로 재지 말아야

「위정편」에서 공자는 말한다. "군자는 사람을 두루 넉넉하고 너그럽게 대하고 한쪽으로 기울어서 사사롭게 대하지 않는 반면, 소인은 비교하며 이롭다고 여기는 쪽으로 치우치고 두루 후하게 대하지 않는다.君子周而不比, 小人比而不周" 누군가 편애하거나 치우쳐 아부하는 건 치사한 일이다. 그런 점에서 두루 후하게 대하는 건 존경할 일이다. 그 정도만 실천해도 군자의 도리를 하는 것이니 군자의 삶이 북극성처럼 막연한 것만은 아니다. 다행스러운 일이다.

우리네 소인과 범인도 사람을 두루 후하게 대하고 편애하지 않으려 노력한다. 그러니 가상한 일이다. 다만 도무지 용납하기 어려운 놈에게까지 그렇게 하지는 못한다. 만약 군자는 그런 경우에도 두루 후하게 대해야 한다면 그런 군자, 나는 노 땡큐다. 진짜 꺼려야 하는 건 자기보다 못하거나 별 이익이 되지 않는다고 여기면 함부로 대하고 착취하는 데에만 골몰하는 작자들이다. 그건 인간 말종이다. 말종과 소인을 동일시하는 건 지나친 이분법이다. 군자를 높이 평가한다고 해서 보편적 인간을 깎아내리는 건 위험한 일이다. 하나의 잣대로 모든 사람과 사태를 재단하는 것만큼 위험한 것은 없다.

군자는 분명 범인들이 모두 따르기에는 조금 버겁다. 때론 그 판단이 헷갈리기도 한다. 「이인편」에서 "군자는 의에서 깨우치는 반면 소인은 이에서 깨닫는다.君子喩於義, 小人喩於利"거나 "군자는 덕을 품고 소인은 땅을 품는다. 또한 군자는 법을 생각하는 반면 소인은 은혜를 생각한다.君子懷德, 小人懷土. 君子懷刑, 小人懷惠"라는 말 또한 그렇다. 물론 의로움에서 깨닫는 건 중요하다. 소인이라고 의를 무시하는 건 아니다. 소인을 너무 가볍게 생각하면 안 된다. 물론 소인은 이익을 중요하게 여긴다. 그래서 땅을 품는다. 나를 이롭게 하고 재산(땅)을 불릴 궁리는 하지만 남의 것을 빼앗는 것까지 거기에 포함시키는 건 지나친 재단이다. 이익을 중요하게 여기는 게 무조건 나쁜 건 아니다. '나쁜 이익'을 추구하는 게 사악한 일이다. 그건 악마의 몫이다. 사회적 규범이기에 무조건 따지지 말고 따라야 한다는 건 마치 칸트의 정언명법과도 같다. 그건 일종의 극단적 의무론의 태도다. 은혜를 잊지 않는 건 좋은 일이지만, 나쁜 이익을 취하고서 그것을 도와준 이들에게 보답하는 건 범법자의 일이다. 뇌물과 배임 등이 그런 것 아닌가. 소인은 자잘한 이익을 취하고 땅을 품고 은혜를 생각하지만 그렇다고 분별이 없거나 도덕적 판단도 없이 오로지 개인적이고 극단적인 선택만 골몰하지는 않는다. 그게 우리네 삶이 아닌가. 물론 더 도덕적이면야 바랄 나위가 없는 것이다.

소인의 삶에도 군자의 삶이 배어 있다

『논어』를 액면 그대로만 받아들이고 따르기 버겁다거나 지나치게 이상적이라고 여길 때 그 태도를 꺼리거나 비웃기 쉽다. 그러니 무조건 군자의 덕만 바라볼 게 아니다. 군자의 삶을 지향하는 것은 좋지만 제대로 그런 삶을 살지 못하면서 소인의 삶을 마냥 깎아내리기만 하는 건 그리 탐탁한 일이 아니다.

「위정편」에서 자공이 공자에게 군자란 어떤 사람이냐고 물었을 때 공자는 "행동을 먼저 한 뒤에 말이 그 뒤를 따르게 하는 사람이다.先行其言, 而後從之"라고 답했다. 「헌문편」에서는 "말이 행동에 앞서는 것을 부끄러워한다.恥其言而過其行"라고도 했다. 행동을 먼저 했다는 건 말을 실천한 것이라고 해석할 수 있다. 말보다 행동을 앞세우기는 어렵고 행동보다 말을 앞세우는 건 쉽다. 그렇다고 해서 행동이 앞서는 게 언제나 능사는 아니다. 거기에는 언행의 일치가 전제되어야 한다. 말을 하지 않고 행동을 먼저 하는 것은 허언을 방지하고 묵묵히 실천을 앞세운다는 점도 있지만 혹여 그게 제대로 이루어지지 않았을 때 변명하지 않아도 되는 이점도 있다. 그리고 제대로 생각과 말이 따르지 않은 상태에서 먼저 행동에 나서는 건 경솔한 짓이다. 그런 경우가 우리의 일상생활에서 얼마나 많은가.

함께 일할 때 다른 이들에게 말로 충분히 설명하고 설득하는 것은 현대의 조직생활에서 특히 중요하다. 이른바 코디네이션 즉 조정의 능력은 리더의 필수 덕목이다. 말을 앞세우지 않고 나의 행동으로 먼저 보여주는 게 솔선수범일 수 있지만, 때론 그게 오만일 수도 있고 독선일 수도 있다는 점을 경계해야 한다. 말을 앞세운다고 무조건 깎아내릴 게 아니다. 물론 공자의 이 말에는 언행의 일치와 지행의 일치라는 대전제가 깔려 있지만, 앞뒤 맥락 도려내고 이 문장만 툭 내뱉는 건 자칫 위험할 수 있다는 점도 기억해야 한다.

군자는 말은 어눌해도 행동은 민첩하다며 訥言敏行, 옛 사람이 함부로 말하지 않는 건 실천이 그 말에 미치지 못할까 부끄러워서 그랬다고 공자는 말했다. 행동과 실천을 강조하기 위해 교언영색이 아니라 어눌한 말이 깊은 생각의 말이라는 뜻일 것이다. 물론 말만 빠르고 행동이 느린 것보다는 낫겠지만, 그렇다고 해서 어눌한 말이 옹호되기만 할 건 아니다. 말은 논리적 사고를 겉으로 드러내는 행위다. 가볍고 허튼 말이나 실천이 따르지 않는 말은 경계해야 하지만, 빠르고 정확한 말이 행동을 그렇게 이끌 수 있다는 점도 무시할 수 없다. 아무리 머리에 든 게 많아도 제대로 전달하지 못한다면 훌륭한 학자는 될지언정 뛰어난 교사는 되지 못하는 경우를 어렵지 않게 경험한다. 말의 순서를 살짝 비틀어서, 행동이 민첩하면 말이 어눌해도 된다거나 행동은 민첩해도 말은 어눌하다면 그 의미가 그대로 유지될까 아니면 변형될까. 호응의 관계도 따져봐야 한다. 공자의 가르침에 어깃장을 놓겠다는 게 아니라 지금 우리가 살아가는 환경과 형편에 따라 때로는 그렇게 따져볼 수도 있어야 한다는 것이다. 그게 공자의 권위에 눌리지 않고 나의 관점에서 나의 방식으로 『논어』를 읽고 실행할 수 있는 방편이기 때문이다.

공자는 「안연편」에서 이런 말도 했다. "군자는 다른 사람의 좋은 점을 이루도록 도와주지 나쁜 점을 이루도록 도와주지 않는다. 그러나 소인은 이와 반대이다.成人之美, 不成人之惡, 小人反是" 이뤄준다는 말은 이끌어주고 격려하며 노력하도록 북돋는 것이다. 잘못을 탓하기보다 좋은 점을 찾아서 바람직한 결실을 맺도록 도와주는 게 군자의 덕목이다. 우리네 범인들도 그렇지 않은가? 굳이 맹자의 성선설을 들먹이지 않더라도 우리에게는 그런 본성이 있다. 남이 나보다 잘났을 때 속으로 살짝 배 아플 수는 있어도 일부러 좋은 점을 깨뜨리고 나쁜 점을 이루도록 부추기지는 않는다. 소인은 무조건 군자와는 반대라고 말하는 건 보편적 인간의 본성마저 무시하거나 경시하는 판단이다. 소인의 삶에도 군자의 삶이 배어 있다는 점을 가볍게 볼 일이 아니다. 나쁜 길로 이끄는 건 악인이지 소인이 아니다.

앞서 짧게 언급했지만 일반화의 오류를 무릅쓰고 다시 말하자면, 공자가 말하는 소인이란 상인에 가깝다. 자잘한 눈앞의 이익에 현혹되어 다른 사람을 인격적 대상으로 보기보다 자신의 목적을 위한 수단으로 대하는 모습은 얄팍한 상인의 모습에 가깝다. 그러나 이익만 보장되면 신의조차 헌신짝처럼 내던지는 그런 상인의 모습은 지나치게 폄하된 초상화일 뿐이다. 고대부터 근대 이전까지 상당수의 농경사회에서 상인에 대한 적절하지 못한 평가가 일상적이었던 만큼 공자도 그렇게 이익을 좇는 상인을 짐짓 염두에 두고 발언했을 것이라는 추측도 든다. 그러나 상인에게도 상도덕이라는 게 있으며 나름의 철학이 있다. 이익을 좇는 일을 평가절하

할 것만도 아니다. 우리는 모두 그렇게 산다. 다만 그런 성향에 균형을 맞출 수 있는 도덕성과 예의 그리고 염치를 배우고 따른다. 그런 점에서 소인은 우리의 보편적 모습과 크게 다르지 않다. 다만 큰 도둑과 진배없는 정치 모리배와 돈이라면 환장하는 인격 미달의 재벌들의 행태를 경계할 일이다.

군자의 덕목을 배우고 따르는 것은 아름다운 일이다. 힘들고 어렵지만 그래서 더욱 빛나는 일이다. 다만 그렇게 살지 못한다고 해서 모두 한 묶음으로 평가절하하거나 조롱할 일은 결코 아니다. 아마도 공자는 군주를 비롯한 지배계층의 도덕정치를 강조하기 위해 정치를 장사처럼 해서는 안 된다는 철학을 강조했을 것이다. 그렇다고 해서 소인을 잡배나 협잡꾼에 가까운 모습으로 묘사하는 건 보통사람으로 살아가는 우리들에게는 조금은 불편할 수도 있다. 그런 점에서 소인의 시선으로 『논어』를 읽으며, 군자에 대한 반감이나 공자에 대한 불편함이 아니라 동료 시민들에 대한 유사성을 통해 연대의 실마리를 찾아보는 것도 한 가지 괜찮은 방편일 수 있지 않을까? 그렇게 한다고 해서 공자의 가르침 자체가 훼손되는 것도 아니라면 그런 삐딱한 시선도 때로는 우리에게 많은 것을 생각하게 해줄 것이다.

사람은 누구나 각자 다른 기질을 타고 태어난다. 하지만 자라고 살면서 다른 기질을 가진 이를 이해하고 보듬거나 조화하면서 살아간다. 그런 점에서 다음의 말을 마음에 담아두는 것도 좋을 것 같다.

> 내용은 좋더라도 문채文彩가 떨어지면(즉 꾸밈이 없으면) 거칠고 촌스러

우며, 문채는 좋으나 알맹이가 없으면 겉치레일 뿐이다. 따라서 문채와 내용이 적절히 빛나게 조화되어야, 즉 기질과 꾸밈이 서로 잘 어울려야 비로소 군자답다. 質勝文則野, 文勝質則史 文質彬彬, 然後君子

「옹야편」의 말이다. 그 정도는 우리네 소인 범인도 어렵잖게 따를 수 있을 일이다. 너무 높이 멀리 떨어진 존재로만 인식하면 원심분리만 가속될 뿐이다. 우리에게는 군자와 소인이 함께 있지 않은가.

공자(孔子, BC 551~BC 479)
중국 춘추시대의 사상가. 이름은 구(丘), 자는 중니(仲尼)로, 노나라에서 태어났다. 춘추시대의 불안한 사회질서를 주나라의 문화와 제도의 회복을 통해 안정시키고자 했으며, 인(仁)과 예(禮)의 실현을 통한 도덕적 이상사회를 꿈꾸었다. 하급관리를 전전하다가 뒤늦게 사공, 대사구의 고위직까지 올랐으나 정치적 좌절을 겪고, 56세부터 12년간 천하를 주유하며 제후들에게 자신의 정치적 이상을 유세했다. 하지만 숙원을 이루지 못하고 68세 때 고향으로 돌아와 제자 양성과 고전 정리 작업에 힘쓰다가 73세로 생을 마쳤다. 『논어(論語)』는 공자가 죽은 후 제자들이 스승의 가르침을 모은 책으로, 예부터 가장 대표적인 유교 경전이자 제일 먼저 가르치는 책이었다. 형식은 공자의 혼잣말을 기록한 것부터 제자의 물음에 공자가 답한 것, 제자들끼리 나눈 이야기, 당대의 정치가들이나 평범한 마을사람들과 나눈 이야기까지 다양하며, 내용도 세상 사는 이치에서 교육·문화·정치 등에 관한 논의까지 폭넓다. 공자의 일상적인 인간적 모습을 엿볼 수 있으며, 누구나 접하기 쉬운 내용이지만 인간 삶의 근본을 아우르는 이치를 다루고 있는 고전이다.

주연만 존재하는 건 아니다
안톤 파블로비치 체호프의 『벚꽃동산』

흔히 사실주의나 리얼리즘이라는 명칭에서 치밀하고 사실적인 묘사를 그 핵심으로 여기는 경우가 많다. 물론 틀린 말은 아니다. 사실주의란 경험적 현실 외에 이상적이거나 초월적인 세계를 배제하는 예술적 태도를 지칭하는 것이라는 점에서는 그렇다. 그러나 단순히 묘사의 사실성 자체에만 초점을 맞추면 본질을 놓친다.

리얼리즘은 당대 사회의 객관적 묘사뿐 아니라 그 사회가 지닌 구조적 모순을 객관적이고 비평적으로 그려낸다는 점을 알아차려야 한다. 예를 들어 찰스 디킨스의 『올리버 트위스트』는 빈민구제법의 모순을 개선했다며 내세운 신빈민구제법의 문제점을 예리하게 비판했을 뿐 아니라 그 제도를 바꾸는 데 크게 영향력을 미쳤다. 리얼리즘의 이러한 태도는 비단 문학에만 그치는 게 아니다. 음악과 미술 등 다른 예술 영역에서도 리얼리즘이 갖는 태도의 토대는 비슷하다.

　리얼리즘을 제대로 이해하기 위해서는 '작용-반작용'이라는 인과관계에서 볼 수 있어야 한다. 바로 낭만주의에 대한 반작용이다. 물론 독일 문학에서 낭만주의는 매우 독특한 지평을 지니고 있지만, 일반적으로 낭만주의는 고전적 절대성과 우아함, 고상함 그리고 균형감 등 일정한 전형이 주는 몰개성주의와 자유로운 개인의 억압에 대한 저항으로 태동되었다. 그러나 자유와 비종교적 태도 등에 대한 지나친 쏠림은 '땅 위의 현실적 삶'이 아니라 고전주의보다 더한 이상적이고 현실도피적 망상을 부추길 뿐이라는 현실 인식은 세상을 바라보는 시선을 바꾸게 할 수밖에 없었다. 산업혁명은 큰 역사의 흐름 속에서 보자면 위대한 진보이지만 그 격변 속에서 착취당하고 억압되는 삶은 고통스러웠다. 그런 현실을 외면하고 꿈, 무지개, 바람, 하늘 등을 묘사하는 건 그들의 눈에는 사치를 넘어 왜곡이었다. 리얼리즘의 본질은 바로 그것이다.

　러시아 리얼리즘은 독특한 영역을 구축했다. 러시아 리얼리즘의 사회적 배경은 제정 러시아 막바지의 부패와 타락, 위선과 왜곡이 난무한 현실이었다. 안톤 체호프는 그런 현실을 소설과 희곡으로 그려냈다. 1860년대의 혁명운동 탄압 이후의 러시아는 모순과 위선으로 점철했다. 그리고 20세기 초엽이 되자 그 모순은 결국 혁명을 불러오고 있었다. 체호프는 잡화상의 아들로 그의 할아버지는 농노였으나 지주에게 돈을 내고 해방된 인물이었다. 결코 러시아 사회의 주연일 수 없는 출신이었다. 그는 의대에 진학했지만 생계를 위해 틈틈이 글을 썼다. 그는 문학을 통해 새로운 세상을 담고 싶었다. 그의 선택은 객관주의 문학론 즉 리얼리즘이었다. 그는 재판관이 아니라 사실의 객관적 증인이 작가의 과제라고 확신했다. 그렇다. 리얼리즘은 '시대의 증인'이다.

몰락의 저변을 보라

안톤 체호프의 희곡들은 셰익스피어의 그것들과는 달리 말 그대로 '극적인' 전개보다 매우 담담하고 극 중 전환이 두드러지지 않는다. 그러나 그 울림은 오히려 셰익스피어의 작품보다 더 오랜 여운을 남긴다. 그것은 어쩌면 작가의 리얼리즘 정신이 지향하는 방향성에서 오는 차이이기도 하겠지만 무엇보다 그가 그런 사람들 곁에서 꼼꼼하게 관찰하고 함께 호흡하며 이끌어낸 '평범한' 이야기의 뒤편에 있는 배경을 날카롭게 비평하고 있다는 점 때문이기도 할 것이다. 그런 점에서 체호프의 희곡들은 일종의 은유다.

유럽의 리얼리즘이 사회적 모순과 비인격적 처사에 대한 직설적 비판이 주를 이루는 반면, 체호프의 그것은 한 가정이나 작은 사회를 담담하게 묘사하면서 그 원인이 어디에 있는가를 자연스럽게 생각하도록 만든다. 이른바 '체호프의 4대 희곡' 즉 『갈매기』『바냐 아저씨』『세 자매』그리고 『벚꽃동산』은 당대 러시아에서 새롭게 등장한 신흥 자본주의와 귀족의 몰락을 통해 러시아 변동기를 담백하게 그려내고 있다. '벚꽃동산'이라는 제목은 매우 상징적이다. 그것은 몰락한 귀족가문의 소유였다. 그리고 그 자체가 그 가문을 상징한다. 나중에 그 동산을 구입한 자본가는 미련 없이 벚나무들을 베어낸다. 지주였던 라네프스카야 부인은 경제적으로 이미 막다른 골목에 와 있으면서도 옛날의 꿈에서 깨어나지 못한다. 그녀의 오빠인 가예프는 자립심이 전혀 없다. 그게 당대 러시아 지주 귀족의 속살이었다. 부인의 외동딸인 아냐는 미래의 행복을 꿈꾼다. 그러나 그게 실현될지는 아무도 모른다. 어쩌면 그 꿈은 가망 없는 것이 될지 모른다. 그 대척점에 있는 인물이 바로 로파힌이다. 그는 그 집의 농노의 자식이었으나 지금은 신흥 상인이고 벚꽃동산을 넘기게 만드는 당사자다. 경매에 붙여진 벚꽃동산은 로파힌의 손에 넘어간다.

묵은 벚나무들이 찍혀나간다. 우리는 그 '소리'를 듣기 위해 잠시 멈춰야 한다. 부인의 가족들에게 그 소리는 어떻게 들렸을까? 거목들이 찍혀 넘어가는 소리는 그들에게 과거의 영화를 도려내는 소리고 능력은 없으면서 농노를 착취해서 누리던 이익과 작별해야 하는 소리이며 그 동산이 만들어낸 모든 추억을 찢어내는 소리였다. 도끼가 그 나무들에 찍히는 소리는 어쩌면 그들이 결별해야 하는 과거에 대한 이별곡이었을 것이다. 이제 그 땅을 떠나 불안한 새 생활 속으로 각자 흩어져 살아야 한다. 더 이상 영지領地에서 누렸던 '일가의 삶'이 아니라 작은 '생활의 공간'에 몸과 삶을 구겨 넣어야 하는 예고편의 배경음악이다.

> "아름다운 엄마, 나의 소중한 엄마. 나는 벚꽃동산이 잘 팔렸다고 생각해요. 그 동산이 없어졌다고 울지 말아요. 엄마의 생활은 아직 남아 있잖아요. 나와 함께 가요. 여기서 어서 나가자고요. 그리고 여기보다 더 아름다운 정원을 만들어요."

늘 희망을 잃지 않는 딸이 건넨 말은 위로이기도 하지만 과거의 부질없는 추억에 대한 단절을 통해 새로운 삶으로의 진화를 상징하는 말이기도 하다. 물론 그 바람대로 삶이, 세상이 진화할지는 아무도 모른다. 벚꽃동산의 주인 라네프스카야 부인은 정작 그 동산을 5년 동안 떠나 있었다. 심한 낭비벽으로 빚만 잔뜩 지게 만드는 사람과 결혼한 그녀다. 그런 인물이 흔히 그렇듯 겉은 멀쩡하고 멋져 보였을 것이다. 그런 선택의 책임은 당사자에게 있다. 남편이 사망하자 다른 남자와 사랑에 빠져 함께 살았다. 그런 상황에서 아들이 개울에 빠져 죽었다. 그녀는 아들의 죽음이 신의 형벌이라고 여겼다. 그 충격에서 벗어나고 싶어 프랑스로 홀로 떠났다.

자신의 영지를 떠난 것은 새로운 삶으로의 전환이 아니라 지루하고 무기력한 삶에 대한 탈출이었을 뿐이다. 그렇다고 관성에서의 탈출이 아니라 더 짜릿하고 풍족한 도회의 삶에 대한 욕망 때문이었을 것이다. 그것은 땅을 버리는 일이고 그 땅에 기대어 사는 밑바닥 삶의 사람들을 버리는 일이다. 그녀의 애인은 집요하게 프랑스까지 그녀를 찾아왔다. 그러나 곧 병을 얻었고 병 수발로 재산마저 탕진하고 심신은 완전히 고갈되었다. 그녀에게 돌아갈 곳은 자신의 영지뿐이었다. 추억은 담겼지만 그것을 지켜낼 힘은 고사하고 오히려 거기에서 얻어냈던 부를 탕진하고 돌아온 주인은 무기력할 뿐이다. 경영부진으로 경매에 붙여졌지만 별다른 묘책도 없고 단지 그 공간에 대한 강한 애착만 남았을 뿐. 그것은 당시 러시아 지주 귀족들의 모습을 그대로 상징한다.

로파힌의 시선으로 바라보다

로파힌은 라네프스카야 영지의 농노였다. 그러나 이제는 성공하여 부자 사업가가 된 인물이다. 라네프스카야가 프랑스에서 돌아왔다. 그곳은 그녀에게 슬픔이 먼저 다가오는 곳이다. 어린 아들이 물에 빠져 죽었고 남편도 알코올중독으로 죽은 곳이다. 그 악연에서 벗어나고 싶어서 그 땅을 떠났다. 그래서 로파힌은 그녀를 비난하지 않는다. 게다가 그녀가 외국에 나간 사이 애인은 별장에서 새로운 여자와 살았다. 그 충격으로 그녀는 자살을 기도했지만 실패하고 딸 아냐와 함께 고향으로 돌아왔다. 비슷한 시기 미국의 스칼렛 오하라가 타라로 갔던 것과는 정반대다.

'옛 주인'에 대한 로파힌의 마음은 복잡했을 것이다. 지금은 자신이 부자 사업가로 성공했지만 라네프스카야의 가족들은 그에게 지울 수 없는 계급의 낙인을 상기시킨다. 로파힌이 그녀를 증오하기보다 가엽게 여기는 흔적이 간간이 엿보인다. 그렇다고 충성스러움이나 온전한 공손함은 없다. 그냥 습관에서 오는 몸에 밴 순응의 태도다. 그렇다고 무례하지는 않다. 다만 일부러 필요 이상의 당당함을 드러내고 싶은 건 어쩌면 자연스럽다. 몰락한 영주에 대한 단순한 감상이 아닐 것이다. 그러니 오락가락 왔다갔다 하는 그의 태도를 비난할 건 없다.

로파힌의 입장에서 볼 때 가장 한심스러운 건 그녀의 오빠 가예프로 그는 당구나 치면서 소일하는 무위도식자일 뿐이다. 젊었을 때는 급진적 사회운동에 나섰던 인물이어서 어쩌면 그가 영웅처럼 보였을지 모른다. 정작 당사자들에게는 결과적으로 달라질 게 없을 게 뻔할지 모르지만 적어도 그 당시에 볼 때 진보적이고 저항적인 귀족이란 구세주와 같았을 것이다. 그러나 그는 소영웅주의에 도취된 나약한 인간이었을 뿐이다. 부인의 죽은 아들의 가정교사였던 트로피모프도 현실감 없는 이상가에 불과할 뿐이다. 라네프스카야에게 그는 죽은 아들에 대한 그리움의 의지처였다. 트로피모프 자신도 서른 넘은 대학생이면서 귀족계급을 맹비난하는 인물이다. 인텔리인 척하면서 농부와 하인을 짐승 취급하고 책은 읽지도 않으며 예술에는 무식한 자들이라는 그의 비판에 로파힌은 이중적 느낌이 들었을 것이다. 그의 눈에는 모두가 현실을 제대로 보지 못하는 외눈박이들이다.

이웃집 지주인 피쉬크도 빚더미에 시달리고 있다. 이들은 면밀한 계획도 미래에 대한 청사진도 없고 그저 습관처럼 달라붙은 낭비벽에 휩쓸렸을 뿐이다. 로파힌의 눈에 보이는 그들은 모두 껍데기에 불과할 뿐이고 현실을 직시하지 못한 채 과거의 영화에서 한 걸음도 나오지 못하는 낡은 인물들일 뿐이다. 그러면서도 늘 그들에게 공손하고 굽신대는 건 그들의 농노였다는 지울 수 없는 흔적의 결과다. 그게 얼마나 혼란스럽고 때론 화가 치미는 일이었을까. 그래도 라네프스카야의 양딸이며 가예프를 도와 영지를 관리하는 바랴에 대한 연정이 로파힌이 그 가족에 대해 갖는 마지막 미련이자 희망의 끈이다.

가족들은 영지가 경매에 올려지게 된 것을 알게 되었다. 로파힌은 벚꽃동산을 모두 없애고 여름별장을 만들면 적어도 영지의 부채도 해결할 수 있고 지속적인 수입도 생길 것이라고 제안했다. 임대업이 상업 자본에서 잉태된 부의 창출에 새로운 돌파구가 되었다는 정확한 시대 인식이었다. 그의 욕망만이 아니라 전 주인에 대한 마지막 충고였다. 그러나 현실을 직시하지 못하는 가족은 그 제안을 거절했다. 하기야 빈털터리 신세로 고향에 돌아와서도 정거장 식당에서 가장 비싼 음식을 시키고 하인들에게 팁까지 듬뿍 안긴 그녀의 모습이나 여전히 파티를 즐기는 모습은 예전과 조금도 달라지지 않았음을 보여주는 상징적 사례였다. 그들은 여전했다. 가예프가 내민 해결책은 아무런 도움도 되지 않았다. 로파힌의 입장에서 보자면 그들은 과거의 망상에 사로잡힌 채 무책임하고 무대책인 사람들이다. 결국 경매에서 영지를 낙찰받은 건 로파힌이었다. 그것은 어쩌면 운명 같은 것이다. 그토록 해결책을 알려줬음에도 불구하고 거절당했지만 결국 로파힌의 생각대로 흘러갔다. 여름별장을 지어 분양하기 위해 벚나무들이 잘려나갔다.

로파힌이 사업 때문에 그곳을 떠나게 되면서 무슨 생각을 했을까? 라네프스카야 부인은 파리로 떠났다. 결국 거기에 남은 사람은 87세의 하인 피르스뿐이다. 로파힌에게는 바랴와의 사랑이 안타깝게 빗나가게 된 것이 가장 마음 아팠을 것이다. 친딸도 아니고 양녀이면서 벚꽃동산을 관리하던 바랴에 대한 로파힌의 연정은 본디 귀족은 아니라는 동질성과 동시에 귀족의 가문에 속한 그녀와 농노였던 자신의 괴리에 대한 부조리의 굴레였고 끝내 그것을 깨뜨리지 못했다. 혁명의 그늘은 드리웠지만 아직 횃불은 밝혀지지 않은 시대였으니까.

로파힌의 작별 인사는 그런 점에서 이 희곡의 고갱이다. 그것은 예언서와도 같다.

"자, 그럼 잘 가시게. 이젠 떠날 시간이 되었네. 우린 서로가 잘난 체하지만, 세월은 부단히 흐르게 마련이야. 피로한 줄도 모르면서 오랫동안 열심히 일을 할 때에는, 마음이 홀가분해져서, 왜 사는지도 알 것 같은 생각이 들곤 하지. 그런데 이보시게, 자기가 무엇 때문에 살고 있는지를 모르며 사는 사람들이 이 러시아 땅에 얼마나 많은가. 뭐, 그런 건 아무래도 좋아. 일이 흘러가는 게 그런데 있는 게 아니니까. 어쨌거나, 레오니드 안드레예비치는 취직을 해서 은행에 나가서 1년에 6천 루블쯤 번다지? 하지만 견디어내지 못할걸, 지독한 게으름뱅이니 말이야."

피르스의 시선

그곳에 남게 된 유일한 인물이 바로 피르스다. 나이 여든일곱의 늙은 하인. 농노해방령이 내렸을 때 자신은 이미 그 가문의 시종장이었음을 뿌듯하게 자부하는 피르스는 자신이 농노해방령에 찬성하지 않았다는 점을 자신의 충성심으로 여긴다. 그는 변화를 거부하는 단순하고 무지한 고집스런 노인에 불과할까? 평생 섬겨온 귀족들의 의식과 습관에 동화되어 자신의 정체성조차 파악하지 못한 사람으로 쉽사리 비칠 것이다. 그러나 피르스의 입장에서 보자면 오히려 그것을 자신의 정체성이라고 여겼을 것이다.

'왜 사람들은 어제까지 섬기던 이들에게 돌을 던지고 배신할까? 내가 귀족적 의식에 빠져 있다고? 천만에! 나는 인간의 도리를 다하고 있을 뿐이야. 사람은 신의가 있어야지. 그리고 솔직히 이 나이에 지금 세상이 바

뀐들 내게 무슨 영화가 있겠어. 그냥 내버려둬. 이게 내 삶이야. 나는 내 방식으로 살아갈 뿐이야.'

어쩌면 그렇게 생각할 것이다. 그래서 가예프가 떠날 때 코트도 입지 않은 게 마음에 걸리고 근심스럽다. 자신이 섬기던 주인이 아닌가. 지금 우리에게도 그런 피르스가 얼마나 많은가. 계급배반적인 투표를 망설이지 않고, 갑에게 시달리는 을이면서도 병에게는 아주 가혹한 이들은 또 얼마나 많은가. 피르스의 시선이 여전히 살아있다는 게 섬뜩한 일이다. 그래서 그의 마지막 독백이 서늘하다. "살긴 살았지만 도무지 산 것 같지가 않아."

안톤 체호프의 작품을 읽을 때마다 저절로 주인공이 아닌 사람들의 시선에 눈길이 가는 것은 어쩌면 그의 시선 또한 그들에게 골고루 나눠졌기 때문일 것이다. 그는 허위와 속된 욕망 그리고 시대정신에 대한 무감각을 날카롭되 따뜻하게 비판한다. 주인공에게만 집중된 조명이 아니다. 일하는 사람에 대한 애정과 공감이 깔려 있음을 놓치지 않아야 체호프 문학을 제대로 읽어낼 수 있다.

나는 체호프의 문학도 좋지만 그의 의연한 결기에 더 마음이 끌린다. 막심 고리키가 당국의 미움을 받아 아카데미 회원 자격을 박탈당했을 때 그는 거기에 항의하는 뜻으로 자신의 아카데미 회원 자격을 반납했다. 그것은 용기였고 동시에 혁명 전야를 정확하게 읽어낸 시대정신의 인식에서 비롯한 행동이었다. 그냥 그의 문학적 취향에만 빠질 게 아니라 그의 삶이 주는 깊은 울림도 느껴야 할 것이다.

안톤 파블로비치 체호프(Anton Pavlovich Chekhov, 1860~1904)

제정 러시아 말의 극작가·소설가. 근대 단편소설의 선구자이자 19세기 말 러시아 사실주의를 대표하는 거장으로 손꼽힌다. 가난한 가정에서 태어났으나 의과대학에 들어가 의학 공부를 하면서도 유머 잡지 등에 닥치는 대로 글을 써 가족들을 부양했다. 유명 작가 그리고로비치에게 '재능을 낭비하지 말라'는 충고를 듣고 1888년 무렵부터 전업 작가가 되어 진지한 단편소설과 희곡들을 발표했다. 대표작으로 희곡 『갈매기』 『바냐 아저씨』 『세 자매』 『벚꽃 동산』과 소설 『결투』 『지루한 이야기』 등이 있다.

체호프의 마지막 희곡 작품 『벚꽃동산』은 1904년 1월 17일 체호프의 생일과 작가생활 25주년을 축하하며 모스크바 예술극장에서 초연되었다. 농노 해방으로 인한 지주 계급의 몰락과 시민 부르주아 계급의 출현을 테마로 한 4막 희곡으로, '벚꽃동산'을 둘러싼 여러 인물들을 통해 한 시대의 종언을 그려내고 있다. 러시아의 근대 리얼리즘을 완성한 작품으로 평가받는다.

역사는 균형이다
앙드레 모루아의 「영국사」

인간은 기록을 남기는 존재다. 글과 말을 통해 전한다. 말은 옮기는 과정에서 빠지고 덧대지며 윤색되고 왜곡되는 일이 흔하지만 글은 객관적이고 외적 개입의 여지가 작다. 그래서 우리는 말보다는 글에 더 큰 신뢰를 갖는다. 같은 글이라도 문학적 기록은 다양한 해석과 감정이 틈입되는 반면 과학적 기록은 냉정하고 객관적이다. 역사적 기록은 그 중간쯤 되는 색깔을 지녔다고 할 수 있다.

역사는 기본적으로 승자의 기록이거나 자기편의 스토리이기 쉽다. 그래서 역사라고 늘 사실事實에만 충실하지는 않다. 물론 사실史實로서의 의미와 가치는 갖겠지만. 그러므로 역사를 읽을 때 우리는 반드시 균형 잡힌 시각을 냉정하게 유지할 수 있어야 제대로 된 교훈을 얻을 수 있다. 수구세력들이 박근혜 정권 때 국사 교과서 국정화에 앞장선 것은 일방적 역사관을 강요하고 자신들을 합리화하기 위해 역사마저 제 입맛에 맞추고 싶었기 때문이다.

프랑스인이 바라본 영국의 역사

앙드레 모루아의 『영국사』는 매우 특이한 책이다. 모루아는 프랑스를 대표하는 소설가이며 전기 작가로서도 뛰어난 역량을 보여주었다. 그런 그가 도대체 무슨 생각으로 영국의 역사를 기술했을까? 그는 제1차 세계대전 중 연합국 사령부 연락장교로 영국에 파견된 경험을 갖고 있었다. 그때 그는 영국의 각계각층 인사들과 만나면서 뭔가 확연하지는 않지만 영국이 지닌 전통이나 영국인들의 인간성 그리고 지식의 방식이 프랑스의 그것들과 다르다는 점을 인식했다. 과연 프랑스인들은 영국의 그러한 점을 제대로 인식하고 있는가? 우리가 일본에 대해 불편한 감정과 역사를 갖고 있으면서 정작 일본에 대한 제대로 된 인식의 경험이 뜻밖에 얕다는 점에 비춰보면, 모루아의 의도가 무엇인지 능히 짐작할 수 있을 것이다. 그는 이 책 이후에도 『미국사』와 『프랑스사』를 저술해서 역사가로서의 입지를 확고히 했다.

책은 영국이 대륙과 이웃하기는 하지만 대륙의 일부가 아니라는 사실을 항상 잊어서는 안 된다는 볼링브룩의 말로 시작한다. 이 문장은 가볍게 넘길 내용이 아니다. 모루아는 훗날 그런 일이 일어날지 예측하지 못했겠지만, 2016년 영국이 EU에서 탈퇴할지 여부를 투표했을 때 설마 탈퇴야 하겠느냐는 낙관이 무색하게 영국인들이 탈퇴를 선택함으로써 전

세계인을 충격에 빠뜨렸다. 이런저런 설명이 뒤따랐지만 가장 큰 이유 가운데 하나는 영국인들은 자신의 나라가 유럽에 속했다는 문화적 동질성을 갖고 있지 않다는 점이었다. 우리는 그것을 간과했다. 그런 점에서 모루아가 이 문장으로 이 책을 연 것은 매우 의미심장한 발언이었던 셈이다.

모루아가 흥미롭게 여긴 또 하나의 모티프는 영국이 섬나라이면서 고립되어 있지 않다는 인식이다. 유럽과 너무나 가까이 있기 때문에 영국의 관습과 사상은 섬나라적이지만은 않다. 또한 끊임없이 다른 나라들과 국제적 분쟁과 전쟁을 거듭해야 했던 프랑스와 달리, 영국은 섬나라로서 침략의 불안에서 상대적으로 해방되고 군비 증강의 필요성이 없었기 때문에 안전한 여건 아래에서 정치제도의 개혁을 시도할 수 있었다. 더더구나 영국의 평야지대는 대륙으로 갈 수 있는 가장 가까운 곳에 있었다. 만약 그곳이 산악지대였다면 다른 곳(대륙)으로부터의 침략도 훨씬 줄었을 것이다. 그러나 보이는 곳이 평야였기 때문에 수많은 침략을 받았고 그 침략은 동시에 다양한 문화의 교류를 수반했다.

동시에 모루아는 프랑스가 라틴문화의 기반이 뚜렷한 반면 영국은 게르만적인 영향을 받았고 라틴문화를 장식품 정도로 생각하고 때로는 모멸했다고 말한다. 그러나 그는 영국이건 프랑스건 근본적으로 비슷한 역사적 사건을 지니고 있다고 보았는데, 그것은 바로 로마의 지배였다. 그런 점에서 그는 프랑스와 잉글랜드에 관한 중대한 사실은 이 지방에 로마의 기념물이 있다는 것이 아니라 두 나라가 바로 로마의 기념물이라는 것이라고 단언한다. 영국의 기원에 대한 서술은 짧지만 일목요연하다. 아마도 이 점은 모루아가 이 책을 쓴 목적에 부합하는 방식이었을 것이고, 특히 문학적 압축 묘사에 충실한 특징을 가장 잘 드러내는 대목이기도 하다.

물론 그는 프랑스 사람이었기 때문에 영국의 역사에서 프랑스계 왕조의 역할에 대해서 많은 지면을 할애한다. 사실 영국과 프랑스가 앙숙으로 지내게 된 질긴 인연의 뿌리에는 노르만을 둘러싼 끝없는 갈등과 전쟁이 깔렸다. 이 부분을 읽다 보면 어쩔 수 없이 프랑스적 시선이 강하게 개입되었다는 점을 온전히 지워내기는 어렵다. 그건 어쩔 수 없는 일로 어느 정도 이해할 수 있는 일이니 크게 허물이 될 건 아니다. 어차피 프랑스인이 쓴 영국의 역사가 아닌가. 이런 시각은 영국이 자랑하는 대헌장의 서술에서도 크게 벗어나지 않는다. 프랑스와 전쟁을 벌이고 국내 귀족들과는 충돌을 거듭하던 존 왕의 우매함과 무능력은 십자군을 이끌고 영국을 토벌하도록 교황이 임명한 필립 오귀스트(필리프 2세)와의 대결에서 굴복할 수밖에 없었다. 모루아는 이 대목을 이렇게 설명한다.

> 이 전쟁은 승전으로서 프랑스 왕국의 통합을 달성하게 된 카페 왕조의 승리인 동시에 영국인에게는 자유의 방패가 되었다. 왜냐하면 만약 존이 브라반트인 용병 '두목'이 되어 영국으로 개선했더라면 그는 왕에 대한 봉사를 거부했다는 이유로 영국 영주들에게 틀림없이 극렬한 복수를 감행했을 것이기 때문이다.

물론 그런 추측이 전혀 허무맹랑한 것은 아니다. 그러나 같은 문장이라도 어떻게 서술하느냐에 따라 그 의미와 의도가 다르게 나타난다는 점을 무시할 수 없다. 이러한 서술과 관점은 도처에서 드러난다. 그건 어쩔 수 없는 노릇이라 할 수도 있겠지만 분명 프랑스 중심적 시선에서 온전히 벗어나지 못하고 있다는 건 아쉬운 대목이다. 시몽 드 몽포르가 영국의 건설을 위하여 공헌을 한 최후의 위대한 프랑스인이었으며 이제는 노르만 귀족들의 자제도 영어만 배우고 영국인의 세상이 되고 말았지만 노르만 왕조와 앙주 왕조의 국왕들이 영국이라는 나라의 건설을 위하여 기여한 공적은 참으로 위대했다는 대목은 그 절정이다.

영국인들이라면 이러한 시선을 과연 어떻게 받아들일까? 과연 몽포르는 영국을 위해 싸웠는가? 전쟁은 피차 목숨을 건 투쟁이다. 시몽 드 몽포르는 프랑스 귀족의 아들로 태어났지만 모계 혈통을 따라 영국의 레스터 백작 가계를 계승했다. 반은 프랑스인, 반은 영국인인 셈이다. 이후의 그의 삶은 그대로 그 태생적 문제를 드러낸다. 1231년 헨리 3세에게 충성을 맹세했지만 왕의 실정을 비판한 귀족 편에 서서 지도자가 되어 옥스퍼드 조례를 왕에게 인정토록 했다. 왕이 이를 무시하자 루이스 전투에서 왕을 포로로 잡았고 1265년 귀족과 성직자뿐 아니라 기사와 시민도 참여한 의회를 소집했는데 그게 영국 의회의 시작이었다. 그해 8월 황태자와의 전쟁에서 전사했다. 그의 삶은 어디까지 프랑스인의 삶이고 어디까지가 영국인의 삶인지 경계가 모호한 경우가 많았다. 다시 말해, 누구의 시선으로 보느냐에 따라 그의 삶에 대한 평가가 달라질 수밖에 없다는 뜻이기도 하다. 모루아는 전적으로 그를 프랑스인의 시각으로 바라본 것이다.

물론 이것을 전적으로 비난만 할 수는 없다. 예를 들어 조선이 일본에 보낸 통신사의 행태를 보더라도 그런 시선과 태도는 완연하다. 임란 이후 일본은 새로운 막부가 들어서면서 상대적으로 개방적 태도를 취했으며 겉으로는 쇄국을 내세웠지만 네덜란드와 활발하게 교류했다. 당시 통신사들의 기록을 통해서도 일본이 부유하고 상업이 번성했다는 점을 목격했음을 알 수 있다. 그럼에도 상당수의 기록들은 일본 지배계급의 외모가 추레하다는 등의 험담으로 일관하고 있다. 상대를 깎아내려서 나의 자존감을 얻으려는 건 어리석은 태도. 물론 모루아의 시선에는 그런 일방적 서술이 노골적이지는 않으며 최대한 객관성과 균형감각을 유지하려고 노력하고 있음이 엿보인다. 하지만 영국의 중대한 역사의 변곡점에서 일어나는 일에서 프랑스가 하나의 종속변수가 아니라 일종의 절대상수인 것처럼 해석하는 것은 분명 지나친 일이다. 그것은 마치 백제의 왕인 박사가 일본을 개화시켰고 그 덕에 일본이 발전할 수 있었다고 두고두고 우려먹는 것과 크게 다르지 않다. 그런 점을 담백하게 걷어내고 역사를 냉정하게 바라볼 때 우리는 그 역사에서 진실을 발견할 수 있다.

왕족 귀족이 아닌 평민의 시각에서 역사를 바라본다면?

백년전쟁은 영국과 프랑스의 입장에서는 피할 수 없는, 일종의 운명의 전쟁이었다. 그것은 복잡한 봉건적 상속제도가 많은 사람의 운명과 지역을 혼란에 빠뜨린 전쟁이었다. 그 전쟁의 과정은 익히 아는 바다. 유럽의 왕실은 이리저리 혼맥으로 얽힌 실타래였다. 언젠가는 터질 분쟁이었다. 각 왕실의 입장에서는 자신들의 영토에 관한 이해의 문제였고 또 다른 면에서는 왕실의 위엄과 자존심의 문제였다. 불행히도 그들은 합리적이고 외교적인 해결방식보다 권모와 술수로 대응했으며 조금만 틈이 생기고 힘의 균형이 쏠리면 가차 없이 무력에 의존했다. 무려 100년의 전쟁이라는 건 끔찍한 일이다. 물론 100년을 내리 전쟁만 한 것은 아니었다. 그래서 모루아는 이 전쟁을 전기와 후기로 나눈다.

  그러나 백성들의 입장에서는 이 따위 전쟁으로 과연 무엇을 얻는가. 그들에게는 지긋지긋하고 무시무시한 전쟁일 뿐이다. 가장이 전쟁터에 끌려나갔을 수많은 가정들을 상상해보라. 전쟁은 죽느냐 사느냐의 문제고 한 가장의 몫은 한 가정의 안위를 좌우하는 문제다. 아무리 왕이나 영주라 해도 그 길고도 긴 시간에 수많은 백성들을 전쟁의 올무에 몰아넣은 것은 쉽게 용서될 문제가 아니다. 물론 과거의 모든 전쟁이 그랬고 심지어 현재의 전쟁도 그렇지만 대부분의 전쟁이라는 게 가진 자들의 이해에 따라 저질러지는 것이 아닌가. 하루의 전쟁에서 다행히 살아남았지만 안도감보다는 다시 내일의 전쟁에서 목숨이 사라질지 모른다는 공포와 불안을 역사는 과연 기록하는가?

  오죽하면 농민들이 침공에 진저리가 나서 상대 군인들을 해치고 흡사 직업군인들처럼 포로로 잡힌 귀족의 몸값을 요구하지 않고 기회가 생기는 대로 살해했을까. 그뿐인가? 소득도 없고 소모만 일삼은 지루한 전쟁 끝에 어쩔 수 없는 강화를 맺고 휴전하면서 또다시 영토에 대해 다투고 결국 일정한 땅을 상대에게 넘기거나 넘겨받았다. 자신들에게는 '어느 한 땅덩어리'를 양보하거나 얻어내는 것이지만 거기에서 오랫동안 대를 이어 살아온 백성들에게는 청천벽력이나 다름없다. 설령 왕이라 해도 그

신하를 남에게 줄 권리는 없는 것처럼 백성들까지 영토에 끼워 일종의 패키지 상품처럼 넘기는 상황을 백성들은 과연 어떻게 받아들였을까? 훗날 프랑스와 독일 사이에 알자스-로렌 지방을 핑퐁처럼 주고받던 상황에서 그 지역에 살았던 사람들이 겪어야 했던 당혹감과 정체성의 혼란을 과연 권력자들은 조금이라도 이해하고 안타까워했을까? 그저 자신의 영토를 할양한 사실에 분노했을 뿐이었을 것이다. 그런데 역사는 바로 그런 점만 기록하는 경우가 많다.

자, 이제 우리가 그 전쟁의 한복판에 서서 어쩌면 무의미한 싸움을 앞두고 들판에 서 있다고 상상해보자. 제대로 먹지도 못하고 입성도 허술하며 고향에 두고 온 가족의 안위는 궁금하다. 그러나 그런 생각조차 사치다. 과연 나는 오늘 이 전투에서 살아남을 수 있을까? 사방에 퍼진 피비린내와 아비규환의 신음 소리, 칼과 창이 부딪히며 내는 굉음 등이 그를 덮친다. 숨 한 번 제대로 쉬지 못할 상황이다. 그런데 아무도 그를 기억하지 않을 것이다. 어차피 그는 전쟁을 일으킨 자들의 하찮은 도구에 불과할 뿐이다. 그리고 훗날 사람들은 백년전쟁이 어쩌니저쩌니 말할 것이다.

끝난 줄 알았던 전쟁이 다시 시작되었다. 발단도 우스꽝스러웠다. 귀족들의 견제에 시달리다가 전제군주가 된 리처드의 탐욕은 조카를 추방하고 랭커스터의 상속 재산을 몰수함으로써 반란을 유발했다. 결국 랭커스터가 쿠데타를 일으켜 리처드를 투옥하고 헨리 4세로 즉위했다. 어차피 그들끼리의 갈등이고 싸움이었다. 다시 전쟁을 일으키고 국외에서 주로 지낸 헨리 5세는 어린 헨리 6세에게 왕위를 넘겼는데 그는 허약하고 정신이상의 징후가 있었다. 결국 의회가 국사의 결정권을 쥐었다. 또다시 '그들끼리의 투쟁'이 시작된 것이다. 프랑스도 별반 다르지 않았다. 백년전쟁의 전기와 후기는 너무나 흡사하다. 아쟁쿠르 전투 후 잔 다르크의 기지와 신앙이 프랑스를 구출했지만, 달리 보면 얼마나 집권 세력이 무능했으면 어린 소녀가 이끈 전투에서의 승리가 프랑스를 구해냈을까. 그럼에도 왕족들과 귀족들은 오로지 자신들의 기득권에만 온 마음을 쏟았다. 결국 잔 다르크는 재판에 넘겨졌고 처형되었다.

후세의 근대 영국 사가들은 프랑스의 승리인 부빈 전투를 행운의 전투로 간주하고 잔 다르크를 칭송하며 그녀가 영국을 전제정치로부터 구출했다고 평가했다. 물론 프랑스인인 모루아도 그 점을 강조한다. 크게 벗어난 평가는 아니다. 그녀가 없었더라면 영국 왕은 파리에서 살고 프랑스 군대의 지지를 받으면서 프랑스에서 징수한 세금으로 부유하게 되어 영국 국민을 다스리는 것을 포기했을 것이다. 그녀 덕분에 영국 왕을 오랫동안 유혹해오던 대륙 제국의 위험한 꿈에 종지부를 찍게 했다는 점에서 그렇게 평가할 수도 있다. 그러나 그건 권력자들의 관점에서 볼 때 그럴 수 있는 것이지 일반 백성들에게도 그럴까? 고작 그런 결과를 위해 그토록 긴 시간 동안 생명의 위협과 가정의 파괴를 감당해야 했던 것인가? 역사의 한 줄 뒤에는 수많은 보통사람들의 신음과 분노와 공포가 도사려 있다. 그 소리를 들을 수 있어야 한다. 그런 점은 농업혁명과 산업혁명의 시기에도 고스란히 적용된다. 그런 점에서 때로는 우리는 역사의 기록에만 의존할 게 아니라 찰스 디킨스의 소설을 통해 당시의 속살을 꺼내 읽을 수 있어야 한다.

다양한 시선이 입체적 시각을 만든다

모루아의 『영국사』는 읽기에 매력적이다. 간결하면서도 저간의 일들을 잘 다루고 있을 뿐 아니라 문학적으로 탁월한 묘사를 담고 있기 때문이다. 그러나 무엇보다 프랑스인의 시각으로 영국의 역사를 일별하면서, 심리적 거리감과 증오로 인해 정작 상대에 대해 무관심하고 배워야 할 것조차 무시하는 습속에 대해 경종을 울린다는 점에서 지금 우리에게 많은 것을 생각하도록 해준다. 물론 상대적으로 후기 근대와 현대사의 비중이 낮은 것은 아쉽지만 아마도 민감한 문제였기 때문에 최대한 단순하게 다루려 한 까닭이 아니었을까 싶다.

영국이 지금도 이전과 다름없이 관례로 다스리고 있으며 10세기가 지난 오늘날에도 지주귀족은 여전히 관대한 지방 관리로 남아 있으며 군주제, 의회 그리고 대학이 모두 중세의 전통과 관습을 충실하게 지켜오고 있다는 모루아의 결언은 다양한 방식으로 해석되어야 할 것이다. 그러나 그 뒤에 덧붙인 말, 즉 영국인의 적응력은 보수주의에 뒤떨어지지 않을 만큼 강하고 오래된 제도는 항상 새로운 추세를 시인하고 허용한다는 지적은 예리하다. 브렉시트도 어쩌면 그런 관점에서 이해할 수 있을 것이다.

이 책을 읽으면서 영국인들의 시각과 감상은 어떨지 궁금하다. 물론 역사적 사실의 객관적 근거를 토대로 하고 있다고는 하지만 때론 고개를 끄덕이고 어떤 대목에서는 고개를 젓거나 흥분할 수도 있을 것이다. 그러나 프랑스인이건 영국인이건 역사의 사실을 국외자의 눈으로 보는 시선에서 얻는 바가 많을 것이다. 그런 점에서 과연 우리가 옆 나라인 중국과 일본에 대해 지금 얼마만큼 제대로 알고 있는지 돌아보면 모골이 송연하기까지 하다.

> **앙드레 모루아(André Maurois, 1885~1967)**
>
> 프랑스의 전기작가·소설가·역사가. 창작가라기보다는 대중에게 지식을 보급해주는 사람으로서 20세기 전반기 내내 프랑스 문단의 특출한 인물이었다. 『풍토』 같은 소설로 부르주아 사회의 위기를 조명했으며, 『영국사』 『두 거인』 같은 역사책들로 민중역사에 대한 해박한 지식을 보여주었다. 특히 프랑스와 영국의 유명 작가들에 대한 소설적 서술로 흥미를 살린 전기들이 유명하다. 대표작으로 『에리얼』 『바이런』 『올랭피오』 『렐리아』 『프로메테우스』 『마르셀 프루스트를 찾아서』가 있다.
>
> 『영국사』(신용석 옮김, 김영사, 2013년)는 제1차 세계대전 중 연합국 사령부 연락장교로 영국에 파견되었던 모루아가 영국 인사들과 접촉하면서 느낀 점을 바탕으로 프랑스인의 영국에 대한 시각을 바로잡아주기 위해 10여 년의 자료 수집 과정을 거쳐 1937년 발표한 작품이다. 섬세한 문학적 필치와 날카로운 시대적 통찰로 영국이 어떻게 유럽은 물론이고 전 세계의 패권 국가로 부상하게 되었는지를 흥미진진하게 그려낸다. 또한 해박한 인문학적 지식과 인간 중심의 역사의식으로 지배계급 중심의 역사가 아닌 모든 계층의 삶을 아우르는 서술로서의 역사 기술을 보여준다.

경제학의 진실을 두려워하지 말라

이정전의 『경제학을 리콜하라』

경제학을 '사회과학의 여왕'이라고 부르는 이들이 많다. 다른 어떤 사회과학 분야보다도 과학적이고 체계적이기 때문이다. 그러나 어떤 이는 경제학을 가장 형편없는 학문이라고 말한다. 심지어 '경제학 제국주의 시대'라는 말까지 나돈다. 경제학자들이 깡패처럼 남의 학문 영역으로 들어가서 온통 분탕질을 치고 있다는 비난까지 서슴지 않는다. 너무 심한 폄하의 말이 아니냐고 반문하자 경제학은 한 번도 제대로 맞은 적이 없지 않느냐고 반박한다. 경제는 살아있는 생물과도 같아서 완벽한 예측과 대비가 불가능하다는 게 중론이다. 그러기에 어느 정부나 경제학자의 정책과 이론도 완벽한 적이 없다. 어차피 경제학은 현실에 대한 충실한 분석과 예측뿐 아니라 다양한 대중의 심리상태까지 두루 고려해야 하는데, 그 어느 것 하나 일정한 유형이나 태도를 가늠하기 어렵기 때문에 무조건 깎아내리는 평가는 부당하다.

    경제학의 분석과 예측에 완전히 동의하지 않으면서도 우리는 어쩔 수 없이 경제학자들의 다양한 진단에 귀를 기울인다. 우리 삶의 핵심 요소가 바로 경제이기 때문일 것이다. 그래서 심지어 정치적으로는 매우 부도덕하고 비민주적이어도 경제만 살아난다면 그 정부를 지지하는 일이 비일비재했다. 동시에 아무리 도덕적이고 민주적이며 미래지향적 가치와 철학을 정립한 정부라 해도 경제적으로 문제가 생기면 금세 등을 돌리는 게 일상적이다. 따라서 경제학자들은 그들의 분석과 예측이 맞거나 안 맞거나 현실에서 관심과 주목을 받을 수밖에 없다.

사기꾼 경제학자들을 추방하라

대부분의 영역에서 그렇듯 경제학에서도 보수 성향의 경제학자 진영과 진보 성향의 경제학자 진영으로 크게 구분된다. 두 진영은 실업 문제를 비롯한 여러 경제 현안을 놓고 사사건건 대립해왔다. 그런데 놀랍게도 경제학자들의 예측이나 설명대로 이뤄진 적은 별로 없다. 마치 물과 기름처럼 서로 겉돌면서 상대의 잘못된 경제학적 지식과 분석 때문에 경제가 엉망이 되었다는 상호비판만 반복된다.

    우리나라 정치판과 경제구조에서 진보 성향의 경제학자들은 환영받지 못한다. 정권이나 재벌에 호의적인 보수 성향 경제학자들의 천국이다. 흥미롭게도 이들이 '전가의 보도'처럼 휘두르는 게 애덤 스미스의 이론이다. 걸핏하면 '시장의 자율성' 운운하며 최대한 규제를 풀어야 시장이 잘 돌아간다며 핏대를 올린다. 물론 기업가들의 후원을 양으로 음으로 받는 경제학자들은 충실한 나팔수 역할을 마다하지 않는다. 그러나 정작 그 규제가 바로 자본을 움켜쥔 자들의 욕망 때문에 스스로 자초한 것이라는 점은 말하지 않는다. 그래도 우리에게 이정전 같은 양심적인 경제학자가 있는 건 다행스러운 일이다. 그는 애덤 스미스와 그 추종자들은 당시 체제에 도전했던, 일종의 극좌파 경제학자들이었음을 명확히 지적한다. 중상주의를 표방하며 절대 군주와 상공인들 사이의 야합이 이루어지는 가운데 각 국민국가는 상공업의 육성과 무역 흑자에 박차를 가하던 시절이었다. 우리는 당시 국내 상공업의 발전을 위해 국민에게는 저임금이 강요되었으며 무역 흑자를 극대화하기 위한 각종 보호무역 정책이 과감하게 추진되었고, 이런 중상주의 정책이 유럽에서 판을 치는 가운데 이에 대한 비판이 서서히 고개를 들던 시기에 애덤 스미스가 『국부론』을 썼다는 이정전 교수의 지적을 경청해야 한다. 어쩌면 지금의 현실과도 크게 어긋나지 않는지 기시감이 들 정도다. 애덤 스미스가 통탄했던 건 바로 상공업자의 이익을 국익과 동일시하는 사회적 풍조였다. 지금 우리는 어떠한가? 언제나 성장 우선주의 정책을 내세우며 기업의 이익 극대화를 위한 모든 조처를 마다하지 않고, 그 이익의 일부를 뒷돈으로 챙긴 정치인들과 경제학자들의 야합이 오히려 다양한 방식으로 진화되고 있지 않은가.

애덤 스미스를 제대로 이해하기 위해서는 당시의 현실로 들어가 봐야 한다. 죽어라 일해도 임금은 오르지 않고 온갖 야합으로 자신들의 이익 추구에만 혈안인 현실에서 결국 죽어 나가는 건 노동자와 서민이다. 그들이 그런 현실 속에서 어떤 생각을 했으며 어떤 마음을 먹었을까. 그러나 아무도 자신들의 울분을 풀어주지 않는 가운데 권력과 부에 아부하며 이익의 부스러기나 주워먹던 자들을 어떤 시선으로 바라봤을까. 안타깝게도 그 심정을 이해하기 어렵지 않은 건 지금도 여전히 그런 자들의 탐욕에 휘둘리는 건 마찬가지거나 오히려 더 악화되었기 때문이다.

애덤 스미스가 『국부론』에서 '보이지 않는 손$^{invisible\ hand}$'을 딱 한 차례만(『도덕감정론』에서는 두 번) 언급한 것은 매우 의미심장한 의도였다. 그것은 지금처럼 '만능의 손'이 되어 시장의 자율성을 마음껏 보장하는 준거의 의미가 아니었다. 18세기 후반이면 이미 신학의 시대는 끝났고 과학이 일상적 진리의 기준이 되었을 때였다. 사회과학의 일환인 경제학이 신학적 메시지를 담을 수는 없었다. 그러나 시장의 자율성을 강조하는 '손'이 '보이지 않는' 것은 바로 그 자체가 신적인^{divine} 절대성을 갖고 있다는 의미다. 즉 상대적으로 교육의 수준이 높은 귀족이나 상인들이 이러쿵저러쿵하지 않아도 모든 인간의 합리적 판단력에 의해 가격은 합리적이고 자연스럽게 결정되는 것이니 쓸데없는 간섭과 개입을 거부하라는, 그런데 그것이 신적인 절대성을 갖고 있다는 강력한 경고의 메시지였던 셈이다. 아직도 교회의 영향력이 일상적 삶과 신념체계 등에 영향을 끼치고 있던 당대에 '보이지 않는' 신의 절대성을 강조하기 위해 썼던 말인 동시에 과학의 시대였기에 그 용어를 반복하지 않았을 뿐이다. 그런데도 걸핏하면 '보이지 않는 손' 운운하는 건 애덤스의 경제철학을 왜곡하는 것일 뿐이다.

국부를 새롭게 정의하고 국민의 복지를 상공업자의 이익이나 정부의 이익에 우선하는 최상의 가치로 삼았다는 것이 바로 『국부론』을 통해 애덤 스미스가 보여준 것이었고 당시로서는 획기적인 발상이었다는 점을 기억해야 한다. 이정전은 그것이 나라를 운영하는 데서 국민이 으뜸이고 그 다음이 나라며 왕은 마지막이라고 주장하는 『맹자』와 상통한다고 지적한다. 국민 개개인의 복지에 근거지움으로써 새로운 시대에 영합하는 국부의 개념을 세웠다는 점이 바로 애덤 스미스의 위대함이라는 이정전의 평가는 정당하다.

조지 스티글러는 모든 규제가 기업의 이익을 가로막는 것은 아니라고 지적한다. 업계가 주도하고 그들의 이익을 보호하는 규제도 많다. 그런 규제는 쉽게 완화되지도 없어지지도 않는다. 막강한 재력을 바탕으로 한 업계의 집요한 정치력이 막후에 떡 버티고 있기 때문이다. 그들이 타파를 요구하는 규제는 기업의 돈벌이에 걸림돌이 되는 것들이다. 경쟁을 회피하려는 강한 유혹에 끌려서 기업이 정치적 특권이나 특혜를 통해서 사익을 극대화하려고 열심히 '뛰는' 것이다. 이정전은 박원암의 말을 빌려 그것을 '보이지 않는 발'이라고 비난한다. 나는 이정전이나 박원암을 통해 '보이지 않는 발'의 실체를 더듬어본다. 손과 발이 따로 노는 건지, 그것이 대립적 개념인지 상보적 개념인지 혼자 온갖 상상을 해본다. 그 과정에서 내가 바라보는 사회와 경제구조의 모습이 새롭게 느껴진다. 그렇다. 저자는 나를 궤도 밖으로 나갈 수 있게 해주는 연료통이지 탐사선 자체는 아니다. 그 연료통을 만든 저자들이 고맙다.

현실적으로 더 나은 삶을 추구하는 것은 자연스러운 욕망이다. 따라서 거기에 기여하는 경제학은 매력적인 학문이다. 그래서 애덤 스미스 자신이 그것을 일종의 '철학'으로 간주했으며 경험주의의 후계자며 공리주의의 선구자답게 '더 싼 비용으로 더 큰 행복'을 구가할 수 있는 것은 곧 선善이라는 이념에 토대를 두고 있다. 애덤 스미스가 바랐던 것은 선의의 공정한 경쟁이었다. 만일 경쟁 기피 성향 때문에 기업이 아귀다툼 경쟁을 선호한다면, 누가 시장에서 선의의 공정한 경쟁이 이루어지도록 보장해줄 것인가. 그의 대답은 정부였다. 이른바 최소국가이론은 거기에서 비롯한다. 그런데 앞뒤 다 자르고 규제의 철폐와 최소정부론을 들먹이는 건 결국 자신들의 이익 극대화를 위해서는 걸림돌이 되는 것을 다 치우겠다는 의도와 다르지 않다. 이제 그런 더러운 논리를 교묘하게 이론화하고 정책으로 접목시키면서 '국가경제' 활성화를 운운하는 사기꾼 경제학자들을 소환해야 한다.

경제학은 늘 본질을 물어야 한다

경제학은 '인간이 행하는 경제생활의 여러 측면을 연구하여 그 이면에 흐르는 논리를 밝혀내고, 그에 따라 경제문제를 해결하는 방법을 찾아내고자 하는 학문'이다. 대부분의 학문이 그렇지만 특히 경제학은 '인간'의 문제를 직접적으로 다룬다는 점에서 그리고 그 해결방법을 모색한다는 점에서 특별한 의미를 갖는다. 그런데 이정전은 그런 경제학의 한 가지 중요한 특징을 인간(소비자)의 욕망을 절대시하고 신성시한다는 점이라고 지적한다. 경제학은 "그 욕망이 어떻게 형성되었는지, 그 욕망이 옳은지 그른지 일절 묻지 않는다." 한쪽에서는 수많은 사람들이 먹을 게 없어서 굶어 죽는 판에 단순히 피부 미용을 위해서 우유로 목욕하고 싶어하는 부

잣집 마나님의 욕망을 어떻게 생각해야 할 것인가에 대해서는 따지지 않는다. 경제학은 그런 것에 개의치 않는다. 남 얘기가 아니다. 내가 오늘 과다하게 차린 식탁에서 남긴 음식을 아무런 죄책감도 없이 음식물 쓰레기로 버리는 그 시간에 얼마나 많은 이들이 굶고 있는지에 대해서는 고민하지 않는 게 나의 삶이다. 욕망은 자연스러운 것이라 해도 욕망의 노예가 되어 누군가의 불행을 담보로 내가 행복을 누리고 있는 건 아닌지 가끔은 물어봐야 한다. 그게 경제학이 존재해야 하는 본질 가운데 하나다.

이정전은 리카도가 주식 투자와 지가 상승으로 떼돈을 벌었음에도 부동산 가격 상승이 좋은 돈벌이가 되는 현상을 망국의 징조라고 생각했다는 점을 지적한다. 그것은 지금 대한민국의 현실에 그대로 적용된다. 정상적인 월급 생활자라면 아무리 저축해도 강남의 집 한 채를 도저히 살 수 없다. 그리고 갈수록 벌어지는 격차는 결국 우리 모두를 부동산의 노예로 만들고 노동의 신성함 따위는 개나 줘버려야 하는 하위의 가치로 전락한다. 그런데도 우리는 여전히 내 집의 값을 올려주겠다는 정치 모리배들에게 주저하지 않고 신성한 표를 던지지 않는가. 리카도의 차액지대설이나 비교우위론을 들먹이면서 정작 그가 보여준 인간으로서의 태도에 대해서는 오불관언이다. 땅값 상승이나 과도한 이자 혹은 집세의 상승으로 인한 소득은 불로 소득이며 잉여가치다. 그게 경제의 흐름을 주도할 때 그 사회의 경제는 불건전해질 수밖에 없다. 토마 피케티가 『21세기 자본』에서 지적한 핵심의 하나가 바로 이자 소득이 노동에 의한 소득을 훨씬 능가할 때 생기는 양극화의 악화가 세계경제 전체를 망가뜨리는 주범이라는 것이었음을 상기해야 한다. 경제학이라는 게 무조건 내 이익을 극대화하는 데 기여하는 학문이 결코 아니다. 그런 천박한 영역으로 만든 주범이 누구인지 늘 경계해야 한다. 물론 그 주범의 범주에는 나 자신도 예외는 아니다.

경제학은 특히 다른 학문에 비해 사람들의 생각이나 감정에 매우 민감하고 밀접하게 연동된다. 특히 이른바 주류 경제학자를 자임하는 사람들은 인간의 합리성을 전제하는 기존의 경제학 이론으로 설명하기 어려운 이상한 현상이 나타나거나 반론이 제기될 때 그 전제는 바꾸지 않은 채로 이상한 방법으로 억지로 설명하려는 경향이 다분하다고 이정전은 비판한다. 그래서 자신들이 항상 옳은 이론을 마련한다고 착각하기 쉽다는 것이다. 유용성도 없으면서 애매모호한 이론만 늘어놓는 경제학에 대해 과연 우리가 얼마나 비판적인 안목으로 대하는가. 그것은 백만장자들은 자신들이 똑똑하고 유능해서 돈을 벌었다고 생각하지만, 일단 돈을 번 다음에는 기득권을 지키기 위해서 기존 질서를 옹호하고 찬양하기 바쁜 것과 다르지 않다. 백만장자가 사회 개혁을 부르짖기 어려운 건 그런 이유 때문이다.

이정전 교수는 적어도 대한민국에서는 위험할 수도 있는 대담한 발언을 주저하지 않는다. "그러므로 대학이 사회과학으로서 경제학을 진정 원한다면 경제학과는 주류 경제학이 아니라 마르크스 경제학 위주로 교과 내용을 짜야 하고 이에 따라 학생들을 가르쳐야 한다." 그 말이 지닌 함의를 깊이 성찰해야 한다. 지금이 바로 그런 때다. 그의 발언은 결국 경제학이 지닌 철학적 가치가 인간과 사회의 본질에 대해 무엇을 발언하느냐에 대한 문제이기도 하다.

타성과 탐욕의 경제학을 벗어나야

이정전 교수는 현실의 시장은 온갖 불확실성 때문에 경제학 교과서와 아주 다르게 움직인다는 사실을 기억하라고 말한다. 케인스에 의하면, 미래는 결코 과거와 현재의 단순한 그림자가 아니기 때문이다. 케인스 자신도 그랬거니와, 그의 관찰에 따르면 현장의 사업가들은 불확실한 상황에서 주로 자신의 직감과 주먹구구에 따라 행동한다. 현실과 이론의 차이는 거기에서 비롯한다. 이 교수는 경제학에 대한 맹신을 경계한다. 예를 들어 굵직한 경제 불황이 주식시장의 붕괴로부터 시작한다는 데에는 대부분의 경제학자들이 동의하지만, 정작 1890년대 장기 경제 불황이나 1930년대 대공황 때 주식시장이 그렇게 갑자기 곤두박질쳤던 이유에 대해서는 아직도 분명한 답을 주지 못하고 있음을 지적한다. 다만 분명한 것은 불황이나 경제 위기의 씨앗이 바로 앞선 호경기나 경기 과열 시기에 배태되는데, 이 시기의 특징은 업계에 각종 부정부패가 만연한다는 사실이다. 결국 탐욕과 우매함이 그 주범인 셈이다. 이 교수가 업계의 부정부패를 자세히 다루는 경제학 교과서를 마련해야 한다고 강조하는 건 바로 그 때문이다.

이 책은 주로 애덤 스미스에서 시작해서 얼마 전까지 대한민국을 뒤흔들었던 이른바 신자유주의 경제학에 대한 비판을 중심으로 분석하면서 마르크스와 케인스의 이론까지 다루고 있는 까닭에 최근 경제학의 동향에 대해서는 상대적으로 빈약한 것이 사실이다. 그러나 그건 경제학이 감당해야 하는 본질과 가치에 대한 반성적 성찰을 촉구하기 위해서는 어쩔 수 없어 보인다. 경제학에 관한 책을 읽으면서 감각과 상상을 초대하기는 어렵다. 그럴 여유도 없다. 그러나 적어도 지금 우리가 어떤 세상에서 어떻게 살고 있는지에 대해 저절로 인식하고 분노하면서 미래 대안을 마련하는 기초를 어떻게 재구성해야 하는지에 대한 토대를 마련할 수 있을 것이다. 이 책을 감히 '고전'의 울타리에 초대하는 까닭은 주류 경제학자들이 전횡하면서 망가뜨린 우리 현실에서 올바른 경제적 혜안과 철학을 정립하는 데 꼭 필요한 균형을 잡아줄 수 있는 흔치 않은 책이기 때문이다.

이정전(1943~)

서울대학교 경제학과를 졸업하고 미국 아이오와 주립대학에서 경제학 박사학위를 받았다. 서울대학교 환경대학원 교수, 원장을 역임하고 현재 서울대학교 명예교수로 있다. 주요 전공 분야는 토지경제학, 환경경제학, 수자원경제학, 경제철학 등이며, 학자는 좌파와 우파, 보수와 진보를 아우르는 객관적이고 균형 잡힌 시각을 가져야 한다는 평소의 지론대로 시장주의 경제학과 마르크스 경제학 양쪽의 주장과 철학을 학생들에게 고르게 가르쳤다. 주요 저서로 『두 경제학의 이야기』 『시장은 정의로운가』 『시장은 정말 우리를 행복하게 하는가』 등이 있다.

『경제학을 리콜하라』(김영사, 2011년)는 애덤 스미스의 『국부론』부터 리카도의 차액지대설, 마르크스의 노동가치설, 케인스의 화폐이론까지 현대 주류 경제학자들이 외면했던 대가들의 경제학 정론을 재정립하려는 책이다. 애덤 스미스가 『국부론』을 쓴 진짜 이유, 리카도가 지가 상승을 국가 몰락의 징후로 본 이유, 화폐 애착으로 인한 삶의 파괴를 막기 위한 케인스의 해법 등 그동안 알려지지 않았던 경제학의 약점과 한계를 상세히 설명하고, 현대 주류 경제학으로는 설명할 수 없는 경제학의 오류를 대가들의 정통 경제학 이론을 논거로 바로잡는다.

우리는 모두 슈호프다

알렉산드르 솔제니친의 『이반 데니소비치의 하루』

여기 한 남자가 있다. 그의 하루가 딱히 특별할 것도 없다. 아주 흡족한 마음으로 잠든 슈호프. 왜 그는 그리도 흡족했을까? 아주 운이 좋은 날이었다. 영창(이제는 대한민국에서 군인 감옥인 '영창'이 폐지되었다)에 들어가지도 않았고 사회주의 생활단지에 불려가 작업하지도 않았을 뿐 아니라 점심 때는 속임수를 써서 죽 한 그릇을 더 먹었으니까. 게다가 오후에는 반장이 작업량 조정을 잘해줘서 즐거운 마음으로 벽돌을 쌓았다. 수용소로 돌아오는 검색에서 줄칼 조각도 걸리지 않고 무사히 들고 들어왔다. 저녁에도 운이 좋았다. 체자리 대신 순번을 맡아주고 돈도 좀 벌어서 잎담배를 살 수 있었다. 그 정도면 운이 좋은 날 아닌가. 덕분에 찌뿌듯하던 몸도 제법 가뿐해졌다. 그런 날들만 계속된다면야 견딜 만한 삶이다. 눈앞이 캄캄한 그런 날이 아니었고 거의 행복하다고 할 수 있는 날을 보낸 슈호프.

 '슈호프'와 '체자리'라는 이름이나 '사회주의'라는 낱말만 없다면 어느 형무소의 하루로 여겼을 것이다. 주인공은 특별히 아무런 일도 일어나지 않은 이 날이 아주 '운이 좋은' 날이라고 정리한다. 그런데 이 대목이 바로 소설의 마지막이다. 너무 심심하지 않은가? 그러나 바로 다음 이어지는 '진짜 마지막 문장'을 보면 이야기가 좀 다르게 느껴진다. 그 내용은 슈호프가 형기가 시작되어 끝나는 날까지 무려 십 년, 날수로 따지면 삼천육백오십삼일을 꼬박 채웠는데. 사흘을 더 보낸 건 윤년 때문이었다는 덧붙임이다. '억울할 수도 있는' 사흘의 추가 형기라. 그래도 형기를 마치는 날이었으니 그 정도는 충분히 너그럽게 용서할 수도 있을 것이다. 하지만 다시 소설을 처음으로 돌려 읽으면 그 사흘조차 너그럽게 용서할 수 있는 그런 날들이 결코 아님을 곧바로 느낄 수 있다.

체험과 고발문학

알렉산드르 솔제니친의 『이반 데니소비치의 하루』다. 삶의 황금기를 수용소에서 보내고 형기를 마친 뒤에는 엉뚱하게 노벨문학상 수상자가 된 까닭에 소련의 골칫거리가 되었고, 끝내 미국으로 추방되어 모국어를 박탈당한 채 문학적 절망을 겪어야 했으며, 다행히 나중에 고국으로 돌아와 여러 해를 살다가 그 품에서 숨을 거둔 작가의 대표작이다. 그가 직접 체험한 스탈린 시대 수용소의 이야기고 고발문학의 대표작품이다.

 감옥이 그렇듯 수용소라는 곳도 지극히 제한된 곳이다. 물론 수용소가 감옥보다는 활동 반경이란 점에서는 더 넓어서 자유롭지 않을까 싶지만, 오히려 극한의 추위와 배고픔과 싸워야 하는 이중고를 고려하면 어쩌면 삭풍이라도 막아주고 세끼 밥이라도 주는 감옥이 더 나을 듯하기도 하다. 수용소에 끌려온 사람들은 일종의 죄수다. 그래서 일상적 삶이 허용되지 않고 모든 인연과 분리되고 격리되어 희망도 없는 시간을 견뎌야 한다. 그런데 그들이 저질렀다는 죄명이 참 허탈하다.

주인공인 이반 데니소비치 슈호프는 평범한 농부였다. 제2차 세계대전의 하나인 독소전쟁獨蘇戰爭에서 독일에 포로로 잡혔었다. 그런데 이것이 간첩 행위로 오인되어 조국을 배신했다는 죄목으로 전쟁이 끝난 지 6년이 지나 강제노동수용소로 끌려가 8년째 수형생활을 하고 있다. 다른 사람들의 죄목도 어처구니없는 건 크게 다르지 않다. 어린 알료쉬카는 기도를 너무 열심히 했다고, 반장 추린은 아버지가 부유한 농부라서, 영화감독인 체자리는 불온한 영화를 찍었다는 이유로 수용소에 끌려왔다. 이미 그 '죄목' 자체가 소비에트 체제의 비인간성을 그대로 드러낸다. (그러니 당시 소련 당국은 이런 작품을 쓴 솔제니친에게 노벨문학상이 주어진 것을 받아들일 수 없었고, 『수용소 군도』가 검열도 받지 않고 소련이 아니라 프랑스에서 먼저 발표되었다는 이유로 강제로 추방시켰다.)

소설의 줄거리는 수용소라는 제한된 공간과 시간이란 점에서 단순하다. 스탈린 시대 수용소의 하루 이야기다. 그런데 그 하루는 어쩌면 모든 삶과 사회가 특정한 방식으로 초압축된 것과 다르지 않다. 늘 그렇듯 주인공 슈호프는 아침 5시 기상 시간에 맞춰 일어난다. 아니, 일어나려 한다. 그러나 이상하게 오한이 난다. 그렇다고 작업에서 면제되는 건 아니다. 밖에 나가서 일해야 한다. 작업을 마친 슈호프는 담당 간수를 속여 점심 죽을 한 그릇 더 받아내는 데 성공한다. 그리고 거기에 큰 행복을 느낀다. '거의 행복하다고 할 수 있는' 날이랄 수 있는 사건이다. 그렇게 여기며 기분 좋게 잠이 든다. 그게 슈호프의 하루다. 그러니 지극히 단조롭고 무료하다.

하지만 매 순간 체감되는 것들은 그것이 반복되는 것임에도 불구하고 생생하고 첨예하다. 그들이 수용소에 끌려온 것은 말도 되지 않는 불합리와 부조리고 폭력 그 자체다. 그러나 수용소의 하루들은 더 큰 폭력이다. 얼핏 보면 수용소에 끌려온 것보다 더 큰 폭력은 없다. 하지만 수용소에서 일어나는 '만성적인' 폭력은, 그게 '일상의 폭력'이라는 점에서 더 큰 폭력이고 비극이다. 이 소설은 단순히 슈호프의 하루 혹은 수용소의 어떤 하루가 아니라 우리의 삶과 사회의 방식을 마치 현미경으로 들여다보듯 '낯선 익숙함'으로 다가오게 한다. 이것은 물론 솔제니친의 뛰어난 문장과 전개의 힘 덕분이지만, 또 다른 면에서 보자면 그 거울을 통해 보면 우리의 삶과 사회도 정도의 차이만 있을 뿐 크게 다르지 않다는 자기인식이 주는 처연함 때문일 것이다. 특히 체험과 고발이라는 매우 독특한 문학의 형식이 주는 힘은 그것이 허구가 아니라 충분한 개연성을 지닌 현실이라는 인식을 자꾸만 환기시키는 데 있다. 따라서 이 작품은 단순하지도 무료하지도 않으며 그렇다고 하루를 길게 늘여놨다는 지루함으로 독자를 불편하게 만들지도 않는다.

이 소설의 등장인물은 생각보다 많지 않다. 슈호프와 함께 수감 중인 죄수들과 그저 설정된 배경처럼 보이는 간수들이 전부다. 그러나 슈호프가 아닌 다른 사람들의 시선으로 이 장면들을 재구성해보면 뜻밖에 많은 단층들이 보이고 그것들이 겹치는 지점들을 읽어낼 수 있다. 예를 들어, 식량 소포를 받지 못해 죄수들 중에서도 가난한 축에 속하는 슈호프와 달리, 단지 아버지가 부농이었다는 이유만으로 성실하게 근무하던 군대에서 쫓겨나 죄수가 된 104번 작업반의 반장 추린의 눈으로 바라보면 어떤 모습일까? 이렇게 각각의 죄수들의 눈으로 치환해보는 것은 매우 흥미롭다.

일상의 폭력, 폭력의 일상성

이 소설을 읽으면서 갑자기 묻게 된다. 수용소 밖의 삶과 수용소 안의 삶 중 어떤 것이 더 힘들까? 수용소 안에서는 간수의 감시와 학대를 피할 수 있으면 그리고 동료들과 불필요한 갈등과 충돌을 피하면 된다. 그러나 수용소 밖에서는 어디에서 자신을 감시하고 검열하고 있는지 모른다. 실제로 솔제니친 자신이 수용소에 끌려간 것도 친구에게 보낸 편지에서 스탈린을 비판했다는 이유였다. 그것도 스탈린의 정치나 사상을 비판한 게 아니라 스탈린이 조국을 위해 더 앞장서서 발전적 행동을 해야 하는데 약간은 느슨한 것 같다는 점을 강조했을 뿐이다. 그걸 빌미로 누군가 눈엣가시였던 그를 수용소로 추방했을 것이다. 그렇다면 결국 사회 전체가 하나의 거대한 수용소일 수밖에 없다.

수용소는 자유가 없는 곳이다. 심지어 인간의 기본적 욕망마저 철저히 거세되는 곳이다. 자유로운 개인이 허락되지 않는 곳에서 인간이 진화할 수 없다. 결국 소련의 붕괴는 미국과의 체제 경쟁에서 패배했기 때문이 아니라 자기 인민들을 억압하고 통제하고 길들이면서 끝내 진보가 아니라 퇴보를 초래해서 생긴 필연이었다. 어떤 시대건 그 사회가 진화·진보하기 위해서는 자유로운 개인에 대한 전적인 지지와 신뢰 그리고 보장이 필수적이다. 솔제니친의 수용소와 비교할 수는 없지만, 우리도 지난 시절 독재와 억압 그리고 전체주의적 사고 속에서 자유로운 개인의 권리를 철저히 억압하고 짓밟았다. 심지어 지금도 그 시절을 그리워하는 시대착오적인 인간들이 있다는 건 한심한 일이다.

형기가 거의 끝나간다고 슈호프의 미래가 보장되는 건 아니다. 어차피 엉터리 이유로 끌려왔다. 그렇게 만든 작자가 여전히 존재하고 그런 사회가 존재하는 한 언제든 그의 형기가 연장될 수도 있고 다른 이유로 옭아맬 수도 있기 때문이다. 그래서 슈호프는 그들이 자신을 가리키며 '저 놈은 출소할 날이 머지않았어.'라고 말하는 걸 들을 때 그리 기분 나쁘지 않았다. 하지만 슈호프 자신은 어쩐지 별로 믿어지지 않았다. 옛날 전쟁 중에 형기 만료 죄수들을 상부에서 지시가 있을 때까지 붙잡아두는 걸 직접 보지 않았던가. 1949년까지 아무 이유도 없이 그렇게 붙잡아뒀다. 더 가공할 일은 3년을 선고받고 형기를 마친 죄수에게 다시 5년을 추가로 형벌을 내린 경우도 있었다는 점이다. 법을 믿을 수 있는가? 10년 형기를 다 마치더라도 별 생각 없이 그저 엿 먹이는 기분으로 10년 추가형을 내릴지, 아니면 유형에 처할지 도대체 알 길이 없지 않은가. 막연하고 망연한 일이다. 우리나라에도 보호감호제도라는 게 있어서 재범의 위험성이 있고 특수한 교육·개선 및 치료가 필요하다고 인정되는 사람을 '보호감호소'에 수감하고 있었다. 인권에 어긋나는 게 분명한데도 흉악범이 출소를 앞둘 때마다 그것을 부활해야 한다고 주장하는 이들이 있다. 슈호프가 곧 출소할 것이라는 사실이 동료 수감자들에게 어떻게 느껴질까? 어떤 이는 희망을 보겠지만 어떤 이는 자기보다 먼저(심지어 자기보다 늦게 들어와서) 나가는 걸 질투하기도 할 것이다. 그렇게 시기하는 사람들 가운데 어떤 이는 형기가 연장되기를 은근히 바라는 경우도 없지 않을 것이다. 그 모습은 지금 우리가 사는 모습과 크게 다르지 않다. 세상 사는 게 대동소이하다.

폭력이 물리적 폭력만을 의미하지는 않는다. 불안과 공포는 이미 그 자체로 물리적 폭력보다 더 위험한 폭력이다. 먹을 것 하나에 양심과 우정을 쉽게 팔 수 있고 서로 감시하고 고발하여 상대적 이익을 취할 수 있게 만드는 방식 또한 폭력이다. 그런 폭력이 일상화되는 사회가 반드시 타자에 의해서만 생기지는 않는다. 이미 내 안에서도 그런 폭력의 유혹이 늘 잠재되어 있음을 두려운 시선으로 스스로 감시해야 한다.

소설은 솔제니친을 치환시킨 이반 데니소비치의 하루지만 그것은 모든 이의 하루와 동일하다. 수용소에 갇힌 다른 인물들의 입장에서 그 하루를 기록해도 크게 다르지 않을 것이다. 물론 각자의 성장배경이나 성향 등이 변화의 요인이 될 수는 있겠지만 인간의 기본적 속성에 비춰보면 엇비슷할 것이다. 슈호프가 먹을 것을 생각할 때마다 고향에서 배불리 먹던 일을 회상하면서 왜 그리 허겁지겁 먹어댔을까 후회하는 장면은 유머러스하면서도 애잔하다. 수용소에서 먹는 빵조각은 '입 안에 조금씩 넣고, 혀끝으로 이리저리 굴리면서, 침이 묻어나도록 한 다음에' 씹는다. 그러면 아직 설익은 빵이라도 얼마나 향기롭던가! 슈호프가 하마터면 자기 손가락마저 깨물었을 정도로 빵에 정신이 팔렸으면서도 반원형의 빵 껍질 부분은 남겨둔 까닭은 '대접 밑바닥에 눌어붙은 죽을 긁어먹는 데는 이 빵 껍질이 최고'라는 걸 알고 있기 때문이다. 일상에서 제거된 이후에야 그 일상의 고마움에 대해 깨닫는다. 자유라는 게 공기와 같다. 눈에 보이지 않지만 공기가 희박해서 숨을 쉬기 어려운 고지대에 가면 공기가 얼마나 중요하고 소중한가를 깨닫는 것처럼.

나의 수용소의 하루는?

우리는 모두 나름의 수용소에 살고 있다. 직장이라는 수용소, 가정이라는 수용소 그리고 나 자신이라는 수용소에 갇혀 산다. 그 하루가 슈호프의 하루와 같은 밀도일 수는 없을 것이다. 그에게 매일은 반복되는 듯하지만 매 순간이 치열하고 생존 그 자체이기 때문이다. 그러나 그 강도와 밀도의 차이는 실제 수용소의 삶에서 오는 것이기도 하지만 작가가 그 하루를 200쪽 넘는 이야기로 풀어냈기에 더욱 크게 느껴질 뿐 근본적인 것은 크게 다르지 않을 것이다. 슈호프의 하루야말로 반복 그 자체의 삶이다. 그에 비해 우리의 하루는 반복적이기는 하지만 어제와 똑같은 하루는 아니다. 그리고 슈호프와 가장 큰 차이는 나에게는 '설계할 수 있는 내일'이 있다는 점이다.

솔제니친 문학의 매력과 힘 가운데 하나는 글의 절제에 있다. 그는 평범하고 가련한 이반 데니소비치를 통해(물론 자신의 경험이 투사된 까닭에 더

더욱 그렇겠지만) 이유도 죄도 없이 고통을 당해야 하는 무기력한 개인에 대한 동정과 회한을 상기시킴으로써 나의 삶과 세상을 냉정하게 바라볼 수 있게 한다. 과장이나 지나치게 수사적인 표현들이 넘쳤다면 그 진정성이 퇴색되었을 것을 솔제니친은 냉정하고 담담하게 그러나 그 안에 깊은 옹이를 박아놓고 풀어낸다. 나의 삶에 그 옹이를 박아놓고 내 삶을 조망해보면 과연 어떤 모습으로 서술될까. 더구나 나의 삶은 외부의 강압에 의한 것이 아니라 나 자신의 자유로운 선택이었음에도 별로 자유롭지도 인간적이지도 않다면 과연 그 삶이 나의 것이라 할 수 있을까? 슈호프는 죄수가 되어 시계를 본 사람은 아무도 없다고 말한다. 하기야 볼 필요도 없으리라. 죄수들은 그저 기상까지, 집합까지, 취침까지 몇 분 남았는가가 아니라 대충 얼마나 남았는지를 알면 될 뿐이니까. 나는 늘 시계를 본다. 왜 시계를 보는 거지? 어쩌면 그 시계가 나의 간수일지 모른다. 나는 늘 시계의 눈치를 본다. 나에게 행동을 명령하는 것은 내가 아니라 그 시계다. 그렇다면 시계는 나의 수용소가 되는 셈이다. 눈에 보이는 울타리에 갇히고 간수에게 통제되는 수용소의 삶과 달리 나는 어디든 내 마음대로 갈 수 있고 간수는 없다. 그러나 스스로 두려워서 적당히 설정해놓은 울타리(그것을 애써 보호용 안전지대라고 부르고 싶어하겠지만)와 타인의 시선의 감시에 스스로를 인계하고 있는 현실의 삶이라고 크게 다르지 않다.

솔제니친의 이 작품이 발표되었을 때 소련이라는 체제가 지닌 비인간성과 폭력성에 대한 고발이라는 점이 더 크게 부각된 것은 어쩔 수 없다. 헤르더의 말처럼 '시대의 딸' 아닌 게 없으니. 그러나 우리가 이 작품에서 단순히 소련과 수용소에 대한 비판과 조롱만 읽어내려 한다면 차라리 읽지 않는 게 낫다. 내 안에 있는 수용소를 나의 '식민영토'라고 착각하며 살면서 매일을 그저 반복된 하루로 꾸역꾸역 살고 있지는 않은지 먼저 물어야 한다. 21세기에도 이 작품의 가치가 여전히 유효한 것은 바로 그런 인식을 상기시키기 때문이다. 나도 나의 수용소에서 탈출해야 한다. 그래야 산다.

알렉산드르 솔제니친(Aleksandr Solzhenitsyn, 1918~2008)

러시아의 작가이자 역사가. 제2차 세계대전 때 포병부대 장교로 활약했으나 스탈린을 비난했다는 이유로 8년 동안 강제노동수용소에서 생활해야 했다. 이때의 경험을 바탕으로 한 소설 『이반 데니소비치의 하루』로 일약 유명인사가 되었고, 1970년 노벨문학상을 수상했다. 이후에도 스탈린 시기에 자행된 감옥과 수용소의 인권탄압을 문학적·역사적으로 기록하려는 노력을 계속하다가 1974년 반역죄로 추방당했다. 20년간 망명 생활을 하다가 구소련이 해체된 후에야 고국으로 돌아왔다. 다른 작품으로 『암병동』 『수용소 군도』가 있다.

『이반 데니소비치의 하루』는 평범한 농부였으나 첩자 누명을 쓰고 강제노동수용소에서 8년째 복역 중인 이반 데니소비치 슈호프의 하루 동안의 생활을 그린 작품이다. 작가 자신이 경험한 수용소의 틀에 박힌 일상, 물질적 궁핍과 싸움, 그 속에서도 지켜지는 '인간의 품성'을 간결하고 진솔한 언어로 생생하고 사실적으로 그려냈다. 1962년 발표한 솔제니친의 첫 작품으로, 인간의 권리와 자유를 억압하는 스탈린 시대 소련 사회의 실상을 고발하여 서구세계에 큰 충격을 안겼다.

우리들의 슬픈 자화상
아서 밀러의 『세일즈맨의 죽음』

"이 사람을 비난할 사람은 어디에도 없어. 세일즈맨은 꿈꾸는 사람이라네."

그의 동료가 장례식에서 이렇게 말했다. 그의 장례식에는 놀랍게도 거의 아무도 찾아오지 않았다. 그의 죽음은 비극적이었다. 예전의 동료나 직원들은 장례식에도 오지 않았다. 그는 죽음 이후에도 철저하게 무시된 '투명인간'이었다. 그러나 그의 동료 찰리는 세일즈맨의 삶이라는 게 어떤 것인지, 쓸모없다고 무시되지만 그 삶만큼 투철하고 아름답게 산 사람이 있느냐고 반문하고 있는 셈이다. 찰리의 이 푸념은 그대로 윌리 로만의 '행장기'를 압축한 말이 될 것이다.

단 하나의 작품만으로도 세계문학의 고전으로 꼽히고 거장이나 문호로 추앙되는 경우가 있다. 어떤 작가는 여러 작품들 가운데 상당수가 그런 평가를 받기도 한다. 대부분은 그 중간쯤에 있다. 그러나 그가 한 시대에서 어떤 역할과 비중을 차지하느냐에 따라 평가의 밀도는 달라진다. 아서 밀러도 그중 한 사람이다.

아서 밀러, 현대 미국 희곡의 새 장을 열다

아서 밀러는 『모두가 나의 아들』 『시련』 등 여러 뛰어난 작품을 썼지만 『세일즈맨의 죽음』 하나만으로도 대작가라고 평가될 뿐 아니라 미국문학의 거대한 물꼬를 텄다는 더 중요한 평가를 받기에 충분한 작가였다. 20세기 전반기 미국 현대문학의 토양은 빈약했다. 희곡과 연극은 더 말할 것도 없었다. 주로 통속극이 무대에 올랐고 현대극은 대부분 유럽의 작품들이었다. 적어도 그 분야는 유럽의 식민지와 다르지 않았다.

그러나 미국의 현대 희곡에 이른바 '사대천왕'이 출현하면서 상황은 급변했다. 손턴 와일더, 유진 오닐, 테네시 윌리엄스 그리고 아서 밀러가 바로 그 주인공들이었다. 그들은 현대 미국이 안고 있는 문제들을 가장 미국적으로 그리고 가장 현대적으로 표현했다. 미국 희곡과 연극의 전성기였다. 이들의 작품들은 대부분 미국에서 영화로 제작되기도 해서 대중성에서도 크게 성공했다는 평가를 받았다. 그중에서도 가장 대표적인 작품 하나를 고르라면 많은 사람들이 주저하지 않고 꼽는 게 바로 『세일즈맨의 죽음』이다. 퓰리처상, 토니상, 뉴욕 연극비평가상 등 미국 연극계의 3대 상을 휩쓴 작품이어서가 아니라 그 연극이 가진 독창성과 시대정신이 절묘하게 어우러진 작품이기 때문이다.

연극의 구성은 의외로 단순하다. 2막으로 구성되었을 뿐 아니라 등장인물들도 단순한 편이다. 주인공 윌리 로먼의 가족 그리고 하워드 사장이 그 중심축이다. 에필로그 격인 레퀴엠에서 친구이자 동료였던 찰리가 추가되는 정도에 그친다. 실제로 많은 대학연극부에서 이 작품을 자주 무대에 올리는 것 가운데 하나도 그런 요인 덕택이기도 했다. 그러나 놀랍게도 이 단순한 구성 속에서 작가는 현재와 과거를 자유롭게 넘나들며 시대의 변화와 문제를 극적으로 묘사할 뿐 아니라 가정의 붕괴 그리고 직장인 가장의 소외의 뿌리를 완벽하게 구현한다는 점에서 탁월하다.

불과 24시간이라는 짧은 시간에 한 가정과 직장이라는 단순한 배경에서 그것들을 압축적으로 묘사한다는 건 아무나 흔히 할 수 있는 게 아니다. 게다가 그 시대의 극적인 변화까지 상징적으로 담으면서 인간의 상실이 어떻게 이루어지는지를 냉정하게 그려내고, 그 비극의 실체가 바로 우리 모두의 발 앞에 놓여 있음을 보여줌으로써 독자나 관객이 바로 자신의 이야기라고 감정이입하게 만드는 흡인력을 갖고 있다. 무엇보다 그는 연극이라는, 지극히 제한적인 시공간의 조건에서 마음껏 시공간을 주무르면서 독자와 관객을 그의 무대로 불러들인다. 쉽게 찾아보기 어려운 탁월성이다. 아서 밀러의 진면목이자 매력이다.

고독한 낙오자, 가장 윌리 로먼

린다   여보, 다시 얘기해봐요. 당신이라고 뉴욕 본사에서 일하지 못

| 월리 | 할 이유가 없잖아요?
뉴욕에서는 내가 필요 없어. 나는 뉴잉글랜드에서 일하는 사람이란 말이야. 여기에 있어야 펄펄 난다고. |

윌리 로먼은 잘나가던 세일즈맨이었다. 미국의 번성기에 그는 승승장구했다. 번쩍이는 신형 자동차를 구입할 만큼 성공했다. 그러나 대공황은 그런 상황을 일거에 바꿨다. 윌리는 더 이상 과거의 영화를 누릴 수 없는 처지가 되었다. 1막의 시작은 바로 그 로먼이 샘플이 든 큰 가방 두 개를 들고 집에 들어오는 장면이다. 그는 돌아오는 길에 자신이 운전하고 있다는 사실조차 인지하지 못할 정도로 이상한 경험을 겪었다고 털어놓는다. 기진했다는 암시다.

아내 린다는 그런 남편이 안쓰럽기도 하고 답답하기도 하다. 그러면서 예순 넘은 나이에 매주 외근 나가는 건 너무 힘드니 뉴욕 본사에서 일하게 해달라고 부탁하라고 압박한다. 그러나 윌리는 자신이 뉴욕에서 일할 수 없음을 이미 알고 있다. 뉴잉글랜드에서는 아직 펄펄 날 수 있다는 말은 자신감(현실은 그렇지 않지만 그의 마지막 자존심이기도 한)과 아울러 뉴욕에 가면 아무것도 아닌 게 된다는 두려움의 표현이다.

| 린다 | (상의를 벗기며) 내일 하워드 사장한테 뉴욕에서 일하겠다고 말하면 안 돼요? 여보, 당신은 너무 고분고분해요. |
| 윌리 | 와그너 회장님이 살아있었다면 아마 내가 지금쯤 뉴욕 책임자일 거야. 그분에게는 제왕 같고 주인다운 풍모가 있었지. 하지 |

만 아들인 하워드 사장은 뭘 몰라. 내가 처음 북쪽으로 올라갔을 때 와그너 사는 뉴잉글랜드가 어디에 붙어 있는지도 몰랐다고!

와그너 상사에서 36년간 일했던 윌리는 1대 사장 즉 와그너 회장 시절부터 일했던 초기 멤버였던 것으로 보인다. 그러나 이제 그 아들인 하워드가 사장이 되었고 그는 퇴물 취급을 받고 있다. 그쯤이면 그도 은퇴하는 게 자연스럽다. 든든한 아들 둘이 모두 장성했으니. 그에게 아들은 희망이며 현실의 든든한 울타리다. 그러나 안타깝게도 그토록 사랑하던 큰아들 비프는 차린 밥상도 못 찾아 먹는 패배자가 되어 그의 속을 후벼 팔 뿐이고 둘째 아들 해피는 시 운운하며 세상 물정을 외면하니 그는 여전히 가장의 의무를 포기할 수 없다.

마침내 그는 하워드 사장을 만난다. 일말의 희망을 안고. 그러나 하워드는 이미 윌리의 존재가 성가실 뿐이다. 뉴욕은커녕 보스턴에서의 일마저도 불가능할 듯하니 보스턴으로 가겠다고 선수를 쳐보지만 하워드의 반응은 싸늘하다. 그리고 마침내 가장 두려웠던 상황에 처한다. 하워드는 윌리에게 해고를 통지한다. 윌리는 완강하게 저항하지만 자식들에게 도움을 받으라고 차갑게 말한다. 윌리는 늘 아들들이 잘나간다고 자랑했던 터였다. 사실 비프는 뛰어난 미식축구 선수로 어느 대학이나 골라서 갈 정도의 실력이었고 프로선수로 큰돈을 벌 가능성도 있었으니 자랑이 아닐 수 없었다. 그러나 비프는 수학 시험을 망쳐서 대학에 진학할 수 없었다. 결국 윌리의 허위가 그의 마지막 발목을 잡았다. 그렇게 그는 해고되었다. 그는 하워드에게 절규하듯 쏟아냈다. "아이들에게 손을 벌릴 수는 없습니다. 저는 허수아비가 아니라고요!" 실은 아들들이 보란 듯 성공했어야 그런 자존심을 부려볼 수 있는 거지만, 현실은 자신이 모두 책임지고 부양해야 하는 처지였으니 윌리가 그 말을 했을 때의 심정을 짐작하기 어렵지 않다. '허수아비'라는 단어는 윌리를 비롯한 가장들이 가장 두려워하는 말이 아닐 수 없다. 독자나 관객이 그 낱말을 자신의 심장에 꽂히는 비수처럼 느끼는 건 자연스러운 일이다. 그 현실은 윌리에게만 일어나고 있는 일이 이미 아니었으니까. 대공황기에는 더 말할 것도 없다. 아서 밀러는 하워드와의 대화에서 '녹음기'라는 소도구를 통해 이미 하나의 세대가 저물고 있다는 것을 상징적으로 보여준다. 이런 사소한(?) 장치들까지 그가 주도면밀하게 배치하고 있다는 것이 놀랍다.

우리 모두 윌리 로먼이다

가여운 윌리 로먼. 그는 죽어라 일했다. 전성기에는 크게 성공한 삶을 산 듯했다. 아이들도 멋지게 키웠다. 그러나 거기까지가 그에게 허용된 행복이었다. 사회는 급격하게 고꾸라졌고 그의 일은 점점 위축되었으며 아이들은 그의 기대에 전혀 미치지 못하고 오히려 천덕꾸러기가 되었을 뿐이다. 그는 비프를 사랑했다. 아들이 집에 온다는 편지를 받으면 좋아서 어쩔 줄 모르고 오는 날이 되면 안절부절 흥분을 가라앉히지 못했다. 그러나 막상 아들이 집에 돌아오면 늘 쏘아대는 말과 패배자라는 비난만 쏟아 결국 두 사람 모두 상처만 돋울 뿐이었다.

일자리는 잃었고, 주택융자는 끝나지 않았는데 제 딴에는 정신 차렸다는 비프는 사업하겠다며 사업자금이 필요하단다. 윌리가 할 수 있는 일은 무엇이 남았을까? 우리는 이미 1막 시작에서 그 조짐을 눈치챘다. 자동차를 운전하면서 얼이 빠지는 위험한 경험. 윌리는 마침내 최후의 선택으로 자동차 사고에 의한 죽음을 떠올렸다. 보험금이 나오면 사랑하는 아내 린다에게 집을 온전하게 소유하게 할 수 있고 비프에게는 사업자금을 대줄 수 있다. 가장으로, 남편으로, 아비로 할 수 있는 마지막 선물인 선택이라고 판단한 윌리 로먼은 결국 그렇게 삶을 마감한다.

> **린다** 여보, 미안해요. 난 울 수가 없어요. 알 수가 없네요. 왜 그런 짓을 했어요? 도와줘요, 여보, 난 울 수가 없다고요. 난 당신이 그냥 출장 간 것 같기만 해요. 그래서 계속 기다리겠죠. 여보, 윌리, 난 눈물이 나오지 않아요. 왜 그랬어요? 아무리 생각하고 또 생각해도 도무지 알 수가 없어요. 여보, 오늘 주택할부금을 다 갚았어요. 오늘 말이에요. 그런데 이제 집에는 아무도 없어요. (린다의 목구멍에서부터 흐느낌이 치솟아오른다.) 이제는 우리 빚진 것도 없이 자유로운데. (더 크게 흐느끼며) 자유롭다고요. (이때 비프가 천천히 린다에게 다가온다.) 자유롭다고요. 자유······.

윌리의 기대와는 달리 기껏 받은 보험금은 남은 주택할부금 정도밖에 되지 않았다. 25년 만에 주택할부금은 다 갚았지만, 그래서 비로소 집이 생겼지만 정작 그 집에 있어야 할 윌리는 존재하지 않는다. 인간은 대체 무엇을 위해 사는가를 묻는다. 우리는 모두 윌리 로먼이다.

린다와 비프의 시선으로

비프에게 아버지 윌리 로먼은 위대한 사람이었다. 새 차, 새집, 세일즈맨으로서의 뛰어난 실적. 자신의 재능을 일찍이 파악해서 밀어준 아버지였다. 자신도 그런 아버지의 기대에 부응하려고 최선을 다했다. 그러나 도대체 공부는 운동과 달리 비프의 체질과 너무 맞지 않았다. 그런데 아버지는 부정행위를 해서라도 시험에 성공하라고 다그칠 뿐이다. 아들의 심정은 어떤지 조금도 공감하지 않는 아버지에게 내가 아들이라면 어떤 느낌이 들까? 하기야 그런 감정은 거의 대부분의 아들들이면 한 번쯤은 겪는 일이기는 하다. 하지만 비프가 인생 최대의 위기에 처했을 때 아버지가 제시한 방법은 아들로서 실망스러울 뿐이다. 그조차 제대로 하지 못해서 끝내 진학에 실패하고 인생 전체가 어그러지게 된 원인은 나약한 자신에게 있는 것이지만 아버지 탓도 있지 않은가. 누군들 그렇게 패배자가 되고 싶었겠는가. 그러나 아버지는 위로하거나 다른 대안을 함께 찾으려 하지 않고 자신의 실망에 대한 분노만 표출했다. 우연히 마주쳐서 알게 된 아버지의 바람도 충격적이지만 그게 자신의 인생을 뒤바꾼 가장 근본적인 원인이라고는 자신으로서도 단언하기에는 어설프다. 그러나 어쨌거나 비프의 입장에서 보자면 아버지 윌리는 아들에 대한 희망에만 매달렸지 아들의 아픔에 대해 함께 아파하고 격려하며 보듬지 않았다. 그래도 자신의 허물을 인정하고 돌아와 다시 화해하고 싶었는데 아버지는 아무

말도 남기지 않고 극단적인 선택을 한 것이다. 아무리 얼간이 비프라 하더라도 미안하고 야속한 아버지다. 화해할 기회마저 앗아가버린.

　린다의 시선으로 바라보면 삶은 어떠할까. 물론 시대적 상황이라는 제한은 있지만 그녀의 삶은 세 남자에 의해 모든 것들이 결정되었다. 어느 부부관계가 굴곡이나 애증이 없을까만 그래도 윌리는 가정에 최선을 다했다(물론 윌리가 살짝 바람피웠던 건 몰랐으니). 열심히 일했고 아이들에게도 좋은 아빠였다. 그러나 아이들과의 관계가 틀어지면서 그녀가 감당해야 하는 몫은 중재자의 역할마저 포기해야 하는 것이었다. 놓을 수도 붙잡을 수도 없는, 자신의 무력감만 확인하는 것만큼 힘겨운 것이 있을까? 그렇다고 다른 사람들이 그걸 알아주는 것도 아니다. 어쩌면 그럭저럭 버틴 건 초기에는 남편의 성공과 새집, 새 차, 잘 자라는 아이들 덕분이었지만 후기에는 매달 힘겹게 치러야 하는 주택할부금이 주는 압박감이었을지도 모른다. 그 의무를 매일 힘겹게 수행하는 남편의 쇠락이 안타깝고 불쌍했다. 그러나 가장 불행한 건 바로 자신 아닐까? 자신의 삶은 어디에 있는가. 울 수도 없는 공허함은 남편과의 영원한 이별보다 자신의 무력감에 대한 절망일 것이다.

　아서 밀러의 『세일즈맨의 죽음』은 단순히 아메리칸 드림의 잔해 속에서 무너지는 한 소시민 가장의 비극으로 그치는 게 아니다. 지금도 수많은 윌리 로먼들이 해고되고 자살한다. 과연 이러한 상황은 현대의 필연적 상황인가? 인간은 그렇게 소모되고 쇠락하기 위해 이 땅에 태어나는가? 윌리는 두 아들이 낙오자가 되자 과거로 도피한다. 가장 행복했던 시절을 맴도는 그의 기억은 따뜻하고 행복했다. 가족들과 함께 마차로 유랑하면서 정착지를 찾던 유년기에는 어떤 낭만이라도 있었다. 물론 지나고 난 뒤의 너그러움에서 오는 심리지만. 그러나 지금 이 땅에서 1997년 이후 태어난 아이들에게는 그런 낭만이나 행복을 회상할 현실이 있었을까? 그리고 앞으로의 희망의 실마리라도 보일까? 하워드는 그래도 고민하다 윌리를 해고했지만 지금은 그냥 문자로 통보하면 끝이다. 윌리는 가정이라도 가졌지만 우리의 청년들은 아예 가정의 가능성 자체를 포기하거나 거부된다. 윌리는 그래도 아내와 아이들에게 마지막 유산이라도 물려주기 위해 스스로 목숨을 포기했지만 지금의 기성세대는 그런 숭고함도 없다. 이 작품은 단순히 20세기 미국을 대표하는 희곡이 아니라 불행히도 21세기에 더 악화된 우리들의 자화상이라는 점이 안타깝고 서글프고 화난다. 이 작품을 '과거완료형'으로 읽을 수 있게 될 날이 올까? 우리는 여전히 분노하고 비판하며 저항하고 맞서 싸워야 할 뿐이다.

아서 밀러(Arthur Miller, 1915~2005)

유대계 이민자의 아들로 뉴욕에서 태어나 미시간 대학교에서 연극을 공부했다. 1947년 작 『모두가 나의 아들』, 1949년작 『세일즈맨의 죽음』이 대성공을 거둠으로써 테네시 윌리엄스와 함께 미국 현대 희곡을 대표하는 극작가의 지위에 올랐다. 다른 작품들로 매카시즘을 17세기 마녀재판으로 풍자한 『시련(세일럼의 마녀들)』, 마릴린 먼로와의 결혼 생활을 그린 자전적 희곡 『몰락 이후』 등이 있다.

아서 밀러의 대표작 『세일즈맨의 죽음』은 평범한 세일즈맨의 꿈과 현실의 괴리에 부자 간의 사랑을 곁들여, 회상 형식의 교묘한 무대 처리로 현대인의 불안을 강렬하게 그려낸 작품이다. 무너진 아메리칸 드림의 잔해 속에서 허망한 꿈을 좇는 소시민의 비극을 그려 당대에 가장 유명한 미국 연극의 하나가 되었다.

그 언어들로 행복할 수 있는

김승옥의 『무진기행』

　모든 사회는 그 시대의 시인들과 소설가들에게 빚을 지고 있다. 글을 통해 세상을 비판하기도 하고 도닥이기도 하면서 지성과 감성을 일깨운다는 점에서도 그렇지만, 무엇보다 모국어의 자산을 풍부하게 한다는 점에서 그리고 사람들은 모두 그 언어의 밭에서 나름의 삶을 경작한다는 점에서 그렇다. 나는 김승옥의 작품을 읽을 때마다 그 행복한 부채감을 느낀다.

　김승옥 이름에는 감수성이라는 말이 짝을 이룬다. '감수성의 혁명'이라는 평가가 조금도 모자라지 않은 이 작가가 가장 숨 막히던 시대의 하나인 1960년대(1964년 10월 『사상계』)에 이토록 뛰어난 감수성과 날카로운 현실인식을 소설적 완결성을 갖추면서도 그토록 간결하게 응축할 수 있었다는 것은 경이로움이자 시대의 선물이었다. 「무진기행」과 더불어

「서울, 1964년 겨울」은 김승옥 스스로도 이후 뛰어넘지 못한 절창^{絶唱}이었다.

낯선 친근함

김승옥의 문장은 화려하지 않다. 그러나 감각적으로는 탁월하다. 우리는 흔히 문체를 따질 때 일차적으로 감정이나 감각 등을 서술하는 언어에 주목하게 된다. 그런 접근방식이 맞냐 그르냐를 떠나 감정과 감각을 설명하는 데에는 그런 언어가 지닌 설득력이 있기 때문이다. 그래서 어떤 작가는 형용사와 부사를 따로 저장하는 글밭을 마련한다는 말도 들었다. 그러나 김승옥은 그런 것을 간단히 부차적인 것으로 만들어버리는 세련된 문장의 힘을 지녔다.

> 나는 그 여자에게 '사랑한다'고 말하고 싶었다. 그러나 '사랑한다'라는 그 국어의 어색함이 그렇게 말하고 싶은 나의 충동을 쫓아 버렸다.

누군가를 뜨겁게 사랑할 때, 그것을 고백할 때 우리는 얼마나 그 언어의 진부함과 대체불가능성에 절망했던가! 작가는 그런 감정을 오히려 언어로 풀어낸다. '그 국어의 어색함'이라는 이 절묘한 표현에는 어떠한 수식어도 따르지 않는다. 그런데도 문장 전체뿐 아니라 앞뒤의 맥락까지 단숨에 압도하는 간결하면서도 세련된 서술이 함축적으로 담겼다. 놀랍지 않은가! 국어를 쓰면서 '국어의 어색함'이라는 두 낱말로 그 언어로도 도저히 담을 수 없는 심오한 감정을 응축하면서 정작 작가는 '뭐, 그런 것쯤이야' 하는 듯 아무렇지도 않게 씩 웃어넘긴다. 내가 「무진기행」을 읽으면서 가장 충격적이었던 대목이기도 하다. '우리말'에서 느끼는 그 '낯선 친근함'은 어쩌면 우리 모두가 느끼는 감정이며 인식이기도 할 것이다. 그래서 우리는 그 표현을 출산한 산모인 작가에게 모자를 벗어 경의를 표한다.

> 버스가 산모퉁이를 돌아갈 때 나는 '무진 Mujin 10km'라는 이정비를 보았다. 그것은 옛날과 똑같은 모습으로 길가의 잡초 속에서 튀어나와 있었다.

소설의 첫 대목이다. 그 문장으로 인해 우리는 그와 함께 무진으로 들어간다. 그러면서 동시에 그가 옛날에 보낸 그 시간의 장소와 더불어. 단 두 개의 문장으로 이끌어내는 묘한 힘이다. 시간과 공간을 한꺼번에, 그것도 가로지르며 독자를 이끌어가는 힘을 지닌 문장은 사실 어떠한 수식어도 따라붙지 않았다. 그냥 간결하고 무심하게 던지는 첫 문장이다. 나의 눈도 그의 시선을 따라 산모퉁이를 돌아가며 목적지와 남은 거리를 표시한 표지판을 바라본다. 그 표지판을 무슨 색깔이었을까, 글씨는 어떤 색깔의 어떤 글자체일까. 그의 시선이 없었다면 나는 과연 그 잡초를 바라봤을까?

주인공에게는 익숙하지만 낯선, 낯설지만 익숙한 공간이다. 그를 따라가는 내게는 완전히 낯선 공간이다. 그런데도 어느 한순간 낯설기만 한 곳이 아니라 어떤 '익숙해질' 사연과 사건의 공간이 될 것 같은 예감에 흔들린다. 그것은 가벼운 흥분이며 동시에 약간의 두려움이기도 하다. 어차피 삶이라는 게 다 그런 것 아닌가. 풍경뿐 아니라 공기도 다를 것이며 바람의 결도 떠나온 공간에 깃들었던 그것과는 다를 것이다. 공간 하나만 바뀌어도 삶은 갑자기 유턴할 수도 있다. 그래서 우리는 작가의 초대를 거절하지 못한다.

소설의 첫 대목은 일종의 초대장과 같다. 10km라면 멀지도 가깝지도 않은 길이다. 옛 방식으로 환산하면 25리의 길. 전체 여정으로 보면 짧지만 고향, 그것도 '옛날과 똑같은 모습으로' 튀어나온 잡초라는 말이 상징하듯 한순간에 자신의 과거의 공간으로 틈입하기 위한 거리로는 적당히 긴장할 수 있는 거리다. 나는 그 초대장을 받아들고 앞으로 어떤 일이 벌어질지 궁금해진다.

마지막 대목도 담담한 듯 그러나 매우 함축적이고 상징적이다.

> 덜컹거리며 달리는 버스 속에 앉아서 나는, 어디쯤에선가, 길가에 세워진 하얀 팻말을 보았다. 거기에는 선명한 검은 글씨로 '당신은 무진읍을 떠나고 있습니다. 안녕히 가십시오.'라고 씌어 있었다. 나는 심한 부끄러움을 느꼈다.

다시 버스다. 그러나 떠나가는 버스다. 기대와 설렘의 길이 아니라 회한과 부끄러움의 길이다. 팻말의 앞뒤가 다르다. '당신은 무진읍을 떠나고 있습니다.' 부끄럽지만 작가는 다시 그 길을 찾아올 것이다. 그냥 어떤 곳이 아니라 고향이기 때문이다. 그곳은 자신의 과거의 삶이 도장처럼 선명히 찍힌 곳이다. 그러나 이미 그곳은 하나의 장소가 아니라 온갖 흔적이 새겨진 '공간'이다. 이 대목에서도 화려하거나 감각적인 수식어는 없다. 그런데도 우리는 마치 그곳에 있는 것처럼 선연하게 그리고 짙은 동질감을 담고 무거운 마음으로 그곳을 떠난다. 감수성이라는 게 그저 감각적 언어로 만들어지는 게 아님을 김승옥은 세련되게 보여준다. 그래서 그의 글은 깔끔하면서도 생각의 너른 마당을 넉넉하게 품고 있다.

지금 나는 어디에 살고 있는가?

> 무진에 명산물이 없는 게 아니다. 나는 그것이 무엇인지 알고 있다. 그것은 안개다. 아침에 잠자리에서 일어나서 밖으로 나오면, 밤사이에 진주해온 적군들처럼 안개가 무진을 뺑 둘러싸고 있는 것이다. 무진을 둘러싸고 있던 산들도 안개에 의하여 보이지 않는 먼 곳으로 유배당해 버리고 없었다.

「무진기행」에서 이 문장을 놓칠 수 없다. 아니, 어쩌면 소설 전체에서 이 문장만큼 오롯하게 기억하게 하는 것도 없다. 무진霧津이라는 지명에서 보이듯 이 소설의 '배경'은 바로 안개다. 동승한 뒷자리 사람들(시찰단으로 보인다는 말 속에는 '관련자'이지만 '당사자' 혹은 '주민'은 아니라는 제3자의 시선이 깔렸다)이 점잔빼며 말하다가 무진에는 별 명산물이 없다는 말을 들고 주인공 윤희중이 떠올린 말이다. '밤사이에 진주해온 적군들'처럼 포위한 안개. 그 안개는 익숙한 공간마저 '먼 곳으로 유배'해버린다. 모든 익숙함이 사라지고 가늠할 수 없는 시야에서 닥치는 그 낯섦은 어쩌면 우리네 삶에서 언제나 스며드는 배경이기도 하다. 무진에만 안개가 감싸고 있는 게 아니다. 그러나 우리는 작가와 함께 무진의 안개 속으로 한 걸음씩 접근한다. '손으로 잡을 수 없으면서도 그것은 뚜렷이 존재했고 사람들을 둘러쌌고 먼 곳에 있는 것으로부터 사람들을 떼어 놓는' 안개의 바다 속으로.

명산물이라는 게 무엇인가? 특별한 가치를 갖고 있으면서 어떤 특정한 곳에서만 생산되거나 존재하는 사물이다. 우리는 어딘가를 찾을 때 명승지와 명산물을 찾는다. 명산물은 방문자에게는 호기심의 대상이고 거주자에게는 자부심의 대상이다. 안개는 어느 곳에서나 드리운다. 그런데 주인공은 안개를 무진의 명산물이라고 생각한다. 안개는 모든 사물의 구별을 모호하게 만든다. 몽환적이기도 하다. 비현실적인 모습이다. 그러나 일시적이다. 비현실적인 모습으로 잠시 도색했던 안개가 걷히면 현실은 또렷하게 모습을 드러낸다. 내게 그 안개는 어떤 모습이고 어디에서 어떻게 모습을 드러내거나 혹은 잠복하고 있을까?

소설의 줄거리는 매우 간단하다. 단편소설답게(?) 복잡한 플롯도 없고 등장인물도 간결하다. 특별한 사건도 없다. 자살한 술집 여자 정도? 그러나 고작 네 명의 인물들은 각각 다른 삶의 결을 간직하고 있으며 사소한 혹은 소소한 만남과 관계성으로 삶의 몇 개의 축을 마련하고 있다. 무진 출신이지만 서울에 사는, '빽 좋고 돈 많은 과부를 물어'(소설에서 '조'가 그렇게 말한다) 벼락출세한 인물인 주인공 윤희중, 모교에서 국어교사로 있는 중학교 후배 '박', 고시를 패스하고 무진의 세무서장으로 있으면서도 윤에게 열등감을 느끼는 '조' 그리고 서울에서 음악대학을 나왔지만 무진으로 발령받고 무진 탈출만 꿈꾸는 음악교사 하인숙. 이 사람들에게 뭐 별다른 사건이 있을 것도 없다. 묘하게 얽힌 감정들이 이상한 기류로 빚어내는 에피소드가 있지만 겉으로는 별 드러날 게 없다. 어쩌면 그것 자체가 이미 거대한 안개 속에 가려 있는 것들일지 모른다. 그 안개 속에서 주인공은 시간과 공간의 감각을 상실한다. 아니, 상실이 아니라 어쩌면 그게 본질일지 모른다. 시간과 공간이라는 외적 요인에 의해 내 삶의 주인이 되어 '사는' 것이 아니라 종속변수로 '살아가는' 것은 아닌가. 안개는 일시적이나마 그런 외적 요인들을 덮고 자신이 살아야 하는 삶에 잠시나마 충실하게 해준다.

> 한 번만, 마지막으로 한 번만 이 무진을, 안개를, 외롭게 미쳐 가는 것을, 유행가를, 술집 여자의 자살을, 배반을, 무책임을 긍정하기로 하자. 마지막으로 한 번만이다. 꼭 한 번만. 그리고 나는 내게 주어진 한정된 책임 속에서만 살기로 약속한다. 전보여, 새끼손가락을 내밀어라. 나는 거기에 내 새끼손가락을 걸어서 약속한다. 우리는 약속했다.

'외롭게 미쳐 가는 것'이 두려워서 그 안개 속으로 들어가기를 꺼린다. 배반과 무책임에 대한 두려움은 '한정되지 않을 만큼의' 책임이 잉태한 산물이다. '한정된 책임 속에서만' 살 수만 있어도 우리는 더 정직하게 삶의 본질에 충실할 수 있다. 그러나 안개가 걷히면 다시 현실로 돌아온다. 상경을 요구하는 아내의 전보.「무진기행」은 선명하게 구분되는 두 개의 공간을 마련한다. 서울과 무진. 하나는 일상의 공간이고 다른 하나는 일상에서 벗어난 공간이다. 현실의 공간과 일탈의 공간이기도 하다. 그것은 동시에 속물의 공간과 진심의 공간이다.

> 무진에서는 누구나 그렇게 생각하는 것이다. 타인은 모두 속물들이라고. 나 역시 그렇게 생각하는 것이다. 타인이 하는 모든 행위는 무위無爲와 똑같은 무게밖에 가지고 있지 않은 장난이라고.

위의 독백은 결국 우리 모두 속물과 비속물의 경계선 위에 살면서 재고 따지는 삶을 살고 있다는 고백이다.

나에게는 그 경계가 어떻게 마련되어 있는가? 무진은 몽환적이고 탈속적인 공간이지만 오히려 가장 속물적이고 일상적인 공간인지도 모른다. 주인공에게 무진은 2박 3일로 족한 곳이지만 나의 무진은 그런 짧은 별도 공간으로 족한 곳인가? 아니, 그렇게 잠깐이나마 들를 수 있는 공간은 있는가? 주인공은 무진과 하인숙의 아름다움을 알지만 서울과 아내에게로 돌아가야 한다. 그리고 그는 돌아갔다. 우리 모두의 내면에서 팽팽하게 대립되어 있는 그 두 개의 이질적 공간은 과연 어떤 모습인가? 그 하나의 공간은 과연 주인공이 무진에 대해 말하듯 "내가 관념 속에서 그리고 있는 어느 아늑할 장소일 뿐이지 거기엔 사람들이 살고 있지 않았다."라는 그런 공간인가?

국어의 명증함을 새롭게 깨우는

> 나는 그 도달할 길 없는 거리를 보는 데 홀려서 멍하니 서 있다가 그 순간 속에서 그대로 가슴이 터져 버리는 것 같았었다. 왜 그렇게 못 견디어했을까. 별이 무수히 반짝이는 밤하늘을 보고 있던 옛날 나는 왜 그렇게 분해서 못 견디어했을까.

생각은 언제나 명료하지 않다. 때론 모호하고 때론 뒤죽박죽일 때도 있어서 그냥 간편한 수식어로 땜질하고 마는 그런 감정으로 대체하는 경우도 많다. 위 문장은 그런 상황을 아주 깔끔하게 묘사한다. '도달'이나 '순간'이라는 한자어 외에는(그나마 그것들도 거의 일상언어화된 것들이다) 오롯한 우리말로 짜인 문장들이다. 그런데도 이 문장들이 명증한 것은 무엇 때문인가? 그냥 못 견디어한 게 아니라 '그렇게 분해서 못 견디어했을까' 라는 구절 하나가 머리와 가슴을 동시에 헤집는다. 화려한 국어가 아니라 깔끔하고 간결한 그것만으로도 충분히 우리의 모든 이성과 감정을 채울 수 있다는 것을 김승옥은 보여주었다.

> 모든 것이 세월에 의하여 내 마음 속에서 잊혀질 수 있다고 전보는 말하고 있었다. 그러나 상처가 남는다고, 나는 고개를 저었다. 오랫동안 우리는 다투었다.

흔히 김승옥의 소설의 특징을 '감각적인 문체'라고 하는데 나는 동의

하지 않는다. 문체가 감각적인 게 아니다. 오히려 상투적 의미에서 보자면 그의 문체는 감각적이지 않다. 오히려 건조할 정도로 이성적이다. 그러나 그 언어에 담긴 내면의 속살을 명증하게 끌어내는 힘을 갖고 있다는 게 김승옥 소설의 힘이다. 물론 언어의 조응력과 배경과 인물의 적절한 배치 그리고 소설적 완결성도 압권이다. 짧은 2박 3일의 여정의 시작과 끝을 이정표로 상징하는 것은 일종의 수미쌍관의 조응이다. 어쩌면 그가 살았던 60년대의 열정적 분위기를 들뜬 언어로 토해내지 않고 담백한 언어로 풀어낸, 그것도 젊은 작가가 그랬다는 것은 우리 문학의 축복이었다.

"세월이 그 집과 그 사람들만은 피해서 지나갔던 모양이다. 주인들은 나를 옛날의 나로 대해주었고, 그러자 나는 옛날의 내가 되었다."라는 표현을 고작 스물셋 청년이 아무렇지도 않게 지나가는 말처럼 뱉어내는 것은 결코 가벼운 축복이 아니다. 읽을수록 그 섬세함과 치밀함 가득한 언어의 의식은 아무리 시간이 흘러도 퇴색하지 않을 것이다.

김승옥이 쏟아놓은 낱말과 문장을 나의 그것들로 어떻게 배치할 수 있을까? 나의 사유, 나의 감정, 나의 감각은 어떠한 언어로 그것을 표상할 수 있을까? 그럴수록 김승옥의 성채 앞에서 절망할지 모르지만 내가 '살아온 언어'로의 대체는 결코 가볍지 않다. 그 언어 하나하나가 나름의 사유와 감정 그리고 감각을 담고 있으며, 그것들이 내 삶에서 실현되거나 목격되는 경험이 어쩌면 바로 나 자신일지 모른다. 그래서 나는 이 짧은 소설을 읽을 때마다 나의 '대체 언어'가 계속해서 변화하고 있는 걸 느낀다. 그것이 진화인지는 확신할 수 없지만.

김승옥의 이 단편을 읽을 때마다 나는 이른 아침 안개가 짙게 드리운 곳에 홀로 서 있고 싶어진다. 우리는 모두 나름의 안개를 두르고 산다. 거기에 무수히 많은 사람들이 있어도 보이지 않을 것이니 안개는 나를 홀로 있게 할 수 있는 매력을 가졌다. '대기 중의 수증기가 응결하여 지표 가까이에 작은 물방울이 떠 있는 현상'이라는 물리학적 정의의 안개가 아닌, 모호함도 아니고 뚜렷함도 아닌, 적당한 혼란과 혼돈의 공간에서 어쩌면 거울조차 필요 없이 나를 직시할 수 있을지 모른다. 그리고 거기에서 직시하는 나의 모습을 나의 모국어로 고스란히 서술할 수 있기를.

김승옥(1941~)

일본에서 태어나 4세 때 귀국해 전남 순천에서 성장했다. 서울대학교 불문학과 재학 중인 1962년 「생명연습」이 신춘문예에 당선되어 등단했다. 「무진기행」「서울, 1964년 겨울」 등을 연달아 발표하며 '1960년대를 대표하는 작가'로 꼽혔으나, 1970년대에는 소설보다 영화에 관심을 갖고 시나리오를 쓰는 데 열중했고, 1980년 광주 민주화 항쟁 때 절필하고 이후 신앙생활에 전념하고 있다. 윤리적 엄숙주의로 삶을 이해하는 기성 창작 방법을 거부하고 참신한 글쓰기를 시도하여 '감수성의 혁명을 일으킨 작가' '모국어에 새로운 활기를 불어넣은 작가'로 평가받는다.

「무진기행」은 1964년 10월 『사상계』에 발표한 김승옥의 대표 단편소설이다. 제목의 '무진(霧津)'은 작가의 고향인 전남 순천을 모델로 한 가상의 도시다. 안개로 상징되는 허무에서 벗어나 일상 공간으로 돌아오는 한 젊은이의 귀향 체험을 통해 개인의 꿈과 낭만이 용인되지 않는 사회조직 속에서 소외당한 현대인의 고독과 비애를 그리고 있다. '서울'과 '무진'이라는 두 공간, 현실과 이상 사이에서 갈등하는 주인공의 내면을 '지적인 절제'와 '슬픈 도회의 어법'으로 섬세하게 표현함으로써 1960년대 최고의 단편소설 중 하나로 꼽힌다.

2. 이 사람의 신발을 신고 걸어보라

솔직히 나는 그와 비슷한 삶을 살지는 않았다. 그래서 관념적으로는 공감할지 모르지만 삶으로서의 공감과 애정을 오롯하게 느끼지는 못한다. 그러니 그의 삶의 기록은 천천히 읽어야 한다. 때론 한 페이지에서 멈추고 때론 한 줄의 문장에서 하루의 시간을 온전히 할애해야 겨우 느낄 수 있다. 물론 그나마도 여전히 관념의 공감이라는 비겁한 울타리 안에서. 그의 분노와 시대와 사회의 모순을 먼저 읽어내기 전에 그의 삶과 그의 하루하루의 결을 먼저 느껴야 한다. 그의 땀 냄새와 힘겨운 노동을 마치고 누추한 집으로 돌아가는 길의 하늘에 걸린 별을 헤던 그의 눈길을 읽어야 한다.

소소한 인물에 대한 깊은 애정

이문구의 「유자소전」

소설이건 영화건 우리는 거의 대부분 주인공의 관점에서 바라본다. 예를 들어 형사가 주인공인 영화를 볼 때는 범죄자들이야말로 사회에서 깨끗하게 소탕해야 할 악의 근원으로 보이지만, 「보니 앤 클라이드」처럼 범죄자가 주인공일 때는 그를 추적하는 경찰의 집요함이 원망스럽고, 알고 보면 주인공들이 범죄를 저지르기는 했지만 몰랐던 인간성과 감춰진 매력의 반전에 빠져들기도 한다. 그것을 동일한 사건의 선에 올려놓고 본다면 이 두 시선은 불가피하게 충돌한다. 그러나 그 충돌은 치킨게임의 충돌이 아니라 사고의 확장을 여는 사립문이다.

이문구의 여러 작품들은 모두 전통적 사회, 특히 농촌사회에 관한 풍부한 디테일과 그 안에 존재하는 인물들이 주고받는 정감 어린 인정에 대한 묘사가 특징적이다. 그저 그런 무지렁이 민초도 그의 소설에 등장하는 순간 주인공이 된다.

이문구이기에 가능한 인물

이문구 소설의 주인공들이 대부분 그렇듯이 능청맞고 객관적 시선으로 보자면 무능력하기 그지없는 인물들이지만, 이들이 펼쳐내는 파노라마는 결코 슬프거나 초라하지 않다. 그것은 작가의 따뜻하고 세밀한 시선을 통해 일상적 인물들의 삶과 속내를 어떠한 과장이나 분식粉飾 없이 사실적으로 그려내면서도 특유의 충청도 사투리가 갖는 정감과 묘한 페이소스가 잘 어우러지기 때문일 것이다. 그는 서울의 공단이건 농촌이건 궁핍한 삶을 다루더라도 이야기 자체를 건조한 비극으로 끝내지 않는다. 삶에 내재된 인간적 정감이 풍부한 수식어와 뛰어난 해학적 문체에 의해 그려지기 때문일 것이다. 『관촌수필』이나 『우리 동네』 등은 작가의 추억을 통해 사라져버리거나 사라져가는 전통적인 고향의 풍경과 정서를 특유의 토속어로 한 올 한 올 섬세하게 풀어낸다. 그 안에 풍부한 디테일과 주고받는 정감 어린 인정의 묘사는 이문구 아니고서는 풀어내기 어려운 독자적 영역이라 평가받는다.

그의 고향에 대한 서사 가운데 한 인물을 소환하여 그를 중심으로 풀어내는 대표적 소설이 바로 「유자소전」이며 그 주인공이 바로 그 대표적 인물이다. 그는 작가의 고향에 살던 실존 인물이다. 늘 그렇듯, 작가는 허구적 인물만 그려낸 것이 아니라 실존하는 인물들을 소설로 불러내 우리가 흔히 볼 수 있는 이웃 사람의 속살을 부끄럼 없이 펼쳐낸다. 그러면서 특유의 유머 감각으로 읽는 내내 저절로 웃음을 거둘 수 없게 만든다. 유(兪)가 성을 가진, 작가의 친구는 작가를 통해 유자(兪子)로 승격된다. 어린 시절 유자는 타의 추종을 불허하는, 예측불허의 친구다. 이문구에 의해 소개되는 그의 면목은 작가 특유의 넉살과 능청맞은 서술로 맛깔나게 표현된다.

> 그는 보매보다 반죽이 무름하고 너울가지가 좋아 붙임성이 있었고, 싸움난 집에서 누룽지를 얻어먹을 만큼이나 두름성이 있었으며, 하다못해 엿장수를 상대로 엿치기를 해도 따먹은 엿토막이 앞에 수북할 정도로 눈썰미와 손속이 뛰어난 터수였다. 나이가 한참이나 위인 중학생들과 예사로 너나들이를 하고, 가는 데마다 시답지 않은 성님과 대가리 굵은 아우가 수두룩했던 것이 다 그와 같은 사실을 증명하던 일이었다.

그는 우리말 특유의 가락을 잘 살려낸 유장한 문장으로 정평이 난 작가다. 위 문단에서 '보매' '반죽' '무름' '너울가지' '두름성' '손속' '터수' 등의 낱말을 온전히 이해할 수 있는 독자들은 그리 많지 않을 것이다. 그럼에도 이문구의 소설을 읽을 때 그 낯선 말들이 불편하지 않고 굳이 사전을 들춰보지 않아도 그 뜻을 어림짐작할 수 있게 하는 건 분명 이문구만의 특징이자 힘이다. 「자전거 도둑」의 김소진 소설에서 만나는 낯선 수식어와 서술어들이 사전을 찾아보도록 만드는 약간의 인위적 의도를 느끼게 하는 것과는 대조적이다. 이문구의 소설에서는 위의 한 문단을 통해 유자의 특징을 간결하면서도 풍성하게 묘사한다. 이 한 문단만으로도 우리는 '공자'나 '맹자'처럼 '유자'의 반열에 오른 주인공의 면목을 능히 짐작할 수 있다.

일찍이 초등학교(당시는 국민학교) 시절부터 학교 수업 빼먹는 게 일상사였으며 서커스단이 들어오면 공짜 구경을 위해 선전하는 깃발을 들고 다니거나 영화를 공짜로 보기 위해 샌드위치맨을 자처하는 등 이미 동년배의 삶을 훌쩍 넘어서는 삶을 무시로 살던 유자는 불가사의하게도 3:1의 경쟁률을 가뿐히 넘어 중학교에 진학해서도 여전하다. 심지어 모든 학생들에게 공포의 대상이던 사나운 선생조차 유자에게는 아예 손끝도 대지 않을 정도로 포기하게 만드는 묘한 매력의 주인공. 능청스러움은 이미 어른 뺨치는 수준이다.

그런 그에게 놀라운 반전이 찾아온다. 친구들은 사춘기에 머물러 있을 때 유자는 이미 자유당 시절에 야당 의원의 선거운동원이 된다. 물론 그 의원은 낙선하고 생기는 것 없는 야당붙이가 되었지만 발이 넓어진 주인공. 사월혁명은 그에게 새로운 삶을 열어준다. 민주당 의원이 당선되면서 실세가 된 그의 집에 입주하게 된 유자는 명함을 쓰면서 새로운 삶을 발견한다. 명함에서 권력이 나오는 걸 실감한다. 심지어 입대할 나이를 놓쳐 병역 기피자가 되었지만 제대증을 만들어 넣고 다닌다. 심지어 대학 졸업장까지 만들었다. 시골에서는 꿈도 꾸지 못한 신분의 전환이었다.

그러나 그마저 다음 해 군사정변으로 다시 급변한다. 집주인이 부정축재자로 몰려 잡혀가면서 동거인인 그도 끌려갔다. 결국 그는 다시 고향으로 돌아간다. 한 인간의 부침이 이렇게 빠른 시간에 급변하는 것을 통해 우리는 당시의 정치적 격변을 그대로 느낄 수 있다. 결국 그에게 남은 길은 입대뿐이었다.

인생유전, 그래도 불변한 유자의 인품

유자의 삶의 궤적을 좇다 보면 마치 한 편의 소설 같고 영화의 장면 같기만 하다. 훈련소 입대하는 기차에서 누군가 놓고 내린 사주책을 읽고 심심파적 삼던 게 훈련소에서 도사로 통하게 되면서 다른 훈련병들과 완전히 다른 군대생활을 한 것이나 군대에서 운전을 배워 대기업 총수의 기사로 들어간 일 그리고 그 자리에서 쫓겨나 그룹의 모든 차량 교통사고를 처리하는 부서로 좌천되는 일 등의 흐름을 보면 그의 삶은 참 기구하다 못해 극적이기까지 하다. 남들은 좌천이니 뭐니 하면서 경원했지만 그는 사표를 내지 않고 말없이 새로운 업무를 캐고 익히며 '적어도 위선자의 몸을 모시고 다니는 것보다는 떳떳하며, 아울러 속도 그만큼 편할 터이라고' 스스로를 위로했다.

흔히 노선 상무가 해야 할 중요한 업무가 교통사고 시에 자사에 유리한 방향으로 일을 매듭지어야 한다는 통념에 비추면 그가 보여준 행동은 거의 의인이나 도사에 가깝다. 유자의 진면목이 드러나는 삶이다. 그는 가해자 피해자 모두에게 공정하려 했고 어려운 사람 편에 조금이라도 가까이 섰으며 매사에 최선을 다했다. 심지어 피해자들을 위해 풍수지리도 배우고 침술도 배웠다. 총수는 유자의 능력을 높이 사서 과장으로 승진시켰지만 연좌제 때문에 그 이상의 직책은 허락되지 않았다. 그의 아버지는 자신의 정치적 신념을 실천하며 소신껏 살다가 일찍이 처형되었다. 부친의 제사 때 지방에는 '현고학생' 운운하는 통속적 지방이 아니라 당당하게 '현고 남조선노동당 홍성군당위원장 신위'라고 썼다. 유자의 고향 친구 이문구나 고향 후배 김성동의 부친들이 그렇게 살다가 젊은 나이에 목숨을 빼앗겼다는 점에서 아마 세 사람의 유대는 각별했을 것이다. 사실 유자는 친구 이문구를 통해 문인들과 폭넓게 교우했으며 두루 형님 아우 하며 애틋하게 챙겼고 사고가 날 때마다 앞장서서 해결해주는 해결사였다.

그의 삶은 마지막까지 극적이었다. 6·29선언 이후 노동자 시위로 중상자들이 병원에 몰렸다. 당시 종합병원 원무실장이던 그는 그들을 모두 입원시켰다. 병원에서는 누가 돈을 지불하겠느냐며 따지자 자신이 책임지겠다고 했고 치료비가 없던 환자들을 당직 의사와 당직 간호사만 나오는 일요일에 모두 탈출시키고는 이튿날 아침 사표를 냈다. 딱한 사람들을 보면 참지 못했던 그가 베푼 마지막 선물이었다. 그리고 그는 병마에 다시 시달렸는데 그 와중에 평론가 채광석이 교통사고로 죽자 끝까지 그 일을 매듭지었다. 그리고 그는 간암3기로 판정받았고 남은 시간은 3개월이었다. 결국 그는 끝내 삶을 마감했다.

그의 삶은 늘 극적인 유전流轉의 연속이었는데 어떤 경우에도 그는 굴하거나 비겁하게 타협하지 않았으며 긍정적이되 인간적이었으며 특히 약자에 대한 공감이 각별했고 그런 삶을 살았다. 그의 친구 이문구뿐 아니라 그를 알던 모든 문인들과 친구들이 그의 죽음에 대해 슬퍼했다는 것만으로도 그의 삶은 충분히 가치 있었고 유자라고 불리기에 손색없는 삶이었다. 그의 이름은 소설의 말미에 시인 이시영이 유자를 읊은 시 「유재필씨」가 『월간 경향』에 발표됨으로써 독자들에게도 알려졌다. 그의 이름은 유재필이었다. 이문구는 그의 삶이 수필이 되고 소설이 되고 시가 되었다고 찬하고 남보다 앞서 살고 앞서 떠난 벗을 슬퍼했다. 그리고 이문구에 의해 우리는 유자의 삶을 만났다.

모든 삶은 나름의 매듭을 지닌다

이문구의 소설에 등장하는 인물들은 어쩌면 그리 하나같이 조금은 어수룩하고 조금은 이악스러우며 때로는 물에 술 탄 듯 두루뭉술하고 때론 허를 찌르는 날카로운 해학으로 근엄한 삶의 주연들을 조롱할 수 있을까. 그것은 문학적 기교 이전에 작가가 바라보는 보통사람들의 일상적 삶마다 나름의 매듭을 자기 방식대로 맺고 있다는 점에 대한 애정과 공감에서 비롯한다. 이문구가 아니었다면 유자의 삶에 누가 관심이나 가졌겠는가. 이문구는 유자가 있어 행복했고 유자는 친구인 작가가 있어 행복했다. 유자가 평균의 삶을 살아온 사람들에 비해 조금 굴곡과 애환이 더 많을지는 몰라도 어찌 보면 누구나 그런 삶의 비슷한 판형을 공유하고 있지 않은가?

「유자소전」은 분명 본명이 유재필인 '유자'의 삶에 대한 일종의 행장行狀인 셈이다. 그러므로 이야기는 전적으로 유자를 중심으로 전개되고 작가는 기꺼이 관찰자의 자리를 벗어나지 않는다. 그래서 다른 관점으로 볼 수 있는 여지가 다른 작품에 비해 좁은 것도 사실이다. 그러나 어쩌면 그래서 유자를 주인공이 아니라 비중이 높은 조연으로 설정하고 재구성해보는 것도 꽤 괜찮은 시도일 것이다. 어렸을 때 유별난 장난기와 호기심 그리고 하루도 진드근히 앉아 있지 못하는 왕성한 활동력을 보여주던 그의 유년기와 청소년기를 당시의 교사나 친구들의 입장에서 바라보는 시선으로 전환해보자.

친구들의 눈에 비친 유자는 도무지 고삐를 잡히지 않는 망아지였을 것이다. 자신들은 상상도 못하는 일을 태연하게 저지르고 그 이후에도 별 것 아니라는 듯 일상으로 돌아오는 그에게 때론 선망과 질시도 느꼈을 것이고 때론 거리를 두는 게 자신에게 유리하다고 여기면서도 그 녀석의 속내를 파헤쳐보고 싶은 호기심을 거두지 못했을 것이다. 그야말로 불가근불가원한 묘한 친구였을 것이다. 교사들의 입장에서는 어땠을까? 제도교육으로는 도무지 가늠할 수 없으면서도 또래 아이들과는 너무나 다르게 능청맞고 밉살스럽지 않은 제자를 어떤 교사는 마음에서 지웠을 수도 있고 어떤 교사는 특별하게 여겼을 수도 있었을 것이다. 같은 사람이 누구의 눈에 비치느냐에 따라 그렇게 달라진다. 이문구도 중학교 3년을 함께 학교에 다녔으면서도 한 번도 같은 반에 속하지 않았던 것을, '번잡스럽고 어수선한 아이와 한 반이 되지 않은 것을 늘 다행으로 여기고' 살았다고 고백했다.

어린 나이에 자신의 선거운동에 나섰던 유자, 그것도 자유당 독재 시절로 야당 의원 출마자의 운동원이라는 게 얼마나 위험한지 능히 짐작할 수 있던 시절, 훗날 의원이 되고 재무장관이 된(고 김영선 전 재무장관임이 객관적으로 짐작되는) 그의 눈에 유자는 어찌 비쳤을까. 군대 생활에 터득한 거의 달인의 경지였던 운전기술로 대기업 총수(문맥을 보면 고 조중훈 회장으로 추정되는)의 운전기사가 되어 집사 일까지 도맡던 유자가 총수가 애지중지하던 비단잉어가 죽었을 때 애통해하던 총수에게 해학적으로 쏟아냈던 말들은 또 어떤가. 총수는 그 말을 들었을 때 어떤 느낌이었을까. 분명 회사 측의 인물인데 피해자인 자신들에게 온갖 정성을 쏟고 도움을 주려 했던 유자를 그 사람들은 어떻게 바라보았을까? 꼬리에 꼬리를 물며 유자를 주인공이 아니라 대상자로 설정해도 그의 삶과 사람됨이 크게 바뀌지 않는 것을 발견하게 된다. 그만큼 유자의 삶이 도타웠으며 이문구에 의해 가감 없이 묘사되었음을 확인할 수 있다. 나는 유자가 친구 이문구를 주인공 삼아 마치 행장行狀 쓰듯 소설을 썼다면 어떤 내용일까 상상해본다. 유재필이 쓴 「이자소전」은 어쩌면 이 작품보다 더 유쾌하고 맛깔스러울지 모른다. 같은 우정을 바라보는 방식도, 쓰는 입장도 달라질 것이다. 상상만으로도 즐겁다.

공자는 『논어』를 여는 「학이편」 첫머리에서 '벗이 있어 먼 곳에서 찾아오니 이 또한 즐겁지 아니한가'라고 했다. 멀리서 나를 일부러 찾아오는 벗이 있다는 건 고맙고 행복한 일이다. 그러나 이미 그런 벗이 있다는 것 자체가 즐거운 일이다. 그리고 더 나아가 나는 누군가에게 그런 벗인가 자문하게 된다. 같은 문장을 어떻게 다양하게 분석하고 해석하느냐에 따라 그 의미와 맛이 달라진다. 이문구의 「유자소전」은 바로 그런 벗에 대한 불망기不忘記이자 행장이며 우리에게 '당신은 그런 벗이 있는가'를 묻기보다 '당신은 그런 벗인가'를 묻는 묵직한 울림이다. 이 소설은 약간 긴 단편소설이다. 한 번 읽고 덮는 것보다 다시 한 번 천천히 모든 상황과 인물들을 소환하여 재독하는 맛이 훨씬 더 쏠쏠하다는 것을 기억해두면 좋을 책이다.

이문구(1941~2003)

한국전쟁 때 아버지와 형들을 잃고 막노동과 행상으로 생계를 유지하다가 서라벌예술대학교 문예창작과에 입학하여 김동리의 추천으로 등단했다. 풍부한 충청도 토속어와 우리말의 가락을 잘 살려낸 독특한 문장으로 자신이 경험한 농촌의 현실과 농민의 문제를 그려내어 농민 소설의 새로운 장을 열었다. 대표작으로 『관촌수필』 『우리 동네』 『내 몸은 너무 오래 서 있거나 걸어왔다』 등이 있다.

「유자소전」은 재야에서 살다간 실존 인물의 감동적 생애를 '전(傳)'의 형식을 빌려 추념하는 단편소설이다. 주인공 '유자'는 작가의 30년 지기 친구로 본명은 유재필이다. 전반부는 소년 유재필이 겪은 에피소드들이, 후반부는 유재필의 인간적 면모가 구체적으로 조명되는데, 매사에 솔직 담백하고 강자에게 굴하지 않으며 어려운 사람을 보면 가만히 지나치지 않는 인정 많은 유재필의 남다른 삶을 따듯하게 회고한다.

이 사람을 보라
스콧 니어링의 『스콧 니어링 자서전』

자신의 시대가, 그 시대를 지배하는 가치와 사상이 나의 그것과 맞서거나 나의 생각이 그것과 다르다는 이유로 억압받을 때 누구나 화가 치밀고 불안하다. 그것은 어쩌면 모든 동시대인들이 감당해야 하는 업보이기도 하다. 그런 세상에 도도하게 맞서 망치를 휘두른 철학자 니체는 『이 사람을 보라*Ecce Homo*』에서 기존의 가치를 뒤엎으면서 자신의 의지로 많은 것을 이뤄낼 수 있음을 천명했다. 그의 정신은 고독했으나 그 고독은 세상과 도도하게 맞서 싸울 수 있는 무게와 밀도였다.

그런 사상을 말할 수 있는 이들은 의외로 적지 않다. 그러나 그런 삶을 초지일관 실천한 사람들은 드물다. 스콧 니어링은 그런 인물 가운데 압권인 사람이다. 나의 뜻이 꺾이고 타인에게 왜곡될 때 절망하고 원망스럽다. 자연스러운 일이다. 그럴 때 남 탓으로 돌리거나 구구절절 변명과 해명에 급급하기 쉽다. 그것은 결국 나의 삶이 타인의 시선과 평가 속에 갇혀 있다는 것을 자인하는 것과 다르지 않다. 그런 절망을 경험하면 누구나 깊은 산속에 들어가 모든 인연을 끊고 조용히 살고 싶어한다. 물론 정작 그렇게 사는 이는 지극히 드물다.

부유한 가정에서 태어나 그 혜택을 마음껏 누리며 공부했고 대학교수가 되었지만 자신의 철학과 가치 그리고 사회공동체에 대한 깊은 통찰의 힘을 조금도 눅이지 않았고 그런 이유로 해직되었을 뿐 아니라 다른 대학에 근무할 때는 전쟁을 반대하는 견해로 또다시 해직되고 심지어 스파이 혐의로 기소되어 법정에 서기까지 한 사람. 하지만 끝내 자신의 철학과 가치를 포기하지 않았고 자급자족의 생활을 실천하며 강연과 저술로 자신을 지켜낸 뒤 정확히 100년의 삶을 채우고 스스로 곡기를 끊고 삶을 마감한 사람. 숨 막힐 만큼 도도한 삶이다. 니체는 족탈불급足脫不及이다. 어떻게 그런 삶을 살 수 있을까.

진정한 의미의 근본주의자

누구나 자신의 삶의 좌표를 세운다. 큰 대강만 세우기도 하고 세밀한 로드맵을 짜기도 한다. 스콧 니어링도 그런 걸 만들었다. 간소하고 질서 있게 생활하며 미리 계획을 세워 일관성을 유지하는 삶을 스스로에게 요구했다. 그러면서 필요하지 않은 건 멀리하고 자연과 사람 사이의 가치 있는 만남을 추구하기로 작심했다. 많은 돈을 꿈꾸지 않고 노동으로 생계를 세우고, 연구할 때는 자료를 모으고 체계를 세워 온 힘을 쏟아 방향성을 지키겠다는 학자로서의 길도 분명하게 세웠다. 연구하고 가르치는 사람으로서 그런 일관성을 갖고 강연하고 가르칠 것을 다짐했다. 소소한 것들에 마음과 시간을 빼앗기지 않고 원초적이고 우주적인 힘에 대한 이해를 넓히고 계속해서 배우고 익혀 점차 통일되고 원만하게 될 수 있게, 그래서 균형 잡힌 인격체를 완성해야겠다고 작심했다. 스콧 니어링이 그런 좌우명을 작성한 것은 채 서른이 되기 전이다. 그 나이의 곱이 넘은 나이의 나는 어떤가. 미리 계획을 세우는 것과는 거리가 멀고 몸의 노동에도 익숙하지 않다. 그리고 나머지 것들도 마음에는 품고 있으나 쉽게 실천하지 못하는 것들이다. 그런데 그는 그런 다짐에 거의 한 치 어긋남 없이 평생을, 그것도 100년의 삶으로 채웠다. 대단한 일이다.

지금도 펜실베이니아 대학의 경영대학 즉 와튼스쿨은 자본주의 이론의 메카이며 주류 경제학자들이 주를 이루고 있지만 스콧 니어링은 그 학교에서 자본의 분배 문제에 집중하는 학자였을 뿐 아니라 미국식 자본주의에 대해 반감이 많은 인물이었으니 그의 교수 생활이 녹록하지 않았을 것이다. 그래도 지금보다는 나은 게 뜻을 함께하는 동료들이 8명이나 있었다. 하지만 그들의 모임은 주류 학자들과 시장에서 미운털이 박혔을 것이 뻔하다. 그래서 가까운 친구들 중에는 골치 아픈 사안들에 빠지지 말고 학생들 가르치는 일에나 집중하고 월급이나 꼬박꼬박 챙기고 인세 수입이나 관리하면서 살라며 우정의 충고를 하기도 했을 것이다. 계란으로 바위를 치는 격이라면서. 그러나 그는 타협하지 않았다.

처음부터 곡학아세로 입신하겠다는 학자는 거의 없을 것이다. 그러나 시간이 흐르고 현실의 안위에 익숙해지면서 조금씩 접근하다가 허황된 명성과 부 그리고 권력의 꾐에 스스로 몸을 던지는 일이 대부분일 것이다. 그런 타락의 길로 빠지지 않기 위해서는 처음부터 자신을 다잡고 불편하고 거친 삶에 단련해야 할 것이다. 물론 쉬운 일은 아니다. 스콧의 삶을 읽으면서 결코 쉽게 책장을 넘겨서는 안 되는 대목들에서 나는 멈칫할 수밖에 없다. 이 책은 누군가의 삶이 이뤄낸 세속적 업적이 아니라 끝까지 자신의 신념을 지키며 시대의 양심으로 사는 것이 얼마나 지난한 일인지 조금이라도 체감하며 읽어야 비로소 진가를 느낄 수 있다.

스콧 니어링의 삶에서 헬렌 니어링의 삶을 빼는 것은 어불성설이고, 『조화로운 삶』을 읽어본 사람이라면 헬렌의 삶을 경외할 수밖에 없을 것이다. 어쩌면 많은 이들이 이 부부의 삶에서 헨리 데이비드 소로의 삶을 떠올리기도 할 것이다. 단풍시럽을 만들어 팔고 직접 집을 짓고 살면서 가장 소박하고 조화로운 삶으로 일관한 두 사람을 떠올릴 것이다. 그러나 나는 그런 삶보다 스콧이 감당하고 살아야 했던 삶에 먼저 끌린다.

뉴욕의 한 토론회의 주제는 '국제연맹이 노동자에게 이익을 주는가?'였다. 당시만 해도 그런 주제로 대토론회가 열렸다는 게 오히려 신기할 지경일 만큼 지금 우리의 시대는 삭막하고 소수 강자의 논리에 휘둘리고 있다는 게 서글프다. 하버드 대학의 앨버트 하트 교수는 긍정적 입장을 대변하면서 노동자와 자본가 모두에게 국제연맹이 최선의 해답이며 다른 대안은 없다고 주장한 반면 스콧은 부정적이었다. 국민의 안전과 행복을 보장하는 새로운 정부를 구성하고 권한을 행사하는 것이 국민의 당연한 권리라며 이렇게 말했다.

"대안은 있습니다. 그것은 바로 혁명입니다!"

얼마나 충격적인 발언인가. 하트 교수는 깜짝 놀라 자리에서 일어나며, 이따위 얘기나 들을 줄 알았다면 보스턴에서 한 발짝도 떠나지 않았을 것이라고 소리를 지른다. 그의 분노는 충분히 이해할 수 있다. 스콧의 주장이 너무 세지 않은가. 자, 우리가 그 토론장에 있다고 상상해보자. 그 팽팽한 긴장과 대립은 숨을 멎게 할 지경일 것이다. 만약 내가 스콧의 입장이라면 하트의 반응에 대해 어떻게 대답할 것인가? 스콧은 전혀 동요하지 않고 오히려 상대방 토론자가 '혁명'이라는 말만 듣고 흥분하고 있음을 지적했다. 미국도 1776년에 혁명을 겪지 않았느냐고 반문한다. 게다가 상대인 하트는 미국사를 가르치고 있는 교수임을 상기시키며 방금 자신이 한 말이 독립선언문에 나와 있음을 지적한다.

'혁명'은 늘 불온하고 불안하다. 수구는 말할 것도 없고 보수도 그 말에는 신경질적으로 반응한다. 지금 우리 사회도 '혁명'이라는 말만 꺼내도 화들짝 놀라지 않는가. 물론 쿠데타를 혁명으로 미화한 자들의 반응이니 스스로 꿀려서 그렇기도 하겠지만 우리는 그 말에 너무 민감하다. 그러니 기업의 호들갑 수준에 휘둘리면서도 '제4차 산업혁명'이라는 말의 진위보다는 그저 '혁명'이라는 말의 무게에 눌려버리지 않는가. 스콧의 이 반응은 그냥 나오는 게 아니다. 첫째는 그의 철저한 자기 철학에 대한 신념에서 나온 것이다. 둘째는 그 신념의 확립과 실천을 위해 철저하게 연구하고 공부했다는 점이다. 마주보며 낯붉히며 싸우는 건 하수들의 일이다. 나는 이 책에서 이 대목을 읽을 때마다 속이 후련한 동시에 과연 나는 그렇게 신념과 철학의 실천을 위해 철저하게 탐구하며 공부하고 있는지 돌아보게 된다. 스콧의 삶이 그저 낭만적이라고 여기는 사람들은 그가 대학에서 쫓겨나고 법정에 끌려 나간 뒤의 삶이 아니라 그 이전의 삶을 제대로 봐야 한다. 이 책의 힘은 바로 그 부분에 있다는 점을 놓치지 말아야 한다.

그가 1922년 매사추세츠의 클라크 대학에서 있었던 강연에서 대학의 행정방식을 언급하며 이사회는 소유권과 권력, 특권을 대변하고, 학장은 일차적으로 행정가이지 학자인 경우는 드물며, 대학의 주체라 할 수 있는 교수진과 학생은 발언권과 결정권이 없다는 사실을 지적하자 애트우드 학장이 중앙통로로 쿵쿵거리며 걸어와서 "강연은 끝났습니다."라고 외치며 집회를 끝내게 명령하자 참석자들이 반발했다. 그러나 학장은 끝내 수위를 불러 전기를 내렸다. 데자뷔 같지 않은가? 거의 100년 뒤 대한민국의 거의 모든 사학에서는 이런 일들이 비일비재하게 자행되고 있다. 사학私學이라기보다 사학邪學일 뿐이다. 사악한 자들이 이사회를 장악한 대한민국의 수많은 처참한 사학들. 그런데 흥미로운 건 그 강연에 참석한 학생이 분을 삭이며 뱉은 말이다. "생각해보세요! 선생님께서 대학에서 학장들의 역할을 말하자마자 학장이 무대에 나타나 자기가 맡은 연기를 했잖아요. 혹시 선생님이 학장한테 그러라고 시키기라도 하셨나요?" 그래, 이런 유머 감각이라도 있어야 질곡의 세월을 건널 수 있지. 그러니 평생을 품격 있는 유머 감각의 도야와 수련에 소홀하지 말 일이다.

지행합일의 표상

40대 중반에 스무 살 연하인 헬렌을 만나 새로운 가정을 꾸린 스콧 니어링. 일반적으로 이혼 후 홀아비의 삶을 청산하고 젊은 여인과의 재혼이라면 안락하고 안정적인 삶으로 방향을 전환하는 것을 예상할 수 있다. 그러나 스콧은 달랐다. 하기야 첫 번째 이혼도 교수 부인으로, 안정적이고 명예로운 중산층의 삶을 외면하는 남편에 질린 아내의 요구였지만, 스콧을 선택한 헬렌은 처음부터 동지의 삶을 택했다. 자본주의의 폭력에 휘둘리지 않고 자신의 인격성을 지켜내야 그것을 다른 사람들에게 가르치고 설명할 수 있다는 믿음이야말로 지행합일의 결론이다. 그러나 현실은 매섭다.

살짝 노선의 일부를 선회하고 적당히 합리화하면서도 지금까지 자신이 지켜온 명예와 존경을 그대로 누릴 수 있는 경우가 없지 않다. 주변을 둘러보면 그런 사람들 부지기수다. 그들을 비난하기보다는 아예 변절한 자들과 비교하면 그저 그만큼이라도 버텨주고 지켜내는 게 고맙다 여길 수 있는 일과 사람은 또 얼마나 많은가. 비난은 쉽지만 그만큼이라도 참아내는 것까지 경중을 가리지 않고 싸잡아 욕하는 것은 어리석은 짓이다. 이른바 진보의 진영에서 사람을 키우지도 지켜내지도 못하는 경우의 속내를 보면 그런 일들이 한둘이 아니다. 보수는 부패해서 망하고 진보는 분열해서 망한다는 건 진보에게 요구되는 도덕성의 잣대가 더 엄격하다는 뜻이기도 하겠지만 제 잘난 맛에 취해서 조금만 흠결을 보여도 뒤통수를 후려치는 일을 주저하지 않기 때문이기도 하다. 스콧 같은 급진주의자조차 자신을 지켜내지 않았는가!

스콧과 헬렌은 시골로 삶의 터전을 옮겨 완벽한 자급자족의 삶을 실현하며 조금의 타협조차 허락하지 않는 완벽한 삶을 선택했다. 그들은 돈을 벌려고 애쓰는 대신 스스로에게 물었다. "내년 1년을 그럭저럭 지내는 데 필요한 최소한의 현금이 얼마지?" 모든 계획과 목표를 고려하여 필요한 현금과 액수를 정한 뒤 그 액수를 벌어들일 수 있을 만큼만 환금작물을 생산하고 일단 그 목표액이 채워지면 다음 해 예산을 세울 때까지 생산을 중단했다. 조금이라도 돈에 휘둘리는 삶을 허락하지 않았다. 말이 쉽지 결코 만만치 않은 삶이다. 상상하는 것조차 버겁다.

내가 학교를 떠나 서산 해미에 작은 작업실 수연재를 마련하고 살 때 나로서는 농업노동의 삶의 꿈은 전혀 없었지만 미니멀리즘적인 삶을 꿈꿨을 때 어쩌면 내 안에 스콧 니어링의 삶에 대한 동경이 작동되었던 것을 고백하지 않을 수 없다. 고작해야 이른 아침 일어나 짧은 명상과 야트막한 산길의 산책, 최대한 간결한 식사, 낭비 없는 작업 시간, 서울을 오갈 때 버스의 이용 등의 생활을 선택하면서 니어링의 그것이 얼마나 위대한 것인지 실감할 수 있었다. 그러나 끝까지 그런 삶을 관철하지는 못했다. 지방 강연을 갈 때면 지방 도시가 갖는 교통편의 한계 때문에 결국 차를 다시 운전하기 시작했고 해미의 생활을 마감한 뒤에도 자동차의 편의성에서 벗어나지 못하고 있다. 살아갈 경제적 필요성만큼 밭을 일구고 노동하는 건 처음부터 언감생심이었다. 그러나 쉽게 편안함과 호화로움에 취하지 않을 수 있는 건 어쩌면 여전히 니어링의 삶에 대한 경외와 애정이 견고한 덕분이기도 할 것이다. 시골생활의 가장 큰 매력이 무엇인가. 자연과 접하면서 생계를 위한 노동을 하는 것이다. 니어링은 생계를 위해 네 시간 노동하고, 지적 활동으로 네 시간을 소비하며 좋은 사람들과 친교하며 네 시간을 보내면 완벽한 하루가 된다고 당당하게 말한다. 이런 삶의 방식은 자칫 교사들이 쉽게 빠지는 '기생생활'의 때를 벗겨주기 때문이다. 신분상 깨끗한 손과 말끔한 옷은 생계를 위한 노동과 거리가 멀다. 당당한 노동은 또한 현실세계에 대한 상아탑적 무관심에 젖을 수 있는 요소를 제거해준다고 그는 단언한다. 얼마나 따끔하며 절절한 가르침인가! 그는 이런 신조를 끝까지 지켜내며 일생을 진보주의 경제학자로 살았고 실천하는 사상가의 표상을 보였다. 그리고 마침내는 서구 문명에 대한 정서적·습관적 구속으로부터 스스로를 떼어놓기에 이르렀다. (그런데 나는 지금 오히려 거기에 스스로를 밀어 넣고 한 뼘이라도 더 깊숙이 발을 담그려 하고 있지는 않은가!)

히로시마 원폭 사건을 목격한 그는 트루먼 대통령에게 편지를 썼다. "당신의 정부는 더 이상 나의 정부가 아닙니다."로 시작된 편지는 마치 에밀 졸라가 드레퓌스 사건 때 진실을 은폐하기에 급급한 법정이 진범인 에스테라지에게 무죄 석방을 선고하자 대통령에게 공개적으로 보낸 편지 '공화국 대통령 펠릭스 포르 씨에게 보내는 편지'의 격문을 떠오르게 한다. 이후로 그는 단 한 번도 '나의 정부'니 '우리의 정부'니 하는 말을 입에 담지 않고 일관되게 '미국 정부'라는 말을 사용했다.

나는 니어링 부부의 자연에서의 조화로운 삶에 대해서 무관심해서가 아니라 스콧 니어링의 완벽한 자기 정체성과 일관성의 철학과 삶에 대한 경외 때문에 그의 사회적 삶에 대한 관심이 더 크게 끌린다. 물론 그럴 수 있게 한 헬렌의 멋진 반려의 삶도 가볍게 볼 수는 없지만. 나는 스콧 니어링의 이 책을 읽으면서 매 장면마다 내가 그 옆에 있었다면 어떤 느낌이 들까, 내 심장은 얼마나 공명할까, 가슴이 뛰는 만큼 두려움의 부피는 얼마나 클까 등등을 조금이라도 느끼고 싶어서 결코 빨리 읽을 수 없다. 내가 현실에 휘둘리거나 타인의 시선 때문에 흔들릴 때 조용히 이 책을 꺼내 천천히 읽으면서 두려움을 덜어내고 자신에게 최대한 충실할 수 있는 힘을 얻을 수 있으니, 나의 앞에서 100년의 삶을 온전히 채우고 스스로 삶을 마감한 조용한 거인의 존재가 언제나 고맙다.

"그이의 뛰어난 재능, 부지런함, 꺾이지 않는 이상, 청렴함, 여유로운 마음은 우리 모두가 본받아야 할 모습이다."

헬렌 니어링이 스콧의 자서전을 권하면서 전하는 말은 결코 허허로운 게 아닐 것이다. 동지로서 평생을 지켜본 동반자가 내린 평가의 삶은 진실하기 때문이다. 그런 삶, 그런 사람이 있었다. 그런 삶, 그런 사람이 앞으로도 있어야 할 것이다.

> 좀 더 완전한 삶을 살기 위해서 인간은 자신을 넘어서 다른 사람 또는 하나의 이념과 목표를 향해 부단히 나아가지 않으면 안 된다.

스콧의 이 말은 어쩌면 우리 모두에게 던지는 화두며 등대일 것이다. 칠흑 같은 밤바다의.

스콧 니어링(Scott Nearing, 1883~1983)
미국의 급진적 경제학자이자 행동주의자. 반전·평화주의자. 펜실베이니아의 부유한 집안에서 태어나, 펜실베이니아 대학교 와튼스쿨에서 경제학 박사학위를 받았다. 펜실베이니아 대학교에서 경제학을 가르치다 아동 노동 반대운동을 벌여 해직되고, 털리도 대

학교에서 사회학을 가르치다 반전운동으로 또다시 해직되었다. 스파이 혐의로 연방법정에 기소되어 무죄판결을 받았으나, 위험분자·과격분자로 몰려 힘든 시기를 보냈다. 스무 살 연하의 헬렌 노드를 만나 메인 주로 이사하여 농사를 지으며 자급자족하고 왕성한 저술 활동을 하다가 100세에 영면했다.

1972년에 발표한 『스콧 니어링 자서전』(김라합 옮김, 실천문학사, 2000년)은 스콧 니어링이 여든이 넘은 나이에 삶을 되돌아보며 자신의 생애와 철학을 담담히 들려주는 책이다. 자본주의 문명 전반에 대해 근본적 비판을 가한 사회철학자이자 평화주의자, 실천적 생태론자였던 그의 100년의 삶은 우리 모두에게 진정한 자유가 무엇인지 그리고 진정으로 의미 있고 충만한 삶이 어떤 것인지를 생각해보게 한다.

꺼지지 않는 불꽃

조영래의 『전태일 평전』

스물둘. 아, 그 시간의 나이는 얼마나 뜨겁고 순수하며 무모한가!

  삶을 마감하기엔 너무 아깝고 억울하며 그래서 도저히 용납될 수 없는 나이다. 그러나 짧은 삶이지만 무의미하게 사는 100년의 삶보다 훨씬 묵직하고, 그 나이에 삶은 마감했지만 영원히 그 뜨거운 시간의 삶으로 살아있는 사람.

  그 나이쯤에서 삶을 마감하여 많은 이들을 안타깝게 했던 천재와 신동은 적지 않다. 그러나 인간의 존엄성을 위해 역설적으로 자신의 몸을 기꺼이 내던진 한 청년의 죽음이 던진 충격은 엄청난 활화산의 폭발과도 같았다. 그것은 그 자체로 가장 숭고한 소신燒身 공양이었다. 전태일은 꺼지지 않는 불꽃으로 여전히 살아있다. 그리고 아직도 그의 외침이 현실의 고발로 울리고 있다는 사실이 부끄럽다.

타락을 거부한 영혼

인간은 욕망의 존재다. 그 욕망의 대상은 다양하다. 그러나 최고의 욕망은 참된 나로 사는 것, 진정 원하는 삶을 실현하는 것이다. 그것은 일종의 이상이다. 이상은 흔히 비현실의 다른 말이기도 하다. 1970년이라는 엄혹한 시기, 우리 사회는 인간의 존엄성 따위는 눈길도 주지 않고 오로지 경제만, 돈만 향해 내달리고 정치는 민주주의와 정의를 마음껏 짓밟고 있었다. 유신은 음모의 단계였지만 3선개헌으로 이미 박정희의 야욕은 본색을 드러냈다. 그런 세상에서 힘없는 노동자들에게 인간다운 삶은 그림의 떡이었다.

전태일은 지독한 가난 속에서만 짧은 삶을 살았다. 초등학교도 제대로 졸업하지 못한 어린 소년은 여섯 식구의 생계를 떠안아야 했다. 그 소년에게 과연 삶은 무엇이었을까, 무슨 꿈을 꿨을까, 아니 꿈꿀 시간이나 있었을까? 그는 죽어라 일만 했다. 열악한 환경, 형편없는 임금, 비인간적 대우 등 그 어느 하나 어린 소년이 감당하기에는 가혹하지 않은 것이 없었다. 그러나 그는 조금도 때가 묻거나 비겁하게 타협하지 않았다. 그는 자신이 당하는 부당함보다 어린 여공들의 처지를 더 가엽게 여겼다.

만약 내가 그 나이에 그런 상황에 내몰려 있다면 과연 어떤 느낌일까? 분노에서 절망을 오가다 체념하거나 타협하기 쉬울 것이다. 전태일의 죽음 이후 그에 대한 존경과 찬사에만 시선이 머물면 실체의 귀퉁이도 제대로 이해할 수 없다. 먼지 폴폴 날리는 작업실, 잠깐 몸 놀릴 공간조차 없이 재봉틀 앞에서 하루 종일 작업해야 하는 환경에서 하루의 절반 이상을 죽어라 일만 해야 하는 소년과 청년의 삶을 우리는 살아보지 않았다. 그래서 그의 삶을 온전하게 공감할 수는 없지만 그의 하루만 살더라도 '나는 왜 세상에 태어났을까?'라는 회한을 곱씹기에 충분할 것이다. 그래서 나는 전태일에 관한 글을 읽을 때마다 늘 그 부분이 마음에 걸린다. 지금은 그런 십대가 그리 많지 않겠지만 20대의 청춘들이 형태만 다를 뿐 본질은 다르지 않은 삶에 내몰린 건 크게 다르지 않다. 그런데도 우리는 태연하다. 그건 공범의 삶이다.

전태일은 그런 삶을 살면서도 함께 일하는 다른 사람들, 특히 힘없는 여공들의 삶을 더 안타까워했고 그런 삶을 강요하는 잘못된 사회에 대해 회의했다. 그 회의가 절망과 체념으로 끝맺지 않고 인간답게 사는 삶에 대한 희망과 이상으로 이어진 것은 우리가 그에게 빚진 것이다. 그 환경에서도 착하게 맑고 밝은 삶을 끝내 버리지 않았던 청년 전태일은 1970년 11월 13일 서울 평화시장 앞 길거리에서 자신의 몸을 살라 인간다운 삶, 제값을 받는 노동의 권리를 외치며 죽어갔다. 그리고 그 죽음으로 그는 영원히 살았다.

노동의 권리는 단지 노동법이라는 법률적 허위에 불과할 뿐 현실은 오히려 그 법의 왜곡으로 보장되는 착취와 억압이 자행될 뿐이던 시절, 그는 끝내 자신의 귀한 목숨을 사회에 제물로 내놓았다. 그가 죽기 한 해 전 즉 1969년 마지막 날 일기에 남긴 글은 그가 품었던 소명을 그대로 드러낸다.

> 어떠한 인간적 문제이든 외면할 수 없는 것이 인간이 가져야 할 인간적인 과제이다.

'인간적인' 삶에 대한 갈급이 그가 요구한 유일한 외침이었다. 그러나 그 외침은 언제나 묵살되었고 스물둘 푸른 청춘이 자신의 목숨을 내던진 외침도 온갖 방해와 왜곡으로 차단되었다. 한목숨을 스스로 제물로 바친 게 '인간적인' 삶이었음에도 불구하고 권력자와 자본가는 그 외침이 동료 노동자와 시민에게 전달되는 것을 막는 일에만 급급했다. 그가 세상을 떠난 지 거의 50년 가까이 되는 지금도 그런 일들은 태연하게 자행된다. 특히 수구세력들이 정권을 잡았던 '부끄러운 10년'은 더더욱 그랬다. 그런데도 여전히 우리는 '나만 아니면 돼.'라며 외눈박이로 살아간다. 그렇게 우리는 한 뼘씩 타락해간다. 그래서 여전히 조금도 타락하지 않았던 순수한 청년 전태일의 삶과 메시지가 묵직한 울림으로 우리를 깨운다. 그가 살았던 삶의 세 곱이나 살면서도 여전히 적당히 비겁하고 쉽사리 타협하며 나의 안위만 추구하는 이 삶이 얼마나 부끄러운가! 그 부끄러움 없이 전태일을 만나는 것은 허위고 위선이다.

전태일은 권력자에 맞서 싸우는 것보다 억압받는 사람들이 스스로 노예의식을 깨고 당당한 인격체로 존립하는 것을 가장 중요한 문제라고 생각했다. 조직된 소수, 그것도 권력과 재력을 쥐거나 서로 유착하여 공모하는 힘의 교묘함을 약자로서의 개인은 결코 이길 수 없다. 거기에 순치되어 스스로 노예의 삶을 살고 있다는 자각조차 하지 못하는 한 그 질곡은 계속해서 이어질 것이고 그것은 대대손손 반복될 것이다. 전태일은 바로 그 사슬을 우리가 끊어내야 함을 인식한 것이다. 그는 나름대로 공부하고 야학에서 활동하며 연대의 끈을 만들었다. 그러나 그 힘은 강할 수 없었고 비인간적인 삶은 끝이 보이지 않았다. 마침내 그는 자신을 횃불로 삼기로 했다.

나는 그의 삶을 따라 읽으면서 자꾸만 걸음이 멈춰진다. 그의 삶의 궤적을 강물처럼 따라가는 건 그의 삶의 종점과 그 이후의 사회에 초점이 집중된다. 그러나 그건 올바른 독서가 아니다. 솔직히 나는 그와 비슷한 삶을 살지는 않았다. 그래서 관념적으로는 공감할지 모르지만 삶으로서의 공감과 애정을 오롯하게 느끼지는 못한다. 그러니 그의 삶의 기록은 천천히 읽어야 한다. 때론 한 페이지에서 멈추고 때론 한 줄의 문장에서 하루의 시간을 온전히 할애해야 겨우 느낄 수 있다. 물론 그나마도 여전히 관념의 공감이라는 비겁한 울타리 안에서. 그의 분노와 시대와 사회의 모순을 먼저 읽어내기 전에 그의 삶과 그의 하루하루의 결을 먼저 느껴야 한다. 그의 땀 냄새와 힘겨운 노동을 마치고 누추한 집으로 돌아가는 길의 하늘에 걸린 별을 헤던 그의 눈길을 읽어야 한다.

기록자 조영래

우리 사회에서, 특히 지식사회에서 아쉬운 것 가운데 하나는 '평전'의 영역이 매우 취약하고 협소하다는 점이다. 기록과 장소의 탓을 할 수도 있겠으나 힘은 몇 곱절 드는 데 반해 찾는 이들은 제한되어 있다는 점이 크게 한몫을 할 것이다. 그래서 평전을 전문적으로 쓰는 작가들도 그리 많지 않다.

이 평전을 쓴 사람은 전문 작가가 아니다. 고 조영래 변호사는 대표적인 이 나라의 법조인이었다. 그를 존경하지 않는 사람들은 거의 없다. 심지어 그의 행보를 못마땅하게 여기는 보수 혹은 수구 정치인마저도 그의 삶과 열정 그리고 인간애와 민주주의 신념에 대해서는 고개를 숙인다. 대학 재학 중 한일회담을 반대하고 부정선거를 규탄하며 3선개헌을 반대하는 일에 앞장섰다. 모두가 부러워하는 서울대 법대생으로 흔한 일은 아니었으나 그는 진리와 정의에 대한 강고한 믿음과 실천력을 일찍부터 드러낸 사람이었다.

사법시험을 준비하던 중에 그는 충격적인 소식을 접했다. 바로 전태일의 분신이었다. 그 충격 때문에 훗날 그가 민청학련사건으로 6년 동안 수배 생활을 겪으면서 온 몸과 마음을 바쳐 쓴 책이 바로 이 평전이다.

사법시험에 합격하여 사법연수원에서 연수하던 중 서울대생 내란음모사건으로 구속되어 감옥에 갇혔던 사람이었으니 그의 삶의 이력은 범상치 않다. 그러나 그는 한 번도 자신의 영달이나 명예를 위해 큰소리를 내지 않았다. 다만 사회적 정의가 훼손되고 민주주의가 말살되는 현실에 대해서는 누구보다 강한 저항과 외침을 멈추지 않았다. 조영래라는 이름은 전두환 군부독재 시절 민주주의와 정의의 현장에서 늘 앞머리에 언급되었다. 그가 맡은 대표적인 사건은 '부천서 성고문사건'이었다. 그가 아니었으면 끝까지 덮였을지 모를 사건이 끝내 밝혀지면서 전두환 체제 종말로 이어졌다.

그는 실천하는 법조인이었다. 복권되어 인권변호사로 활동하다 끝내 아까운 나이에 세상을 떠날 때까지 채 10년도 되지 않은 그의 변호사 활동은 모든 사람의 귀감으로 남았다. 그런 인물이 써낸 전태일에 관한 평전이니 어쩌면 두 사람의 '의기투합'과도 같은 책이다. 처음 책이 나올 때

군사독재 시절이었기에 '조영래'라는 이름을 끝까지 감추고 나중에 개정판에서야 이름을 밝혔다.

그에게 전태일은 그 존재 자체가 하나의 빛이었고 빛이었다. 사법시험을 준비하던 사람에게 한 노동자의 분신자살은 과연 무엇이었을까? 대부분의 고시생들에게는 찻잔 속의 태풍이었거나 의도적으로 외면하고 무시할 일이었을 것이다. 그리고 그런 자들이 법복을 입고 권력의 개가 되어 민주주의와 정의를 짓밟고 비웃었다. 하지만 조영래 같은 이가 있어서 그 질곡은 결코 영원할 수 없었다. 그런 점에서 우리는 전태일과 조영래에게 크게 빚을 진 셈이다.

누구나 처음부터 강자에 빌붙어 출세를 꿈꾸지는 않을 것이다. 하지만 처음에 세웠던 결기는 금세 무너지고 급기야는 앞잡이 노릇에 충실해서 출세하고 권력과 재력을 누리는 맛에 길들여지면서 마치 자신들이 이 세상을 좌지우지하는 사도로 착각하게 된다. 그런 자들이 지금도 법을 우롱하고 심지어 재판을 거래의 대상으로 삼기까지 하면서 세상을 더럽히고 있다. 전태일과 조영래는 세상을 떠났지만, 그래도 우리 사회에 아직 전태일과 조영래와 같은 생각과 삶을 지켜내는 이들이 있어서 다행이다.

바늘귀 같은 사법고시의 문을 통과하면 나머지의 삶은 장밋빛으로 보장되는 사회다. 남들 학생운동 할 때 법전에만 매달리고 입신양명의 야망만 키운 것을 뭐라 탓할 건 없다. 그러나 최소한 자신이 배운 법의 정신과 가치에는 충실해야 한다. 하지만 그런 인물들이 보여준 행태는 실망을 넘어 분노를 야기한다. 오히려 법을 우롱하고 권력과 부에 아부하며 승진을 거듭하는 데에만 골몰하고 직을 떠나서는 대형 로펌에 들어가 오직 자신의 부의 신장에만 전력하는 자들이 갈수록 많아진다. 이제는 아예 '체계적이고 계급 고착적인' 방식으로 굳었다. 그 철옹성에 봉사하는 자들이 이 책을 꼭 읽어야 한다. 그게 전태일과 조영래에 대한 최소한의 빚 갚음이다. 나는 단 한 순간이라도 전태일과 조영래의 삶을 살았는가?

이 책은 불꽃 같은 삶을 살다 간 노동자 전태일의 일대기다. 평화시장 어린 노동자들의 동심마저 유린하는 현실에서 '그 어리고 약한 것들의' 고통에 항상 가슴 저려 하며, 그들을 위해 스물둘의 젊음을 불길 속에 내던졌던 청년노동자 전태일의 삶과 투쟁을 이야기한다.

조영래는 책에서 전태일은 횃불이었다고 요약했다. 횃불. 우리 사회의 감추어진 얼굴을 들추어낸 횃불. 그러나 사위고 꺼져 사라지는 횃불이 아니라 수많은 사람들의 가슴속에 '살아있는 횃불'이라고 강조했다. 그 횃불은 온갖 방해와 억압으로 금세라도 꺼질 듯한 경우를 수없이 겪었다. 그러나 조영래는 그 횃불을 새로운 불로 옮겨 붙이면서 그 불씨를 꺼뜨리지 않도록 우리에게 불길을 건넸다. 그는 전태일의 죽음을 '인간선언'으로 정의한다.

> 전태일 사상은 각성된 밑바닥 인간의 사상이다. 그것은 오랜 침묵에서 깨어나서 이제껏 현실이 자신에게 강요해왔던 가치관을 전면적으로 거부하고, 오직 스스로 인간적인 체험에 의거하여 그 자신의 가슴으로 느끼고 자신의 머리로 생각하고 자신의 눈으로 세계를 보는, 주체적인 인간의 사상이었다. …… 그것은 노예에서 인간으로 거듭나는 민중의 사상이다.

잊을 수 없는, 잊으면 안 되는

옳건 그르건 주어진 체제와 질서에 순응하면서 살아야 생존이 보장된다고 느끼며 살아가는 삶은 비참하다. 그게 옳지 않음을 분명히 알면서도 그렇게 살아야 하는 삶은 더더욱 그렇다. 그러나 언제나 결기를 세우고 저항하면 모난 돌 정 맞듯 이리 쪼이고 저리 돌림을 당한다. 그 사이에서 우리는 늘 갈등한다. 그러나 그럴 때일수록 고개 당당히 들고 저항해야 한다. 나를 위해서뿐 아니라 다음 세대를 위해서 그래야 한다. 그것은 이 시대를 살아가는 사람의 의무다. 전태일이 그랬고 조영래가 그랬다. 그 사람들을 잊을 수 없어야 한다. 잊으면 안 된다. 두 사람이 들어올린 횃불이 우리의 어둠을 밝힐 것이다.

    이 책은 결코 빨리 읽을 수도 없고 빨리 읽어서도 안 된다. 모든 행간에서 전태일의 삶과 사상을 고스란히 공감해야 하기 때문이고 수배 중에 숨어서 눈물 흘리며 글을 쓴 조영래의 손길을 느껴야 하기 때문이다. 적어도 이 책을 읽는 순간만큼은 오롯하게 그 두 사람의 숨결과 눈길만 느껴야 한다. 이 책의 주인공과 글쓴이에 대해서 시시콜콜 말하는 건 이미 진부하다. 그러나 '근로기준법이 있어서 노동자들이 살 수 있게 된 것이 아니라, 근로기준법이 있기 때문에 노동자들의 참상은 더욱더 숨겨지고 있는' 현실이 여전히 반복되고 있음을 부끄러워하고 '한 장의 휴지조각⋯⋯ 누구를 위한 법이며 무엇을 위해 존재하는 법이란 말인가?'라는 한탄이 사법농단 등을 통해 여전히 반복되는 것에 분노해야 한다. 그들이 외쳤던 가치를 실천해야 한다. 우리는 흔들릴 때마다, 헷갈릴 때마다 조영래가 전태일을 통해, 전태일이 조영래를 통해 토로했던 말, 즉 인간을 비인간으로 만들고 있는 사회는 스스로 인간다운 삶을 되찾으려고 일어서는 사람들을 조롱하며 바보로 낙인찍고, 노예사회에서 벗어나 진정한 인간이 되려고 애쓰는 사람들을 비정상으로 몰아세우며 비정상적으로 취급한다는 애통함을 기억해야 한다. 그 울분이 되풀이되지 않도록 하기 위해.

조영래(1947~1990)

서울대 법대 재학 중 3선개헌 반대 등 학생운동을 주도했고, 졸업 후 사법시험을 준비하던 중 전태일 분신 사건을 접했다. 1971년 사법시험에 합격했으나 '서울대생 내란음모사건'으로 구속되어 1년 반 동안 투옥되었다. 1974년 '민청학련사건'으로 다시 수배되어 6년간 숨어 지내면서 『전태일 평전』을 집필했다. 복권 후 1983년 변호사 사무실을 열고 인권변호사로서 헌신적으로 활동하다가 1990년 타계했다. 유고집으로 『진실을 영원히 감옥에 가두어둘 수는 없습니다』, 『조영래 변호사 변론 선집』이 있다.

『전태일 평전』(아름다운전태일[전태일기념사업회], 2009년)은 1983년 '전태일기념관 건립위원회'의 명의로 '어느 청년 노동자의 삶과 죽음'이란 제목으로 출간되었다. 1991년 1차 개정판에서야 비로소 저자를 '조영래'로 밝혔다. 청계천 평화시장의 노동자였던 전태일은 어린 여성노동자들이 비인간적 노동환경에서 쓰러져가는 모습을 보면서 노동운동에 눈떠간다. 노동법에는 노동자의 권리가 보장되어 있으나 법이 지켜지지 않는 현실 앞에 그는 분신 자살로 경종을 울린다. 인간적인 세상을 꿈꿨던 전태일의 순수한 마음이 세월이 많이 흐른 지금도 여전히 심금을 울린다.

침묵이라는 심연
파스칼 키냐르의 『은밀한 생』

나보다 불과 열 살 남짓 세상에 일찍 나온 사람의 책을 '고전'으로 선택하는 일이 조금은 난감할 수도 있다. 고전은 몇 백 년은 아니더라도 제법 시간의 더께를 얹고 여러 세대를 거치며 회자되는 힘을 입증하고서야 그 위상을 차지하는 것이라는 일반적 통념으로 따진다면 말이다. 그러나 진정 좋은 책은 이미 그런 시공간의 저울로 잴 필요가 없는 책이라는 점에서 마땅히 고전의 평가를 받을 수 있을 것이다. 그래서 나는 동시대인의 책을 그 영역에 편입하면서도 별로 주저하지 않는다. 오히려 동시대인으로서 느끼는 보편적(읽다 보면 전혀 '보편적'이지 않다고 느껴지겠지만) 정서와 사유의 씨줄과 날줄을 더 생생하게 느낄 수 있다는 장점을 돋을새김 삼으면 더더욱 그렇다.

평범한 것은 없다

파스칼 키냐르의 이름이 그리 익숙하지 않은 이들도 제법 많을 것이다. 그러나 일단 그의 책을 펴들면 독특하면서도 칼에 베인 듯하지만 서럽도록 아름다운 문장에 매료된다. 끔찍한 병마를 이겨내고 쓴『떠도는 그림자들』로 공쿠르상을 받은 그의 작품들에는 그의 삶의 이력들이 묘하게 배어 있다. 어린 시절 심한 자폐증을 두 차례나 겪었고 청년기에는 68혁명의 질풍노도를 체험했으며 실존주의와 구조주의라는 커다란 사상적 흐름의 복판에 서서 그것을 전 존재로 경험했다. 레비나스와 폴 리쾨르와 함께 철학을 공부했고 사회과학고등연구원 등에서 교수로 재직했던 이력들이 여러 편린으로 작품에 박힌 것을 하나씩 캐내며 읽는 맛은 분명 특별한 경험이다. 그의 삶과 글을 더듬어 가다 보면 과연 그에게 평범한 것이 있을까 싶다. 하지만 그게 어찌 키냐르의 삶만 그러할까. 우리네 삶 그 어느 하나 평범한 것은 없다. 이 소설은 바로 그런 점들을 한 꺼풀씩 벗겨내며 만나게 해준다. 그것은 바로 시간과 말의 농축이며 동시에 언어의 부재에 대한 깊은 성찰과 '익숙한 생소함'의 만남이다.

키냐르의『은밀한 생』은 전통적인 소설의 형식과는 사뭇 달라서 어느 한 구절도 쉽게 읽히지 않는다. 처음부터 속독이 아니라 숙독을 요구하는데, 조금은 고통스럽기도 하다. 그건 그 내용이 고통스럽다는 게 아니라 그의 글을 따라가면서 만나게 되는 우리의 모습들이 겹치며 읽히는 '묵직한 단편성斷片性' 때문이다. 그러나 그 고통은 아픔이 아니라 익숙한 읽기에서 벗어났기 때문에 감내해야 하는 낯섦과, 시간과 공간을 넘나들며 끊임없이 스스로에게 물어야 하는 문제의식이 주는 '가시 돋은 장미' 같아서 선뜻 받아들이기 어렵지만 그 아름다움에 매료되는 황홀함의 경험을 선물한다. '혼란한 황홀함'이랄까? 그래서 그는 '작가들의 작가'라는 칭송을 받을 것이다.

키냐르 소설의 특징 가운데 하나는 줄거리가 그리 중요하지 않다는 점이다. 줄거리가 없어서 그렇다는 게 아니다. 그는 시, 산문, 소설을 넘나드는 장르의 파괴자답게 하나의 소설 속에서도 하나의 길을 다듬어가는 게 아니라 다양한 '넘나듦'의 웅숭깊음을 보여준다. 그래서 때로는 낯설면서도 감탄하게 만든다. 그것은 분명 키냐르의 독특한 매력이다. 사유와 몽상의 통로에 진입하지 않고는 그의 글을 읽는다는 건 결코 쉬운 일이 아니다.

소설인 듯하면서 에세이 같기도 하고 철학서에 가까운 내용을 담고 있는 책은 쉽게 읽히지 않지만 독특한 체험이고 즐거움이다.

> 나의 삶은 침묵으로 흘러든다. 연기가 하늘로 빨려들 듯 모든 나이는 과거로 흡수된다.

책의 첫 문장부터 예사롭지 않다. 침묵은 이미 처음부터 가볍고 빠른 독서의 눈을 허락하지 않는다. 침묵은 '은밀함'을 함축한다. 말은 발화發話와 동시에 타자와의 관계성을 끌어들인다. 그러나 침묵의 은밀함은 오로지 나의 영역에서 충실하게 봉사한다. 가장 농밀한 관계인 사랑에서조차 그 침묵은 언제나 나에게 충실하다. 그러나 그 충실함이 오로지 나만의 자애自愛나 상대의 도구화를 요구하지는 않는다. 그건 이미 사랑이 아니다. 처음부터 작가는 결코 독서의 진도를 쉽게 풀어주지 않으려는 듯하다. 하지만 그 긴장과 적당한 반발의 저항이 겨루는 대결이 의외로 통쾌하다.

누군가와 대화하다 말문이 막히거나 이야기가 지루하면 침묵의 틈새가 생긴다. 그리고 우리는 그 침묵을 어색해하고 불편하게 여긴다. 그럴 때 때로는 그 짧은 순간 상대의 존재는 바로 내 앞에 있지만 나는 그의 존재를 무시하고 엉뚱한 곳으로 생각을 순간 이동시킨다. 그 이탈이 즐거운 경지에 이르게 되면 오히려 대화가 다시 이어질까 조바심 낸다. 그 침묵은 상대를 무시하는 것이 아니라 오직 나에 대한 집중과 나와의 대화, 평소에 멀리하던 자신과의 대면과 대화의 시간이다. 공존의 상태에서 침묵은 어색하다. 그래서 그 어색함을 깨뜨리기 위해 때로는 무의미한 말을 계속 주고받는다. 왜 우리는 침묵을 두려워하는가? 그것은 어쩌면 나를 상대로부터 인정받으려는 원초적 욕망일지 모른다. 심지어 뜨겁게 사랑하는 연인들에게도 그런 침묵은 숱하게 일어나는 일이다. 다만 눈치껏 서로 모른 척해줄 뿐이다. 어차피 각자 그 침묵의 자기 영역을 갖고 있음을 알기 때문이다. 몸의 사랑은 비언어적 non-verbal 교감이기에 침묵과 언어의 중간항쯤 될 것이다.

심연의 교환, 침묵

이 세상에서 가장 불온한 상징은 침묵의 공유다. 사회적 삶에서 침묵은 불온하다. 그런데 그 침묵을 공유하는 것은 더더욱 불온하다. 서로 사랑하는 사람들은 모든 타인의 시선을 무시한 채 오로지 서로에게 탐닉한다. 사랑은 '침묵을 듣는 일'이며 침묵을 불온하게 여기는 사회적인 것들로부터 멀리 떨어져 있다. 그리고 그 사회적 유리遊離만큼 다른 한 타인에게 가장 강렬하게 접근하고 소통하는 방식으로 변환한다. 침묵은 나에 대한 전적인 할애라는 점에서 그 침묵을 공유할 수 있는 존재는 사랑하는 사람일 수밖에 없다.

사랑은 끝없이 상대에 몰입하고 상대의 말에 기뻐하며 감미로워하는 것이라는 통념에 비춘다면 연인의 침묵은 낯설고 어색하다. 그럴 거면 왜 연인의 관계를 유지하느냐고 핀잔하는 이들도 있을 것이다. 그러나 '침묵을 듣는 일'은 사랑하는 사람에게서나 가능한 일이다. 그것은 타인의 삶을 규정하거나 설명하는 게 아니다. '동물적 순수성'은 바로 언어를 사상捨象시켰을 때 일어난다. 엄마와 젖먹이 아이의 교감이 그렇고 사랑하는 사람들의 육체적 교감이 그렇다.

카냐르는 심각하지 않은 일상적인 문제를 핀셋으로 꺼내 현미경에 올려놓고 분석한다. 그래서 그에게, 사랑하는 것은 이미 '피할 수 없는 뻔뻔스러움'이고 언어에 선행하는 것의 벌거벗음이 바로 사랑이다. 그 벌거벗음은 언어가 영향력을 행사할 수 없고 사회가 망각하고자 하는 것이다. 우리가 사랑에 대해 이렇게 냉소적이되 진실에서 벗어나지 않은 독특한 정의를 만나는 것이 쉬운 일인가? 그래서 사랑은 위선적이고, 수다스럽고, 선명하지 못한 인간의 사회에서는 표현할 길이 없는 동물적 순수성이라고 정의할 수 있다. 이런 시니컬함이 카냐르의 매력이다.

현미경에 올려놓고 높은 배율로 관찰한 모습이 너무나 생경하고 겉모습과 쉽게 연결되지 않아서 당혹감을 느끼게 되는 경험을 누구나 가졌을 것이다. 이런 경우 일단 현미경으로 이끌고 가는 사람이 주도권을 쥐게 된다. 이 책을 읽으면서 키냐르에게 이끌리는 건 어쩌면 그런 주도권 다툼에서 거의 일방적 관계가 형성되기 때문일 것이다. 그것은 단순히 작가와 독자의 관계라서 그런 게 아니다. 그 관계의 꼬임이 키냐르 소설의 즐거움이다. 그러나 그 꼬임은 분열이라기보다 침묵에서 교감되는 훨씬 더 농밀한 교감이기도 하다. 그래서 네미가 피아노를 치지 않으면서도 피아노를 치고 있다고 '믿는' 놀라운 경험을 두 번이나 목격했다고 고백한다. 네미가 눈을 내리깔고 건반을 향해 몸을 기울여 두 손을 허벅지 위에 대칭으로 얹어 둥글게 구부리거나 혹은 완전히 건반과 높이가 다른 무릎 위에 놓고 미동도 없이 앉아 있는데 어떻게 그게 가능한 일인가. 그녀의 자세는 연주하기 전에 악보 전체를 마음속으로, 육체 깊은 곳에서, 다시 읽을 때와 정확히 똑같은 자세다. 그런데 근육들이 팽팽하게 긴장될 때만을 제외하고 그녀의 몸이 좌우로 흔들렸다. 그러면서 육체는 더욱 현존감을 지녔고 훨씬 더 힘으로 넘쳤다고 느꼈다. 그 순간 그녀가 그 힘을 쏟아냈다. 현실적으로는 불가능한 일이다. 그러나 머릿속에서는 가능한 일이다. 우리는 키냐르의 이 묘사를 통해 때로는 한 동작 속에, 목소리의 음향 속에 깊이 박힌 채 말로 표현할 수 없는 무의식적인 여러 종류의 잔해들이 남아 있음을 느낄 수 있다. 키냐르의 글은 그런 매력을 갖고 있다.

말로 교환되는 것은 의식의 한 가닥일 뿐이다. 그래서 약간의 침묵만으로도 충분히 말들이 뒤로 물러서고 영혼이 조금이나마 사회의 더러움을 씻을 수 있으며, 육체가 얼마쯤 벌거벗을 수 있을 거라고 말한다. 이렇게 소설의 화자가 운명적으로 사랑을 나누는 한 여자에게 언어 이전의 시간에 대한 사유와 욕망으로 서술한다. 그는 묻는다. 한 여자를 진짜로 포옹하게 되면 어떻게 될까?

> 진짜 포옹에서는 육체가 기이하게도 말하기를 거부하는 어떤 이상한 언어를 말한다는 사실을 우리는 알게 된다. 말을 하면 그 언어를 이해하지 못한다. 그러나 만일 그 언어에 귀를 기울인다면, 다른 언어도 배울 수 있다.

어쩌면 키냐르의 이러한 문법은 비트겐슈타인의 후기(『철학적 탐구』) 철학이 문학적 혹은 언어학적으로 재조직된 듯한 느낌이 든다. 이 지점에서 나는 묻는다. '말을 하면 그 언어를 이해하지 못하는' 경험을 한 적이 있는가? 있다면 어떤 경우였는가? 나는 그것을 기꺼이 누렸는가? 아니면 어색해서 금세 눈을 돌렸는가? 꼬리에 꼬리를 물며 이어진다. 분명 '소설'인데 소설을 읽는다는 느낌이 아니라 일종의 긴 아포리즘을 읽는 느낌이다. 줄거리가 뼈대인 소설의 익숙함이 아니다. 자꾸만 묻게 된다. 그 물음은 '나의' 것이다. 나는 주체가 되어 묻는다. 그래서 어쩌면 이 소설은 나와의 침묵의 대화이며 은밀한 교환이어서 결코 빠른 속도로 읽을 수 없다. 책을 읽는 미덕 중의 하나가 독자로 하여금 시간과 공간을 넘나들 수 있게 해주는 것이라는 키냐르의 말이 딱 들어맞는 책이다. 글은 키냐르의 몫이지만 생각은 우리의 몫이다. 한쪽이 기울거나 모자라면 이건 키냐르를 제대로 만나는 게 아니다.

현상에 머물지 말라

이 소설은 분명 전통적 소설의 형식을 따르지 않는다는 점에서 불온하다. 작가의 분신 혹은 현신이라 느끼기에 충분한 특징의 한 남자가 화자로 지나간 사랑을 기억한다. 세상에 존재했으나 이제는 사라진 여인과 함께했던 사랑이 모티프지만 그 사랑이 시간의 틀 속에서 '유순하게' 배열되기를 거부한다. 조각난 장면들이 불쑥불쑥 튀어나오면서 익숙한 독법의 방식을 거부한다. 하지만 그것은 당혹감이 아니라 비록 지금은 사라졌지만 과거의 모든 순간들이 모두 현재화되는 순간 사유와 명상이 개입하는 출입문이다. 그 각각의 편린들은 하나의 독립된 시처럼 응축과 혼란을 동시에 선물한다.

시간의 흐름에 따라 전개되지 않는 까닭에 모든 장면은 새롭게 시작되는 신선함과 낯섦으로 다가온다. 흔히 이런 전개는 어지럽고 사건의 일관성이 없어서 짜증날 수밖에 없다. 그러나 사유, 삶, 지식, 상상 등이 뒤섞였지만 마치 그것이 하나의 몸인 것처럼 느껴지는 놀라운 통일성을 지니고 있어서 그 올들을 하나하나 모으면서 거대한 직조물을 짜내는 환상적 경이로움의 새로운 경험에 놀라게 된다. 키냐르는 우리에게 시간의 순서 속에 나열된 상태로 일상적으로 소비되는 현상의 조합을 거부하라고 충동한다. 그러기 위해서는 눈에 보이는 것을 믿어서는 안 된다. 그것은 우리가 소망하는 것과 너무나 닮아 있기 때문이다. 그래서 어디서나 눈을 감아야 한다. 승강기 안이건, 우체통 앞이건, 길에서건, 영화관에서건. 왜냐하면 그렇게 하지 않으면 어디서나 '추억'을 보게 될 것이기 때문이다. 그의 말을 따른다면 지금 내가 현실로 보고 있는, '내 눈으로 보고 있는' 저것들은 어쩌면 모두 추억을 보고 있는 것인지도 모른다. 지금 보고 있는 모든 것들은 내 추억들이 한 풀씩 덧입혀진 그림일 수 있다. 익숙함이 쌓인 축적물. 그리고 그 쌓이는 과정에서 순치되는 나의 의식들. 그 생각에 미치면 나는 움찔해진다. 누군가 다 보고 있는데 그걸 나만 모르고 있다가 들킨 무안함처럼. 이런 '찔림'이 책 도처에 깔렸다. 마치 지뢰처럼. 그렇다고 조심스럽게 그 지뢰를 피할 생각은 없다. 어차피 그 지뢰는 터져야 제맛이다.

키냐르는 대충 넘어가는 법이 없다. 확인 사살하듯 덧붙인다. 눈을 감거나 자면서 보는 것은 더더욱 믿어서는 안 된다고. 그것은 욕망과 너무 닮아 있으며, 결국 우리는 아무것도 보지 않는 셈이라고. 우리는 아무것도 본 적이 없는 것이다. 그러니 눈앞의 현상에서만 시선을 거둔다고 되는 게 아니다. 키냐르는 가혹할 만큼 지독하다. 그 가혹한 지독함을 기꺼이 즐길 마조히스트가 되기를 요구한다. 눈을 감고도 서로 통하는 비언어적 영역이 바로 침묵이다.

> 언어가 나타나면, 엿보는 자가 나타나고, 사회가 나타나고, 가족이 재등장하고, 갈라놓는, 후後-성적인 분리가 재등장하고 질서·도덕·권력·위계, 내면화된 법이 몰려든다.

'은밀한 생'은 집단적 약속의 산물인 언어로 가려지고(언어를 통해 엿보는 일이 가능해지고 서로의 벗은 몸이 드러남에 놀라 황급히 가리게 된다는 점에서) 부끄러워지는 것을 거부한다는 점에서 '사회는 사랑을 거부한다.'라는 전제를 침묵의 영토에서 무력하게 만든다. 침묵은 다른 무엇에 의해 채워지는 것이 아니라 침묵 자체에 의해 충만되면서 영원한 비밀이 된다. 그 침묵은 단순한 언어의 부재가 아니라 부재를 넘어선 새로운 대면이다. 그 대면이 나를, 너를 온전히 새롭게 만나게 한다. 그것은 언어의 옷을 벗겨낸 벌거벗음이지만 그래서 은밀하다. 키냐르는 사랑하는 연인의 경우를 들어 두 연인이 서로 헤어지면 둘 다 영원히 욕망한다고 말한다. 욕망은 갈라선 후에도 그들 안에 여전히 남아 있다. 그 틈새는 영원히 채워지지 않는다. 그것을 채워놓는 게 욕망이다. 그런데 우리는 항상 우리 자신에게 거짓말을 한다. 욕망이 우리를 버렸다고. 하지만 그렇게 비난할 때 욕망, 그것도 살아있는 욕망을 배척하는 건 다름 아닌 바로 우리들 자신이라고 아프게 지적한다.

그러므로 더 이상 언어가 원천적으로 불필요한 상태에 이르렀을 때 영원이 비로소 가능해진다. 이 모순적 태도는 마치 우리를 시시포스의 운명으로 내모는 것인지도 모른다. 익숙한 사고에서 벗어나는 곤혹스러운 즐거움. 키냐르가 끝없이 던지는 선물이다. 그 선물은 글 앞에 서서 끝없이 침묵으로 묻는 이에게만 배달된다. 나는 무엇을 묻고 있는가? 나의 침묵은 빈 것인가, 찬 것인가?

파스칼 키냐르(Pascal Quignard, 1948~)
어린 시절 두 차례 자폐증을 앓았고, 68혁명의 열기와 실존주의·구조주의의 물결 속에서 에마뉘엘 레비나스, 폴 리쾨르와 함께 철학을 공부했다. 뱅센 대학과 사회과학고등연구원 교수를 역임했으며, 1969년 『말 더듬는 존재』로 데뷔한 이래, 1980년 프랑스 비평가상, 2000년 아카데미 프랑세즈 소설대상(『은밀한 생』), 2002년 공쿠르 상(『떠도는 그림자들』) 등을 수상했다. 대표작으로 『세상의 모든 아침』, 『뷔르템베르크의 살롱』, 『음악 혐오』 등이 있다.

소설도, 자서전도, 에세이도, 명상록도 아닌 은밀한 생』(송의경 옮김. 문학과지성사, 2001년)은 은밀한 사랑에 대해 토로한 여러 개의 짧은 장으로 되어 있다. 키냐르는 사람들 사이의 완전한 소통이란 불가능하다고 고백한다. 그러나 그 불가능을 가능하게 하는 단 한 가지 열쇠가 있는데, 그것이 바로 '은밀한 사랑'이다. 키냐르는 어찌하여 철저하게 은밀한 사랑만이 구원인지 노래하면서 언어와 이해의 문제, 삶과 시간의 문제를 함께 건드린다.

전통과 근대의 대항

월레 소잉카의
『자유로운 영혼의 저항과 노래: 월레 소잉카 대표 희곡선』

어렸을 때 내가 만난 아프리카는 TV의 '타잔' 시리즈와 데이비드 리빙스턴의 아프리카 탐험에 관한 동화책들이 거의 전부였다. 그렇게 형성된 아프리카에 대한 인상은 청년이 되어서도 크게 변하지 않았다. 나중에 에드워드 사이드의 『오리엔탈리즘』을 통해 제국주의적 사유의 산물들이 얼마나 큰 해악을 끼쳤는지를 깨달은 뒤에도 솔직히 크게 달라지지 않았다. 아프리카에 대한 생각이 변화하게 된 계기는 문학이었다. 케냐의 응구기 와 티옹오(혹은 시옹오)Ngugi Wa Thiongo의 작품이나 세네갈의 셍고르 그리고 나이지리아의 오카라 등의 문학을 통해 아프리카 문화의 매력에 흠뻑 빠졌다. 그중에서 압권은 월레 소잉카였다. 적어도 내겐.

아프리카의 문학을 읽는다는 것은 뜻밖에 가볍지도 쉽지도 않다. 무엇보다 친숙하지 않은 문화적 이해 때문일 것이다. 아프리카는 여전히

'미지의' 대륙이고 쉽게 갈 수 없는 곳이며 고작해야 TV를 통해서 보는 신기한 여행지나 다큐멘터리의 소재지로 각인되어 있다. 그러나 아프리카야말로 인류의 발생지였다는 점에서 가장 길고 다양한 역사와 문화를 가졌음을 짐작하기는 어렵지 않다. 다만 서구적 시각에서 보자면 그리고 그런 시각에 잔뜩 길들여진 시선으로 읽자면 아프리카의 문화는 여전히 미개하고 척박하게만 여겨진다.

연대의 실마리로서의 문학

아프리카의 지도가 그대로 웅변하듯이, 다양한 부족과 문화는 철저히 무시된 채 여전히 제국주의적 분할과 갈등의 유산을 고스란히 안고 있음을 우리는 안다. 끝없는 내전과 '필터링된 상태로 전달되는 야만성'의 강조는 아프리카에 대한 편견을 고착시킨다.

그 철책을 깨뜨리는 게 바로 문학이다. 문학은 한 사회의 시대적 과제와 고민과 더불어 미래와 희망까지 담아내는 정신문화다. 처음에는 낯설지만 이내 아프리카 문학에 심취하게 되는 요소 가운데 하나는 분명 아프리카 문학에 깔린 식민지배와 그로 인한 폐해 그리고 그것에 대한 저항이라는 점에서 식민지 경험을 지닌 우리도 동질성을 느낄 수 있다는 점일 것이다. 그것은 동질적인 역사적 경험을 바탕으로 감정적 유대감까지 끌어내는 매력을 지녔다.

나는 아프리카 작가들의 작품을 읽을 때마다 그가 어떤 언어를 사용하는지 궁금하다. 영어와 프랑스어가 많은데 그것은 그들의 고유한 언어가 아니라 제국주의에 의한 강제적 서구식 교육의 산물이다. 일제 강점기에 한글을 빼앗긴 작가들이 붓을 꺾거나 어쩔 수 없이 일본어로 작품을 써야 했던 것을 짐작해보면, 그들이 작업하는 언어의 역사에 이미 근대의 왜곡되고 굴절된 역사가 깔려 있음을 충분히 상상할 수 있다. 그 작가들의 원래 언어는 과연 무엇이었을까? 그 언어는 지금도 그 부족들에게 살아있을까? 그 언어를 잃고 서구의 언어로 글을 써야 하는 아프리카 작가의 서글픔이 먼저 읽힌다. 문화를, 언어를 빼앗는다는 건 그 사람들의 인간다움을 박탈하는 것이고 결국 인간을 모독하는 것이다. 다행히 아프리카의 작가들이 그런 환경 속에서도 그들만이 빚어낼 수 있는 '인류 보편적' 가치와 의미를 캐내는 것은 위대한 일이다.

1986년 노벨문학상은 특별했다. 처음으로 아프리카 문학에 상을 준 것이다. 그리고 그 주인공은 바로 월레 소잉카였다. 1934년 나이지리아에서 태어난 소잉카 문학의 영역은 한정적이지 않다. 희곡, 장편소설, 수상집, 시집 등 다양한 분야에서 여러 작품을 생산했다. 『사자와 보석』 『숲의 춤』 『해설자』 등이 대표작이다. 1964년 작품인 『해설자』로 노벨문학상을 받았다. 소잉카가 천착하는 가장 중요한 주제는 인간의 존엄성이다. 그리고 그것을 만들어내고 보호막을 치는 문화다. 그는 사실상 체념하고 두려움 속에서 살아 '치우는' 사회가 세상에 너무 많다고 한탄한다. 그의 작품에 다양한 형태의 두려움에 사로잡힌 존재로 묘사되는 인물들이 바로 존엄성을 상실한 존재다.

나는 소잉카 문학의 결정체는 바로 그의 희곡들이라고 생각한다. 그것은 여러 이유가 있겠지만 무엇보다 희곡 즉 연극이 갖는 압축적 상징성과 극으로 올려짐으로써 대중들이 쉽게 공감하고 연대할 수 있는 출구라는 점 때문이다. 그 점이 셰익스피어 등의 희곡과 소잉카의 그것이 다른 점이다.

엄밀하게 말하자면 그의 희곡은 '반역극'으로 불리는 게 맞다. 그것은 일종의 서구식 근대주의에 대한 비판이기도 하다. 무엇보다 그는 연극의 전통적 요소로 여겨지던 직선적 시간과 공간의 개념을 파괴하고 서구식 연극의 내러티브를 해체한다. 그의 연극은 결정화되고 화석화된 기록을 충실하게 재연하는 극이 아니라 즉물적으로 변주될 수 있는 원형으로서의 희곡으로 다가온다. 그래서 낯설고 때론 어렵다. 하지만 어쩌면 오랫동안 '순치된' 형식의 연극이라는 틀을 벗어나 불쑥불쑥 튀어나오는 불연속성과 범신론적 세계관이 주는 '의도된 혼란'을 통해 의식의 두꺼운 덮개를 벗겨내는 도전일 수 있다. 그게 소잉카 희곡이 주는 매력이다.

『사자와 보석』은 근대화 과정에서 벌어지는 아프리카 전통문화와 유입된 서구문화의 갈등을 풍자한다. 하루를 셋으로 나눈 아침, 오후, 저녁의 3막 구성인 이 희곡은 대사와 지문으로 축약되는 전통적 서구 희곡과 다르다. 거기에는 춤, 음악, 마임이 여러 군데 삽입된 독특한 방식이다. 나는 소잉카의 희곡이 실제로 극장에서 상연되는 것을 본 적이 없다. 그래서 그 '낯설고 기이한' 양식이 어떻게 내게 반응할지 경험하지 못했지만 어느 정도 상상할 수는 있을 것 같다. 물론 현대 희곡에서 이런 점들은 더 이상 새로운 게 아니지만 이 작품이 1959년에 발표된 것을 고려해보면 매우 충격적이었을 것이다.

고작 그까짓 근대화?

작품은 일루진레라는 한 시골의 교사인 라쿤레에 대한 이야기다. 그는 스스로를 근대주의자로 자처한다. 고작 스물세 살의 이 아프리카 청년은 어딘가 '엉성한' 영국풍 양복을 입고 다닌다. 이미 독자와 관객은 그런 그에게 감정적 거리감을 느낀다. 양복이라는 겉모습이 그려내는 근대성이라는 것이 얼마나 어설프고 자기 배반적인가. 그는 자신이 사모하는 마을 처녀 시디가 자신과 결혼하려면 반드시 결혼지참금을 지불해야 한다는 주장에 대해 반박한다.

"이런 야만적인 관습 같으니라고! 원시적이고 구태의연해서 폐기 처분해버려도 모자랄, 게다가 악마적이고 사멸된 고리타분한 저질의 이루 말할 수 없을 만큼 쪽팔린 반동적이고 퇴폐적인 관습 같으니라고!"

기세등등한 그러나 촌스럽고 어설프기까지 한 라쿤레의 모습을 상상해본다. 옆에서 그 모습을 지켜봤다면 저절로 웃음이 터졌을 것 같다. 그러나 적어도 라쿤레의 모습은 당당하다. 여기까지만 보면 그는 원시적이고 고리타분한 악습을 타파하는 근대적 가치의 수호자처럼 보일 수도 있다. 그러나 라쿤레의 비난은 사실은 결혼지참금을 지불하지 않으려는 비겁하고 치사한 경제적 계산 때문이다. 결국 근대성 운운하는 것들 뒤에 숨어 각자의 잇속을 챙기려는 방식의 변주곡들이 끊임없이 교직되는 허상을 보여준다. 이제 그런 인물들의 군상들을 머릿속에 떠올려 본다. 너무 많아서 골라내기조차 힘들 정도지만. 그의 말은 매끄럽다 못해 아름답기까지 하다. 지참금이란 시장에서 가축을 살 때나 내는 돈인데 시디는 결코 그런 소유물이 아니며 자신과 결혼하면 맨바닥이 아니라 식탁에 앉아 우아하게 식사하게 될 것이라며 꼬드긴다.

"지저분한 맨손가락이 아니라 깨지기 쉬운 접시 위에 놓은 포크와 나이프로 말이야. 교양 있는 문화인들처럼 말이야."

능히 상상할 수 있는 그림이다. 우리 또한 그런 '환상의 그림'을 꿈꾸지 않았던가. 비록 그 시간의 차이와 정도의 간극이 존재할지 모르지만 우리도 서양의 것이 '문화인들'의 정수라고 여기며 살았다. 나는 지금도 국민학교(옛 초등학교) 실과라는 과목에서 서양 식탁 예절을 왜 가르쳤는지 궁금하다. 듣도 보도 못한 테이블 세팅과 다양한 포크들과 나이프, 여러 잔들의 위치를 외워야 했고 그 순서와 용도를 알아야 했다. 먹어보지도 못한 그것을 그저 순서에 따라 그리고 음식의 종류에 따라 어떻게 다뤄야 하는지를 머릿속으로만 외웠다. 심지어 수프도 안에서 밖으로 밀어내며 먹어야 올바른 에티켓이라는 따위의 것들을 배웠다. 그걸 인지하고 있어야 문화적인 사람이 되고 문명적 삶을 누릴 수 있다나 뭐라나. 그러나 그것 때문에 양식을 먹을 때마다 매번 스트레스를 받거나 눈치를 봐야 하게 만들었을 뿐이다. 내게 다가온 '공식적인' 서구문화의 접속은 그렇게 실패작이었다.

소잉카는 '깨지지 쉬운' 접시가 상징하는 서구 근대성의 허구성을 날카롭게 풍자한다. '하이힐에 붉은 립스틱을 칠한 숙녀'가 되는 것이 세련되고 낭만적인 여인의 아름다움이다. 라쿤레가 언급하는 다양한 방식의 근대성의 혁명적 상징성은 자신이 서구화와 근대성을 먼저 선도한다는 자긍심으로 노골화된다. 그러나 '귀신이 타고 다니는 말(오토바이)'을 타고 가던 한 외지인이 '외눈박이 상자(카메라)'로 시디를 촬영해서 잡지 표지 모델로 세우게 되면서 그 우위성이 전도된다. 시골처녀 시디가 라쿤레보다 상대적으로 더 근대화된 것이다. 그것도 가장 근대화된 '외지 도시인'에 의해. 그것은 아프리카에 유입된 서구화 혹은 근대화가 얼마나 취약한 토대 위에 세워졌는지 역설적으로 상징한다.

본질과 뿌리를 간직해야

시디에게 이미 라쿤레는 선망해야 할 대상이 아니다. 표지 모델이 된 시디의 몸값이 치솟은 것 또한 근대성의 위력이기도 하다. 시디가 보는 주변 세계도 달라진다. 그는 라쿤레의 청혼을 일언지하에 거절한다. 거절은 강자의 몫이다. 등장인물들의 위계는 그렇게 근대성의 서열로 재배치된다. 그 서열의 파괴는 마을 족장이자 권력자인 바로카에 대해서도 마찬가지다. 시디는 자신이 바로카보다 더 중요한 인물이 되었음을 공공연하게 자랑한다. '나무 위의 팬더 곰보다 더 유명해진' 그녀에게 족장인 바로카도 한 수 아래다. 사람들은 바로카를 '사자'라고 부른다. 그는 용맹성과 권위의 상징이다. 예순이 넘은 나이에도 레슬링을 즐기며 여러 명의 아내를 거느리고 궁전에서 생활한다. 그는 아프리카의 전통 즉 과거의 방식을 고수하는 인물이다. 바로카와 시디의 충돌은 가장 완벽한 전통과 근대성의 갈등이다. 바로카는 자신의 첫째 부인 사디쿠의 입을 통해 청혼의 말을 전한다. "바로카의 '보석'이 되어줄 수 없겠니?" 그러나 시디는 차갑게 거절한다.

"공연히 입 아프게 헛수고하지 마시고 돌아가세요. 그럴 걸 왜 바로카는 그 이방인이 사진첩을 들고 나타나기 전에 내게 청혼하지 않았대요?"

바로카는 왜 시디에게 청혼했을까? 남들이 찬미하는 시디의 아름다움을 굴복시킴으로써 스스로의 남성성을 회복하는 동시에 시디라는 '보석'을 손에 넣겠다는 의도였다. 그리고 시디도 그것을 정확하게 간파했다. 시디는 자신의 '몸값'을 알았다. 그것은 근대적 사회에서 변형된 성의 상품화를 상징한다. 의식이 변화한 게 아니라 몸에 대한 값의 인식 변화에 그친 시디는 과연 완전하게 독립적인 존재로 성장할 것인가? 뜻밖에도 그녀는 보수적 전통을 대변하는 인물인 바로카의 여자가 된다. 발전을 싫어하지는 않지만 모든 마을 사람들의 지붕과 모든 마을 사람들의 얼굴을 똑같이 만들어놓는 그런 발전을 싫어할 뿐이라는 바로카. 바로카가 시디와 동침할 수 있었던 것은 일종의 함정이자 기지 때문이었다.

2막 즉 오후의 장에서 청혼을 거절당한 바로카는 침울했다. 바로카는 사디쿠에게 자신이 더 이상 남자 구실을 할 수 없음을 고백하면서 시디에게 청혼한 것은 젊은 그녀가 자신의 정력과 자존심을 되찾아줄 수 있을 것이라 여겼기 때문이라고 말했다. 3막 저녁에서 시디가 바로카의 저녁 초대에 응한 것은 바로 그가 남자 구실을 못하는 것을 조롱하기 위해서였다. 하지만 바로카는 자존심의 상처에 화를 내기는커녕 차분하게 서구 문명의 획일성과 아프리카 전통과 정체성의 가치를 설명한다. 시디는 그런 바로카의 말에 매료되어 그에게 몸을 허락한 것이다.

그와 하룻밤을 지낸 시디는 바로카를 '영원한 젊음의 소유자'며 '나무 위의 팬더 곰'이라고 칭송하며 결혼을 결심한다. 그녀는 현대 아프리카 사회에서 전통이 어떤 의미인지 바로카를 통해 인식하게 됨으로써 자신에게 중요한 가치가 무엇인지 깨닫는 진화를 보여준다. 그것은 근대와 전통의 선택의 갈림길에서 '모든 것을 똑같이 만들어버리는' 것보다 '헌 술을 새 부대에 담아야 제맛'이라는 웅변의 선택이다. 젊은 교사 라쿤레와 늙은 족장 바로카가 '보석'인 시디를 얻기 위해 벌이는 경쟁은 아프리카 곳곳에서 벌어지는 갈등, 즉 서구문화와 아프리카 전통의 갈등을 형상화한 것이다. 소잉카는 그렇게 '전통에 기반한 자율적 근대'의 실현 가능성을 물으면서 동시에 아프리카 전통문화의 가치가 무엇인지 묻고 있다. 동시에 바로카와 시디의 결합을 통해 아프리카의 자발적 근대화가 힘들기는 하겠지만 불가능한 과제는 아님을 그려내고 싶었을 것이다.

소잉카를 비롯한 아프리카 문학을 읽을 때마다 나는 자괴감에 빠지곤 한다. 여전히 낯설고 미숙한 이해는 어쩌면 오랫동안 각인된 아프리카, 즉 타잔과 리빙스턴 등을 통해 형성된 아프리카에 대한 이해와 접근이 칡의 뿌리처럼 땅속 깊이 웅크리고 있으며 심지어 인도가 무대인 키플링의 『정글북』과도 어지럽게 혼재하기 때문이다. 과연 나의 세계성과 고유 문화의 정체성이라는 게 얼마나 허술한지, 얼마나 균형감각 없이 살아왔는지에 대한 회한이 든다. 하지만 자꾸 읽을수록 그 오염이 탈색되고 그 날것 그대로의 싱싱함으로 충전되는 에너지를 느낀다. 그래서 삶과 생각의 상투성에 빠질 때 그들의 책을 골라내는 것인지도 모른다.

나는 최대한 그의 작품에 몰입하려고 한다. 그 시간과 공간 그리고 사건에 나를 이입한다. 그러나 안타깝게도 내가 알고 있는 지식은 너무나 얕고 단편적이며 그나마 상당 부분 왜곡되어 있다. 그래도 가능한 한 인간 보편성이라는 좌판을 깔고 앉는다. 그러나 구경꾼의 시선이 되지 않기 위해 나는 최대한 내 몸을 앞으로 당겨본다. 어쩌면 양쪽에서 바라볼 수 있는 시야를 얻게 될지도 모른다는 실낱같은 바람으로. 어떤 의미에서 소잉카 자신도 그랬을지 모른다.

소잉카가 특별한 것은 요루바족 출신으로 나이지리아와 영국에서 동시에 공부한 '양다리 지식인'이 귀국해서 '가면'이란 극장을 설립했다는 점이다. 물론 그는 대학교수, 극작가, 시인, 소설가, 심지어 비평가로 활동하는 등 왕성하고 활발하게 활동했지만 적극적으로 반정부 비판을 주저하지 않고 신념을 피력했다는 점도 놓칠 수 없다. 그 때문에 그는 오랫동안 탄압을 당했고 투옥되기도 했으며 망명을 밥 먹듯 했고 심지어 궐석재판에서 사형선고를 받기도 했다. 그가 귀국할 수 있었던 건 1999년 정권교체 덕분이었다. 그는 행동하는 지식인이었고 불의와 타협하지 않는 작가로 존경받는다. 그의 삶의 궤적을 하나씩 음미해보는 것 또한 꽤 생산적인 상상이다. 그의 삶은 다음 문장으로 압축될 수 있을 것이다.

"나는 나 자신이어야 합니다. 궁극적으로 나 자신이어야 합니다."

월레 소잉카(Wole Soyinka, 1934~)
아프리카 흑인 최초로 노벨문학상(1986)을 수상한 나이지리아의 극작가, 시인, 소설가. 영국 리즈 대학에서 영문학을 전공 고국으로 돌아와 극단을 조직하고 연극 활동을 하면서 여러 대학교에서 문학을 강의했다. 그의 희곡들에는 자신이 속한 요루바족의 민속 및 종교에 뿌리를 둔 주제 및 극적 기법들에 서구적인 요소들이 재치있게 융합되어 있다. 대표작으로 희곡 『숲의 춤』『강한 종족』『죽음과 왕의 마부』, 소설 『해석자들』『혼돈의 계절』, 시집 『감옥으로부터의 시』 등이 있다.
『자유로운 영혼의 저항과 노래: 월레 소잉카 대표 희곡선』(아프리카 문화연구소 엮음, 이

영희·김지냥·양채진 옮김, 동인, 2000년)은 소잉카의 희곡 세 작품을 싣고 있다. 「길」(1965)은 소달구지가 지나던 좁다란 길이 차기 질주하는 길로 바뀌는 근대화 모습을 통해 나이지리아의 권위주의 정치와 사회 전반을 비판한다. 「사자와 보석」(1956년 초연, 1963년 출판)에서는 전통적 가치를 대표하는 족장에 비해 서구화된 거만한 학교 선생을 조롱한다. 「제로의 변신」(1972)은 「제로 형제의 시련」(1960)의 연작으로 어수룩한 신도들을 이용해 벼락부자가 된 교회의 영악한 설교자를 비웃는 작품이다.

누군가는 사랑했고 누군가는 살아갔다

보리스 파스테르나크의 「닥터 지바고」

모차르트의 교향곡 25번 G단조를 들을 때마다 '어떤 장면'이 자동적으로 떠오른다. 영화 「아마데우스」 때문이다. 그 영화의 사운드트랙이기도 했던 이 교향곡 1악장은 마치 모차르트의 운명을 암시하는 듯한 묘한 격정과 불안을 표현한다. 그 음악이 본디 그런 의미와 의도를 지녔거나 말았거나. 때로는 어떤 장면의 장소에 있으면 '어떤 음악'이 자동적으로 떠오를 때도 있다. 선자령 겨울 산행 때 눈 덮인 설원에 들어서면서 나는 자동적으로 영화 「닥터 지바고」를 연상했고 귀에는 이미 '라라의 테마'가 들리고 있었다. 영화는 이렇게 때로는 어떤 하나의 고정관념을 시각적으로 혹은 청각적으로 꽂아놓음으로써 거기에 회귀하게 만드는 묘한 기능을 한다.

눈 내리는 평원에 서면 절로 떠오르는 그 작품은 영화와 소설의 장면이 무의식적으로 일치한다. 그래서 주인공 지바고의 얼굴은 오마 샤리프로, 여주인공 라라의 얼굴은 줄리 크리스티로 환원된다. 아마도 영화로 먼저 봤기 때문일 것이다. 때로는 그렇게 영상으로 먼저 만난 소설이 시각적 투사라는 장점과 공간적 상상력의 제약이라는 단점을 동시에 갖는 법이기는 하지만 그럼에도 『닥터 지바고』는 그것 때문에 드러나는 단점보다 장점이 더 많은, 흔치 않은 작품이기도 하다. 그리고 내겐 그 마지막 장면이 늘 숙명적 비련悲戀의 절정인 듯 각인된 작품이어서 더 각별하게 느껴지는 작품이다.

어쩌면 때로는 엇갈리기에

사람마다 운명이라는 게 있어서 모든 이에게 동일하게 분배되는 것이라면 삶은 참 밋밋하고 무료할 것이다. 그러나 각자에게 떠안겨진 운명이 어느 누군가에게는 감당하기 어려울 만큼 가혹할 수 있고, 때로는 어떤 시대가 그 운명을 도드라지게 만들기도 한다. 『닥터 지바고』는 그런 점들이 두 개의 점으로 수렴되기에 아련하고 애틋하다.

　고작 여덟 살의 나이에 고아가 되어 그로메코 가에 입양되고 성장한 유리 지바고가 볼셰비키혁명 몇 해 전 겨울밤 크렘린궁 앞에서 기마병들에 의해 노동자들과 학생들이 무참히 살해되는 장면을 보았을 때 그에게 이미 세상은 정상일 수 없는 운명을 예언하고 있었는지 모른다. 빈곤한 민중들을 돕기 위해 의학을 공부하기로 한 지바고는 그로메코 가의 외동딸 토냐와 정혼하고 의학실습 중에 운명의 여인을 만나게 된다. 그 여인 라라는 어머니의 정부에게 겁탈당하자 크리스마스 무도회장에서 그에게 총격을 가했다.

이 두 사람은 모두 다른 이들과 다른 조건의 삶을 살아야 했다. 그것은 고통이었고 가혹한 운명이었다. 라라에 대한 관심을 가진 지바고에게는 토냐가 있었고 라라에게는 혁명가 파샤가 있었다. 서로에게 강한 인상과 끌림을 느꼈을 수는 있겠지만 딱 거기까지다. 이 소설은 제법 두툼한 분량이지만 나는 일단 이 대목에서 책을 잠시 내려놓는다. 전체의 이야기에서는 하나의 전조와 같은 역할을 하는 작은 매듭이지만 때로는 누구나 운명의 예감을 느끼게 된다. 두 사람은 왜 그런 예감을 느끼게 되었을까? 그들의 예사롭지 않은 삶의 이력의 산물일까?

사람에게는 누군가 특정한 사람에게 특별한 끌림을 직관적으로 느낄 때가 있다. 그건 이미 그 자체로 하나의 운명이다. 지바고에게 토냐가 그런 사람이었다. 그는 토냐를 숭배한다고 할 정도로 사랑했다. 그녀의 명예를 지키려는 마음은 어느 누구에게도 뒤처지지 않았다. 토냐의 친아버지나 심지어 그녀 자신보다 그녀의 명예를 지지했다. 그래서 만약 그녀의 상처 입은 자존심을 지킬 수만 있다면 그녀를 모욕한 사람을 제 손으로 갈기갈기 찢을 수도 있을 만큼 지바고는 토냐를 사랑했다. 그녀의 자존심과 명예는 그에게 가장 우선적이고 절대적인 흠숭이었다.

지바고가 그런 생각을 하게 된 건 토냐의 특별한 점 때문이었다. 지바고와 토냐의 결혼은 비록 그로메코 부인의 유언에 따른 것이었지만 지바고에게 토냐는 일찍이 상실한 모성의 원형과도 같았다. 따뜻한 애정과 안정감. 그것은 그 자체로 가정을 상징한다. 그러나 가정이라는 것이 누군가에게는 우주일 수 있지만 운명은 다른 우주를 선택하도록 하기도 한다. 그것은 라라에게도 크게 다르지 않았다. 그녀는 모범적인 학생이었고 매력적인 외모가 돋보였으며 주변 사람들까지 활기차게 만들었다. 그러나 그녀의 운명을 바꾼 것은 경제적 도움을 빌미로 추근대는 엄마의 정부였다. 수치심과 무력감에 혼돈스러운 그녀는 대담한 행동가의 면모를 지녔고 마침내 그를 향해 총을 당겼다. 그리고 그 빗나간 총알은 지바고와의 만남을 운명으로 이끌었다. 운명은 이미 의지나 이성과는 무관한 일이 아닌가. 빗나간 운명은 혁명을 겪으면서 소년과 소녀를 어른이 되게 만들었다. 정도와 상황의 차이일 뿐 모든 이들의 삶에는 그런 모멘텀이 존재한다. 다만 그것을 지각하느냐 아니냐의 차이 또는 행동으로 옮기느냐 관념으로 남느냐의 차이일 뿐.

가혹해서 더 아름다운 사랑

지바고와 라라가 살았던 시절의 러시아는 끝없는 격동의 연속이었다. 비단 러시아만 그런 건 아니었지만 1914년 제1차 세계대전이 발발하자 군의관으로 참전한 지바고에게 운명의 해후가 다가왔다. 종군간호사가 된 라라와 '우연히' 만난 것이다. 그 우연은 짧지만 강렬했다. 전쟁이라는 특별한 상황에서 어떤 만남은 앞날을 가늠할 수 없는 생명들에게 단순한 사랑이 아니라 찰나적이더라도 영원일 수 있는 사랑이다. 때로 사랑은 가혹해서 더 아름다운 법이기도 하다. 두 사람의 만남이 순간의 사랑이 아닌 것으로 바뀌게 되는 것 또한 격동의 파장 속에서였다. 1917년 볼셰비키

혁명이 일어나고 혁명정부가 수립되었다. 지식인은 숙청 대상자였다. 지바고는 우랄 산맥의 오지인 바리끼노로 도피했다. 갑갑하고 궁핍한 삶을 견뎌야했다. 그러나 평화로웠다. 평화가 짓뭉개졌을 때 비로소 잠깐의 평화는 달콤하다. 답답한 전원생활에 무료해진 지바고가 시내의 도서관을 찾았을 때 운명의 실타래는 그를 더 강렬한 실로 묶었다. 거기에서 라라를 발견한 것이다.

이 소설의 주인공은 분명 지바고이지만 라라의 시선으로 바라보면 다른 면들이 보인다. 앞서 언급했던 사건을 파스테르나크의 서술로 되돌아가 보면 어떻게 보일까? 파스테르나크에 의하면, 축일의 거리를 걷고 있는 라라는 무섭도록 혼란스러운 상태였다. 그녀는 주위의 아무것도 인지하지 못했다. 그러나 그녀의 입장에서 본다면 그 혼란은 오히려 더 단호한 결행의 집념일지 모른다. '숙고된 총알'은 누구를 겨냥하는가와는 상관이 없다. 그것은 이미 오래전 그녀의 마음속에서 '탕!' 하고 발사된 것이다. 그녀는 오직 그 발사만 의식할 뿐이다. 길을 걷는 내내 그녀의 머릿속에서는 총성이 들렸다. 코마롭스키를, 그녀 자신과 자신의 운명을, 그리고 두플랸카 풀밭의, 기둥에 과녁을 파 놓은 참나무를 겨냥한 발사였다. 그러나 그녀의 가슴속에 가장 오랫동안 머물렀던 총성과 발사는 무엇이었을까?

한 사람의 운명이 파렴치한 인간에 의해 전혀 뜻하지 않은 방향으로 급선회했을 때 그가 겪어야 할 운명에 대한 원망과 회한을 우리는 짐작하기 어렵지 않다. 그러나 라라는 자신의 선택에 충실했다. 앞으로 그녀가 겪어야 할 운명의 또 다른 강을 건너는 게 얼마나 가혹할지는 접어두고라도 그녀는 적어도 삶을 '계산'하지 않았다. 매 순간에 충실했고 단호했으며 정직했다. 나는 이 소설을 읽는 내내 라라의 시선으로 바라보고 싶었다. 아마도 그녀를 주인공으로 구성했다면 소설은 얼마나 달라졌을까? 물론 파스테르나크의 서술은 라라에 대한 몫을 깎거나 덮지 않는다. 이 소설이 그의 자전적 이야기라는 건 세상이 다 아는 일이다.

지바고가 그녀를 다시 도서관에서 만난 이후 그녀의 모습을 묘사한 것에서 이미 상징적으로 드러난다. 열람실에서 책을 읽고 있는 그녀의 모습과 물을 긷고 일하는 모습이 분리되지 않은 인상으로 각인되는 것은 사랑의 완전성을 추구하는 이상의 모습을 은연중에 드러내고 있다. 그것은 상상으로 그려내지는 게 아니다. 자전적 소설이라서가 아니다. 그 모습의 표현만으로도 이미 하나의 결정체가 그려진 것이다.

지바고가 파스테르나크의 분신이었다면 라라는 올가 이빈스카야의 그리고 헌신적 아내 토냐는 지나이다의 분신이었다. 창작보다 생계를 위한 번역에 매달리던 그가 쉰일곱에 서른다섯의 미망인 올가를 만나 문학적 동반자로 마음을 나눴고 그녀에게 영감을 얻어 결실을 이끌어낸 작품이 바로 『닥터 지바고』라는 점에서 라라의 몫은 분명히 지대하다. 전쟁과 혁명 속에서도 여전히 인간에 대한 사랑과 동경 그리고 아름다움을 놓지 않고 끝까지 살아남아 그 시대의 산물들을 온몸으로 받아들인 유리 지바고의 시선은 분명히 라라에게 기대 있기 때문이다. 그러기에 그 총성은 그녀의 운명을 겨냥한 것이었으며 시대와 삶을 겨냥한 것이었다.

라라는 지바고에게 무엇을 강요하거나 자기의 의식을 옮기지도 않았다. 지바고가 그것을 어떻게 받아들였느냐는 그의 몫이지 라라의 것은 아니다. 지바고의 시선에서 보자면 라라는 그의 숨통이 트이는 창이고 산소호흡기였을지 모르지만, 라라는 있는 그대로 살았고 있는 그대로 사랑했다. 그녀는 매사에 그리고 매 순간에 충실했다. 그게 삶이건 사랑이건. 그것을 누군가의 시선으로 재단하는 것은 월권이다. 나는 이 작품을 읽을 때마다 지바고가 아닌 라라의 시선으로 읽고 싶어진다. 단순히 소설과 영화의 여주인공이기 때문이 아니라 이 작품의 진짜 주인공은 바로 라라의 몫이기 때문이고 당연히 그녀의 시선으로 재구성해봐야 하기 때문이다. 라라와 지바고의 사랑에서 토냐에 대한 안쓰러움을 느끼는 사람도 라라에 대해 비난하지 못하는 것은 라라가 보여준 당당함과 결연함 때문이다. 그것은 지바고가 라라에게 '무엇에 대해서도 슬픔이나 회한을 느끼지 않는 여자였다면, 이토록 열렬히 당신을 사랑하지 않았을' 거라며 자신은 '넘어진 적도 발을 헛디딘 적도 없는 언제나 바른 사람은 사랑하지 않는다'라는 고백과 일치한다.

    그리고 그 고백은 도대체 왜 자신이 모든 것을 알아야 하고 모든 것에 대해 십자가를 져야 하는지 따지는 항변과 연결된다. 시대는 나를 존중하지 않고 바라는 것을 오히려 강요만 하지 않는가. 이 항변과 분노는 어떤 특정한 사람들만 토해낼 수 있는 대사가 아니다. 그것은 모든 당대인들의 울분의 표출이며 지금의 우리 또한 여전히 상당 부분 떠안는 항변이기도 하다. 과연 그것을 어떻게 소화하고 행동해야 할 것인가는 모든 조건을 떠나 모든 사람이 던지는 질문이기도 하다. 한 개인이 자기 시대의 역사와 대면할 때 치러야 할 운명의 질문이며 이 소설을 이끌어가는 지속적 질문이다.

파스테르나크 자신이 몸소 겪은 혁명과 내전 전후의 역사와 시대가 소설의 틀로 짜일 수 있었던 힘이 아내 지나이다와 이빈스카야 사이를 오가며 나눈 사랑과 우랄 지방에서 보낸 경험이 바탕이었음은 공공연한 사실이다. 스탈린 정부가 파스테르나크를 압박하기 위해 이빈스카야를 스파이로 몰아 투옥시켰지만 그가 타협하거나 굴복하지 않은 것은 그녀의 심지와 자신을 향한 무언의 메시지를 신뢰했기 때문이었다. 라라의 모습은 그렇게 소설 속에서 단순히 지바고의 연인에 그치는 게 아니라 영감과 용기가 무엇인지를 끝없이 일깨운 주연의 모습이다. 실제로 파스테르나크와 이빈스카야의 연인관계는 숨질 때까지 이어졌다. 그 투영이 소설 속에서 어떻게 그려지는가를 눈여겨보는 것도 꽤 흥미롭다.

얼음 위의 불꽃, 사랑

유리와 라라 그리고 토냐의 관계는 감춰진 것도 아니고 그렇다고 다 드러난 것도 아니다. 서로 존재와 실체를 인식하고 있으면서도 대놓고 말하지 않는 것은 자존심이기도 하고 두려움이기도 하지만 그것을 넘는 각 존재에 대한 인정과 서로 자신에게 없다고 여기는 고결함과 결연함에 대한 존경 때문이기도 하다. 그래서 이 관계는 늘 팽팽한 긴장과 불안으로 다가온다. 영화에서 유리를 기다리며 서리로 가득한 창문을 호호 불어 녹이며 밖을 응시하던 장면이 지금도 고스란히 기억나는 것은 언어로도 영화로도 서술되지 못하는 내면의 공감 때문일 것이다. 영화의 주제가 '라라의 테마'를 들을 때면 자연스럽게 그 장면이 오버랩된다. '얼음에 갇힌 불꽃'

은 관념이지만 '얼음 위의 불꽃'은 불가능할 듯하면서도 가능한 상징이다. 토냐의 시선에서 본다면 그 불꽃은 자신의 몫이 아니라 라라의 몫이라는 게 부럽기도 하고 원망스럽기도 하면서 자신에게 없는 것을 가능하게 하는 라라에 대한 선망이기도 하다. 나는 토냐의 시선을 따라 이 소설을 읽을 때마다 그 원망과 선망이 느껴진다. 의연하게 견디는 토냐의 모습에서 겉으로 토해내지 않고 속으로 삼키는 아픔을 읽어내면서도, 라라의 모습이 일방적인 분노와 원망이 아닌 것은 그 불꽃이 얼음 위에서 파랗게 타오르는 것이 오로지 그녀에게서만 가능하다는 것을 인식하기 때문이라는 건 나만의 시선일까?

빨치산에 잡혀 강제 입산을 당한 지바고에게 시대와 세상은 과연 무엇이었을까? 그것을 이기고 견뎌낼 수 있는 힘은 무엇이었을까? 나는 이 소설의 백미는 '고립된 지바고'의 상황이라고 생각한다. 첫 장면이 어머니의 장례식과 울부짖는 어린 소년 지바고였던 것도 결국 우연이 아니다. 나는 빨치산에 끌려가 완전히 혼자 남은 그리고 아무런 희망도 없던 지바고의 모습에서 한참을 멈춰 선다. 극적으로 탈출하여 방황하다 공산당 간부가 된 이복형의 도움으로 살게 된 지바고에게 삶의 약동은 멈췄다. 그리고 어느 날 전차를 타고 가다가 내란 통에 잃어버린 아이(지바고와의 사이에서 난)를 찾기 위해 이곳저곳을 기웃거리며 걸어가고 있는 라라를 보고 내려서 황급히 뛰어가다 심장마비로 절명한다. 그 순간 그의 심장은 멈춘 게 아니라 그의 약동이 절정에 머문 것이었을 것이다. 아, 얼마나 멋지고 부러운 결말인가! 그토록 그리던 이를 마지막 순간에 보면서 마감할 수 있는 삶이. '산다는 건 들판을 건너는 일이 아니다'라는 말이 송곳처럼 박힌다.

이 소설은 '눈 덮인 설원에서의 지바고와 라라의 사랑 이야기'는 결코 아니다. 거대한 역사 속에서 그것은 그야말로 '사소하고 소소한' 에피소드에 불과하다. 그러나 한 사람의 삶에서 그것은 우주적 사건이고 원형이다. 그래서 이 소설은 혁명기 격동의 시대를 살았던, 역사 속에 놓인 한 인간의 삶과 그 의미에 관한 것이면서도, 그 사랑이 없었다면 그 역사조차 무의미할 수 있음을 역설逆說하는, 아리되 아름다운 사랑의 송가이기도 하다. 사람이 변화하는 진정한 힘은 그 '얼음 위의 불꽃' 같은 사랑임을.

> "어떤 사람이 기대했던 모습과 다르고 미리부터 갖고 있던 관념과 어긋나는 건 좋은 일이죠. 하나의 유형에 속한다는 것은 그 인간의 종말이자 선고를 의미하니까."

'라라의 테마'를 들으며 다시 읽는 소설 내내 울리는 대사가 묵직하게 울린다. 나는 그러고 있는가? 나에게 유리는, 나에게 라라는 과연 무엇일까?

보리스 파스테르나크(Boris Leonidovich Pasternak, 1890~1960)
소련의 시인이자 소설가. 저명한 화가인 아버지와 피아니스트인 어머니 사이에서 태어나 모스크바 대학교와 독일 마르부르크 대학교에서 철학을 공부했다. 1910~20년대에 상징주의적인 시집 『장벽을 넘어서』, 『누이, 나의 삶』 등으로 역량 있는 서정시인으로 주목받았으나 1930년대에는 사회주의 리얼리즘과 너무 동떨어진 형식주의라는 비판을 받고 침묵해야 했다. 1958년 서방에서 발표된 『닥터 지바고』가 노벨문학상을 수상했으나 소련 내에서는 거센 비판에 시달리며 불우하게 살다가 사망했다.

『닥터 지바고』(박형규 옮김, 문학동네, 2018년)는 파스테르나크의 유일한 장편소설로, 러시아 혁명의 잔혹함과 그 여파 속에서 펼쳐지는 지식인의 방황, 정신적 고독, 애틋한 사랑을 서사적으로 그린 작품이다. 1956년 모스크바의 한 월간지에 기고했으나 "10월 혁명과 혁명의 주역인 인민, 소련의 사회건설을 중상했다."라는 이유로 거부당했다. 이듬해 이탈리아의 출판사를 통해 알려져 세계적인 베스트셀러가 되고 노벨상 수상이 결정되었지만, 소련에서는 탄핵운동이 일어나 작가동맹에서 제명되었다가 사후인 1987년에야 복권되었다.

할렘 르네상스의 재발견

제임스 웰든 존슨의 『한때 흑인이었던 남자의 자서전』

영화 「그린북」을 보면서 「정글 피버」와 「미시시피 버닝」이 떠오르는 건 자연스러웠다. 그러나 「그린북」에는 이해와 화해의 아름다움이 담겨서 휴머니즘의 힘을 새삼 느끼게 했다. 그렇다고 그 시절의 현실을 온전히 알 수는 없다. '해방된'(사냥하듯 잡아가서 짐승처럼 부려먹다 '해방시킨 노예'라는 서술어가 얼마나 어처구니없는 말인지는 일단 미뤄두고) 그러나 현실에서는 여전히 차별과 억압이 일상적인 흑인노예의 후손들의 삶은 매웠다. 나는 늘 그들의 삶을 토니 모리슨의 『빌러비드 *Beloved*』의 창으로 읽게 된다. 예전 머슴의 삶은 그래도 같은 피부라는 기본적 동질성이라도 있지만 피부의 색깔이 다르다는 이유만으로 어떠한 접점도 허락하지 않았던 그 시절, 스스로 흑인임을 확인하겠다는 생각은 감상에 지나지 않는 것일까? 내가 의도하는 것의 끔찍한 의미를 나는 깨닫지 못하고 있는 것일까? 특히 남부에서 내가 '어떤 종류의' 흑인이 될 수 있을까라는 질문은 소설 『한때 흑인이었던 남자의 자서전』 전체를 관통하는 물음이다. 노예로 살아야 하는 것들이 건방지게 동료 시민으로 사는 꼴이 고깝다고 여기는 자들에게 둘러싸여 있는 것만도 끔찍한 일이다. 그런데 거기서 더 나아가 백인들이 규정한 흑인의 스테레오타입, '어떤 종류'로 분류되는 삶을 감내해야 한다면 과연 당사자의 심정은 어떨까? 그 삶을 공감한다는 것은 거의 불가능에 가깝다. 그것은 '같은 미국인'의 경우에도 그럴 것이다. 흑인이 아닌 미국인들에게 각인된 흑인의 모습은 다리를 끌며 밴조나 뜯고 히죽거리는 만사태평의 모습이거나 사회적 불안을 야기하는 '잠재적 범죄자'의 모습이었을 것이다. 그것은 소설에서도 크게 다르지 않았다. 진지하게 생각하지 않는 모습으로 정형화된 흑인이 사회적으로 자기 향상을 꾀하는 노력은 웃기는 일이며 주제넘은 도발이다. 점잖은 집에서 상당한 문화를 누리는 삶도 그들에게 허락될 수 없는, 자신들의 전유물일 뿐이다. 심지어 그런 모습은 하퍼 리의 『앵무새 죽이기』에서도 크게 다르지 않다. 죄 없는 흑인의 평결에 대한 편견과 모순을 고발하고 있지만 정작 그의 삶에 대한 묘사가 상세하지 않은 것은 어쩌면 굳이 그것을 들춰낼 필요조차 없다는 상투성에서 빚어진 것으로 여겨진다.

한때 흑인이었던

이 책을 읽다 보면 '과연 소설이란 무엇인가?'라는 원초적 물음을 던지게 된다. 그것은 소설이라는 게 어떤 일정한 틀과 규범을 따라 서술되는 것이라는 상투적인 물음과 맞닿는다. 짜임새 있는 어떤 중심적 사건이 없고 (마치 베를리오즈 「환상교향곡」의 고정악상 idée fixe 처럼), 분명한 등장인물도 애매한 위상이기 때문이다. 그러나 그것은 오히려 화자를 중심으로 세상을 바라보고 해석한다는 점에서 그리고 우리 모두의 삶 또한 그렇다는 점에서 묘한 설득력을 지니고 있다. 그 지점에 서지 않으면 이 소설은 매우 산만하고 그저 시간의 순서로 나열되는 '서툰 소설'이라는 불편함을 털지 못할 것이다.

내용은 어쩌면 지극히 단순하다. 백인과 흑인의 혼혈로 태어난 주인공. 아버지인 백인의 혈통이 '상대적으로' 더 나타난 탓에 얼핏 백인처럼 보이지만 그렇다고 해서 '온전한 백인'은 아닌 한 남자의 일대기다. 그 일대기가 자서전의 형태로 쓰인 것은 매우 효과적이다. 자신의 이야기를 자기가 서술한다는 것은 단순히 자서전이어서가 아니라, 아무리 전지적 작가 시점에서 서술한다고 해도 당사자 자신의 복잡다단한 생각과 느낌을 완벽하게 서술하지는 못하는 반면, 스스로 화자가 되어 서술하는 것은 남들의 해석과 무관하게 오롯하게 자신만의 생각과 느낌으로 판단할 수 있는 근거가 되기 때문이다. 특히 이 소설의 내용이 혼혈 남자의 삶이라는 점에서 그리고 평생을 흑인이라는 정체성 때문에 고민하는 주인공의 내면을 고려해보면 최선의 선택이었을 것이다.

백인 아버지를 둔 흑인이었기에 '건방진 흑인'으로서가 아니라 '자연스럽게' 피아노를 배운 주인공. 그러나 이미 절반은 흑인이라는 태생적 비극에 걸맞게(?) 삶은 순탄하지 않다. 대학에 가려다 돈을 몽땅 도둑맞은 주인공은 어쩔 수 없이 시가 회사에 취직한다. '흑인에게는 어울리는'

일자리다. 그렇다고 그의 음악적 재능까지 빼앗긴 것은 아니었다. 공장이 문을 닫게 되면서 동료들과 함께 뉴욕항에 온 '나'는 다시 피아노를 치게 되고, 흑인만이 느낄 수 있는 흑인 음악을 접하게 되면서 새로운 운명에 진입한다. 그는 흑인 음악에 심취해서 래그타임에 눈을 떴고 기막힌 인연으로 유럽의 여러 곳을 돌아다니며 연주 활동을 했다. 정상적 순서의 삶이 그에게 허용되지 않은 것은 어쩌면 어렸을 때 학교에서 교사의 무심한 한 마디에서 이미 정해졌는지 모른다. 교실에 들어온 교장이 말했다.

"백인 학생들은 잠시 모두 일어서주세요."

'나'는 다른 학생들과 함께 일어섰다. 스스로 백인이라 여겼으니까. 선생은 '나'를 쳐다보고 이름을 부르며 말했다. "넌 잠시 앉아 있다가 나중에 다른 아이들이랑 함께 일어나라." 나이가 더 든 후에 이따금 과거로 돌아가 학교에서의 그 운명적인 날 이후 삶에 어떤 변화가 일어났는지 분석하려 애쓴 '나'에게 그 변화는 아주 근본적인 것이어서 비록 어리고 그래서 그 변화의 의미를 완전히 이해하지는 못했지만 충분히 의식은 할 수 있는 것이었다. 처음으로 볼기를 맞은 때처럼 생생하게. 어린 시절 똑똑한 흑인아이였던 자신을 살뜰하게 챙겨준 선생님이 장래 희망을 물었을 때 변호사나 의사라고 말하자 현실적인 직업을 생각하라고 대답했던 사건에서 충격을 받았던 맬컴 X의 당혹스러운 현실 인식도 비슷했을 것이다.

그렇게 '나'는 '한때 백인이었던', 엄밀히 말하자면 자신이 백인이라고 여겼던 사내일 뿐이었다. 바람처럼 잠깐 찾아왔던 백인 아버지를 한 번 본 이후 파리의 한 음악회에서 옆자리에 앉은 것을 본 게 유일한 만남이었던, '절반의 백인'으로서의 자신의 흔적을 떠안고 살아야 하는 삶이 어땠을지 세세하게 설명하지 않아도 어느 정도는 이해하고 공감할 수 있다. 물론 그의 신발을 신고 걸어보지 않은 사람이 완전히 공감하고 이해한다는 것은 어차피 불가능한 일이지만. 그 어설픈 공감이 소설을 읽는 내내 불편한 앙금으로 남는다. 그래도 충분히 짐작할 수는 있는 일이다. 우리에게는 공감의 능력이 있기 때문이다. 지배적이고 절대적인 어떤 관념이 존재하고 그 힘과 무게가 점점 더 커져서 결국 하나의 거대한 실체적 사실로 굳어진 것도 모자라 그 관념이 나의 생각을 채색하고 그 관념에 의해 나의 말이 지배되고, 더 나아가 그 관념에 따라 나의 행동이 제한받게 된다는 것이 얼마나 비참한 일인가! 그런데 그 비참한 현실과 그 영향력이 미합중국에 살고 있는 모든 유색인들을 왜소하게 만들고 왜곡시키고 뒤틀리게 했다. 부인할 수 없는 엄연한 현실이었다. 물론 가해자들은 그걸 모른다. 어떤 사람들은 모른 척한다. 그들은 세상의 모든 사물을 한 시민이나 한 남자, 심지어 한 인간의 관점으로 보는 게 아니라 오직 유색인의 관점에서만 보도록 '강요'했고 그 강요를 수용하며 살아야 했다. 먼 옛날의 이야기가 아니다.

유럽에서 돌아와 뉴욕에서 인생을 보내는 주인공 '나'에게 사랑하는 사람이 생겼다. 그러나 끝내 갈등한다. 자신이 흑인임을 고백해야 하는가 마는가. 이미 남들의 눈에는 그가 흑인으로 보였을 것이다. 그러나 혼혈이어서가 아니라 자신의 정체성에 혼란을 겪으면서 그것 때문에 자신의 삶이 엉켰으며 고통받고 있다고 여기는 주인에게 그 고백은 엄청난 갈등과 번뇌를 거친 것이었다. 결과는? 여자가 아무 말 없이 떠났다. 물론 나중에 그 여자와 결혼하지만.

검은 미국의 진실한 자화상

소설은 길지 않다. 게다가 전반부에서는 주인공이 겪는 크고 작은 사건들에 대한 묘사 등이 소소하게 전개되지만 후반에서는 그런 흐름보다는 작가의 생각과 논리가 주를 이룬다. 그것을 얼핏 보면 소설적 구성이 허술해지는 것처럼 여겨질지 모르지만, 오히려 사건을 통해 마치 관찰자인 것처럼 흑인의 삶을 묘사하면서 결국은 문학 속에서의 흑인의 고정된 상을 그려내는 이전의 소설과 결별하는 방식으로 이해해야 한다. '나'의 감정적 동요를 최대한 간결하고 단순한 문장으로 묘사하는 매우 의도적인 세련된 방식이다. 분명히 흑인의 삶을 묘사하면서 그 집단에 자신은 속하지 않는다는 태도로 자신의 의견을 말하는 것 자체가 이미 그의 정체성의 모호성을 상징한다. 그러나 그럴 수밖에 없는, 혹은 그래야 하는 서술의 의도에 대해 공감해보면 충분히 이해할 수 있는, 그래서 오히려 세련된 방식으로 여겨진다.

'나'는 차별과 조롱의 대상으로서의 흑인의 문제 이전에 자신의 뿌리에 대한 이중성과 불안정성을 고민한다. 흑인이면서 미국인이라는 이중의식은 또한 정체성의 위기를 야기한다. 이러한 내면적 갈등은 이전의 흑인소설에서 찾기 어려운 점이다. 작가인 제임스 웰든 존슨의 소설에 그러한 현대성이 깔렸다는 점이 '미국 흑인문학의 수준을 한 단계 끌어올린 최초의 현대 흑인소설'로 평가되는 근거이기도 하다. 경직된 프로파간다

문학의 한계를 벗어났다는 평가를 고려하면서 이 소설을 읽어보면 후반부에서 느끼는 '낯섦'의 원인이 무엇인지 깨닫게 된다. 이 소설의 묘미가 바로 거기에 있는 것이다.

영화 「그린북」에서의 흑인과 백인의 관계는 통상적인 계급성을 전복한다. 여전히 멸시와 차별의 대상인 흑인이 고용자고 속으로는 흑인을 경멸하는 백인이 피고용자라는 즐거운 전복은 서로의 인격에 끌리게 되면서 화해하게 되고 서로를 껴안는 해피엔딩이다. 하지만 이 소설은 한 인격체에서 그 관계성이 동시에 일어난다는 점에서 매우 독특하다.

흑인 여자가 대낮에 기둥에 묶인 채 불에 타 죽는 모습에 경악하며 뱉어낸 "'나'는 나 자신이 그렇게 다루어질 수 있는 종족의 일원이라는 사실이 수치스러웠다."라는 고백은 결국 인간을 산 채로 태워 죽일 수 있는 유일한 문명국 미국에 대한 분노의 표현이었다. 그게 과연 그 자신에게만 해당되는 것일까? '한때 흑인이었던 남자'는 멀리 도망쳐 어느 정도 경제적으로 성공한 백인 중산층이 되었지만 늘 자신의 정체성을 팔아버린 배신자라는 자괴감에서 벗어날 수 없었다. 그 모습은 어쩌면 지금 어느 정도의 교육과 경제적 자산을 모은 상태에서 과거의 무지와 가난의 질곡이라는 개인의 과거사를 일부러 잊거나 부정하는 우리들의 모습과 크게 다르지 않을 것이다. 그런 자들이 스스로를 중산층으로 여기며 '당연한 듯이' 보수적 태도를 보인다(실제로는 엉뚱하게 수구적 세력에 협력하는 것도 모르는 채). 어쩌면 그들은 스스로에게 말할지도 모른다. 미국으로 돌아가 흑인으로 살겠다는 '나'에게 후원자가, 피로 보나 외모로 보나, 교육이나 취향으로 보나 백인인데 왜 이제 와서 미국 흑인들의 가난과 무지와 가망 없는 투쟁 속에 자신의 삶을 송두리째 내던져버리고 싶어하느냐고 물었던 것과 다르지 않게.

한때 흑인이었던 남자가 받은 질문은 지금 우리들에게도 여전히 유효한 유혹의 덫이기도 하다. 이 소설에 적확한 문장이 나온다. "흰 피부를 가져라. 그러면 모든 것이 너에게 이득이 될 터이니." 불행히도 이 문장은 지금 우리에게도 여전히 쏟아지는 강요다. 특정한 집단의 징표를 획득하라고, 그래야 구성원으로 인정하고 권리를 주겠다는 식의. 그러므로 억압과 차별의 차원으로 확장하면 단순히 흑인들만의 문제에 그치지 않는다.

그 사람의 신발을 신고 걸어보라

흑인이라는 사실이 창피스러운 것은 아니지만 불편할 때가 아주 많다는 푸념은 그래도 이미 중산층의 삶에 진입한 사람들의 불평이다. 이 소설은 '나'가 화자인 까닭에 그리고 특정한 인물을 명기하지 않으면서 전개하는 까닭에 입장을 바꿔 바라보거나 해석해볼 여지가 별로 없다. 하지만 뮤지컬 공연에서 만난 여자와 사랑에 빠지고(그녀는 '나'의 쇼팽 연주에 호감을 가졌다. 쇼팽 연주는 당연히 백인들의 것이었을 것이고) 청혼을 결심한 뒤에 '내 일생에 가장 힘겨운 투쟁, 피부색을 속이고 그녀에게 청혼을 할 것인가 아니면 그녀에게 모든 진실을 다 털어놓을 것인가 하는 투쟁'을 벌인다. 그것은 그녀를 잃을지도 모른다는 두려움 때문이었다. 음악이라는 공통의 유대로 아주 가까워졌지만, 도덕적 용기는 육체적 용기 그 이상을 필요로 한다는 말이 단순한 시적 환상이 아니라는 그의 고백에 대해 그녀는 잠적에 가까운 여행으로 답했다.

그녀의 입장은 어땠을까? 쇼팽을 우아하게 연주하는 남자, 본인이 털어놓지 않으면 흑인인 줄 모를 혼혈의 남자, 그러나 누구나 유심히 보면 흑인의 피부를 감출 수 없는 남자. 그 복잡한 혼란의 혼합체인 남자를 어떻게 받아들여야 할까. 그녀의 주변 사람들은 어떻게 받아들일까? 야속하게도 주인공 남자는 자신의 처지와 입장에서만 해석하려 할 것이다. 하지만 여자의 고민과 갈등은 그에 못지않다. 그래도 '완전히 까만' 남자는 아니지 않은가(이 소설이 1920년대의 것이라는 점을 고려해볼 것). 게다가 음악으로 통하는, 자신도 사랑하는 남자가 아닌가. 그런데 그의 고백은 자신에게 흑인의 피가 흐른다는 것이고, 그것 때문에 자신의 사랑을 거절해도 어쩔 수 없다는 '잠재적 체념'이 드러나 있지 않은가. 안타깝기도 하고 애처롭기도 하지만 무엇보다 자신이 감내해야 할 몫이 정확히 무엇인지, 그 사랑이 자신의 삶을 결정하는 데 어떤 역할을 차지할지 등에 대해 고민해야 할 것이다. 수락도 동의도 하지 못하는 것은 그녀도 그 시대를 살았고 살아내야 하는 몫이었을 것이다. 결국 우리 모두 상대의 신발을 끝내 신지는 못하고 대충 혹은 조금은 더 세심하게 짐작하고 사는 것인지도 모른다.

이 소설은 때로는 무심한 듯 때로는 속으로 울어서 더 서러운 듯, 극적이랄 것도 없는 사건들 속에서 산만하게 흩어지는 이야기처럼 보인다. 그래서 더 적극적인 시선으로 이 소설에 끌리게 된다. 1920년대 '할렘 르네상스'의 개화를 이끈 미국 현대 흑인소설의 선구적 작품이라는 평가는 결코 과장이 아니다. 그런데도 우리가 이 소설의 존재에 대해 잘 모르고 있다는 게 신기한 일이다. 이 소설은 한때 흑인이었던 남자가 연주하는 래그타임^{ragtime}이다. 재즈를 잉태하게 되는. 특징이지만 특권은 아닌 음악으로서.

나는 결국 하찮은 부분을 선택한 것이라는, 한 그릇의 죽을 위해 나의 출생권을 팔아버린 것이라는 생각을 지울 수가 없다.

지금의 나는, 우리는 과연 다른가?

제임스 웰든 존슨(James Weldon Johnson, 1871~1938)
미국의 작가이자 민권운동가. 플로리다 주 최초로 흑인 변호사 자격을 취득했으며, 동생과 함께 200여 편의 뮤지컬 곡을 작사했고, 베네수엘라 영사·니카라과 총영사를 역임했다. 전미유색인지위향상협회(NAACP) 사무총장을 맡아 반(反)린치법을 미 하원에서 통과시켰으며, 미국 흑인문학사의 기념비적인 시선집인 『미국 흑인 시집』을 편집했고, 흑인 방언 설교집 『신의 트롬본』을 썼다. 그가 가사를 쓴 「모두 소리 높여 노래하자(Lift Every Voice and Sing)」는 미국 흑인들의 애국가로 불린다.
1912년 익명으로 출판된 소설 『한때 흑인이었던 남자의 자서전』(천승걸 옮김, 문학동네, 2010년)은 거의 관심을 끌지 못하다가 1927년 존슨의 이름으로 재출간되면서 재평가받았다. 한 흑백혼혈인이 겪는 '검은 미국인'으로서의 소외감과 인종 정체성의 문제를 흑인 문화와 대중예술에 관한 생생한 묘사와 함께 진솔하게 그려낸 작품으로서, 프로파간다 문학의 한계를 벗어나 미국 흑인문학의 수준을 한 단계 끌어올린 최초의 현대 흑인 소설로 평가받는다.

시대의 눈으로 본 당대 풍경

니코스 카잔차키스의 「러시아 기행」

호메로스가 과거의 그리스 문학을 대표한다면 카잔차키스는 현대 그리스 문학을 대표한다고 단언할 수 있다.『그리스인 조르바』한 권만으로도 그는 이미 독특한 문학의 성채를 마련했다. 1883년 크레타 섬에서 출생했는데, 크레타는 그의 평생의 영혼과 문학의 고향으로 작동한다. 카잔차키스를 20세기 문학의 '구도자'로 평가하는 세평은 가장 간결하면서도 정확하다. 그는 많은 기행문을 썼다. 영국, 스페인을 비롯해서 중국과 일본까지. 그 가운데 압권은 바로 러시아 기행이다. 그는 어린 시절 터키의 지배하에서 기독교인 박해사건과 독립전쟁을 겪으며 그 경험을 통해 동서양 사이에 있는 그리스의 역사적·사상적 특이성을 체감하고 '자유'를 찾으려는 투쟁과 연결했다. 그에게는 언제나 모든 문제가 '자유'로 귀결된다.『그리스인 조르바』는 개인의 영혼과 육체의 자유, 실존의 자유를 다루면서 시공을 초월한 걸작으로 평가받는다.

왜 러시아인가?

카잔차키스에게 '인간의 한계를 어떻게 넘을 것인가'의 문제는 종교적 성찰과도 연결(실제로 그는 6개월간 극한 수도를 수행하는 수도원에서 생활했다)되었으며 그런 성찰은 다른 문화권에 대한 영성적·문학적 호기심과 더불어 문화적 탐구와 결부된다. 거기에는 베르그송과 니체의 영향이 농후하다.

카잔차키스는 왜 러시아에 갔을까? 실제로 그는 그리스 정치에 참여하기도 했다. 1919년 베니젤로스 내각에서 공공복지부 장관으로 재임했다는 것을 아는 독자들이 그리 많지 않지만. 1922년 그가 베를린에 있을 때 그리스가 터키와의 전쟁에서 참패하자 민족주의를 버리고 공산주의적 행동주의와 불교적 체념을 조화하는 데 집중했는데 이 시기에 『붓다』와 『오디세이아』를 집필했다.

카잔차키스가 여행을 자주 다녔고 평생을 방랑자의 삶을 살았던 것은 특파원으로 이탈리아, 이집트, 시나이, 카프카스 등을 취재여행하며 다양한 방식으로 작업했던 것과도 밀접하게 관련이 있다. 그는 소설만 쓴 게 아니라 희곡, 여행기, 논문, 번역 등으로 다양하게 활동하고 기존 체제의 부조리와 억압에 저항했다.

카잔차키스는 1919년 러시아 내전 중 카프카스 지역에 거주하는 그리스인들의 본국 송환을 돕는 그리스 정부의 특사 자격으로 러시아에 갔다. 그때 강렬한 인상을 받고 1922년부터 1930년대 중반까지, 특히 1925

년에서 1929년 사이 공산주의를 붙들고 씨름하는 동시에 러시아의 정치·사회·문화적 현실에 점점 익숙해졌다. 그러면서 카잔차키스는 거침없이 글을 써나갔다. 그가 공산주의를 포용하게 된 것은 제1차 세계대전을 겪고, 이어서 1922년 소아시아에서 그리스가 터키에게 대패한 이후 유럽의 부르주아 자본주의 문명이 쇠퇴하고 있는 반면, 러시아를 포함한 동방의 '야만적인' 민족들이 미래의 르네상스를 짊어지고 나갈 주인공이라고 확신했기 때문이다.

그러나 1929년까지 오랜 기간 소련에 체류한 후 러시아에 대한 자신의 평가를 수정했다. 러시아가 뭔가 새로운 것을 전하는 사자가 아니라 지극히 낡은 것 즉 서구의 물질주의를 지고 가는 존재로 보게 되었으며, 따라서 가장 일찍 나타난 그리고 가장 흥미로운 환멸의 사례 가운데 하나를 보게 된다. 카잔차키스는 자신의 두 눈으로 본 그대로 진실을 말할 것임을, 우리가 지나가고 있는 매 순간이 너무나 중요하기 때문에 그에 대한 어떠한 거짓이나 생략도 수치스러운 행동이 될 것이라고 다짐했다. 파괴하고 또 창조하면서 앞으로 나아가는 역사의 정신과 유익한 동맹을 맺기를 바라는 사람이라면 누구든, 형이상학적 사고나 수학적이며 과학적인 시시콜콜한 조사를 들고 궁색하게 따지는 일 없이, 러시아를 전체적으로 깊이 사랑해야 할 것이라는 그의 서술을 보면 왜 그가 러시아를 여행했는지 엿볼 수 있다. 카잔차키스는 늘 그렇듯 결코 어떤 것을 맹목의 시선으로 바라보지 않는다. 작가로서, 비평가로서, 지식인으로서 그는 상식으로 보는 현상을 거부한다.

카잔차키스는 단어를 깨부수라고 요구한다. 그 말은 단어 안에 억제되어 있던 힘을 해방시키라는 뜻이다. 그 말을 따르게 되면 우리는 논리를 뛰어넘어, 토론과 명석한 논쟁을 넘어서고 경제적 궁핍이나 사회적 대격변, 정치적 계획을 초월하여 더 큰 것을 보게 될 것이다. 소비에트와 인민위원들보다 위에 있는 것이 바로 우리가 살고 있는 이 역사적인 시대의 정신이라는 것을. 그는 그 암울하고 무자비한 것이 피에 젖어서 빛을 찾아 러시아로 밀려오고 있으며 또 러시아를 지배하고 있다는 것을 발견하게 될 것이라고 강변한다. 거기에 누가 있는가? 가장 원시적인 소작농에서 성스러운 레닌의 얼굴까지 모두가 의식적으로 혹은 무의식적으로 그 정신의 일꾼들이며 협력자들로서 그 땅에 당당하게 서 있는 것을 발견할 수 있다고 선언한다. 그게 '단어'를 깨부숴야 하는 당위일 것이다.

러시아에서 무엇을 어떻게 보았는가?

카잔차키스는 여행을 통해 10월 혁명 이후 러시아의 분위기를 포착하려고 했다. 그는 소비에트의 종교적 상황을 파악하기 위해 교회와 종교 박물관, 시장, 심지어는 반종교 잡지의 편집진들까지 찾아갔다. 또한 정치적·문화적·사회적 분위기를 파악하기 위해 극장, 붉은 군대, 법원, 학교 그리고 교도소까지 찾아가 직접 눈으로 확인하고 그곳의 사람들과 이야기를 나누었다. 이러한 모든 경험에서 보고 듣고 경험한 내용을 카잔차키스는 선전문이 아닌, 예술의 형태로 표현하였다. 그런 면에서 이 작품은 1920년대 말까지의 격정적이고 이상주의적이었던 소비에트 사회를 생생하게 보여주는 일종의 보고서다. 카잔차키스의 날카로운 관찰력과 독특한 기행문 서술 방식을 엿볼 수 있다.

    카잔차키스는 혁명 후 러시아를 세 번 방문하였으며, 이 새로운 사회에 대한 열광이나 비판보다는 그 가능성과 한계를 이야기한다.

    카잔차키스가 모스크바에서 받은 첫 번째 인상은 혼돈이었다. 그러나 그 혼돈은 무질서와 탄식이 아니라 묘한 동거의 조화로 여겨진 듯하다. 그에 따르면 모스크바는 슬라브 민족의 혼이 완벽하게 구현된 곳으로 계획한 도시 설계 따위는 전혀 없는 상태로 크렘린을 중앙의 붉은 핵으로 삼아 주변에서 숲처럼 성장한 도시다. 그 성장의 방식도 약간 무계획적(?)이어서 그 성스러운 러시아 언덕에 궁전을 먼저 세웠고 그 앞으로 황금 돔 지붕을 올린 신의 교회를 지었다. 그리고 크렘린을 중심으로 빠른 속도로 촉수를 뻗으며 도시가 강 옆 지역을 차지했고 타타르 성벽과 자신을 연결시켰다. 명색이 슬라브 정신의 중심이며 러시아의 수도가 아닌가. 그런데 그리 계획적이지 않다니. 그러나 그 말은 매우 함축적이고 반전의 여지를 남겨둔 말이기도 하다. 시간이 흐르면서 도시가 넘치게 되자 모스크바는 다시 밖으로 뻗어 나가면서 비뚤어지고 불규칙한 길들이 만들어졌다. 얼핏 무질서하고 무계획적으로 보일지 모르지만 자연스럽게 축적된 시간과 삶이 거기에 깊이 배었다. 교회와 집에는 따뜻한 색깔이 입혀지고 러시아의 모든 민족과 동양인들까지 모스크바로 와서 방대한 러시아의 모자이크 속에 그들의 영혼을 뿌리내리는 놀라운 현상을 서술한다. 물론 거기에는 어떠한 논리적인 짜임새도 없고 그 끝이 항상 열려 있다. 그게 방대한 러시아의 본 모습이다. 그러니 카잔차키스의 발길이 끌리지 않을 수 없었던 모양이다.

러시아 민중이 자신들의 영혼의 뿌리를 어디에 어떻게 내리고 있는지를 관찰하는 것이 그에게는 특별한 사명과도 같았다. 붉은 군대는 군사 훈련을 강조하는 것과 똑같이 군인들을 인간으로서, 특히 공산주의자로서 교육시키는 것 역시 중요하다고 강조한다는 점에서 독특하다고 평가하는 것은 당시의 시선으로서는 매우 매력적이고 신선하다. 러시아에서 정치 교육과 군사 교육이 복무를 시작하는 시점부터 이루어진다는 점은 특별했다. 특히 군인으로 징집되기 위해서는, 그전에 2년 동안 일반 교육을 통해 군사 체육 및 학교 교육을 받아야 한다는 것은 일종의 대중교육의 국가적 책무의 이행이라는 점에서 러시아의 '현대적' 모습이라고 할 만했다. 아무런 교육도 받지 못했던 사람이 그 2년이라는 기간 동안 읽기를 배우며, 이렇게 해서 모두가 글을 깨치고 난 다음 붉은 군대에 들어가게 된다는 점은 단순히 군사적 관점에서만 유용한 것이 아니라 러시아 민중을 교화시키는 중요한 관문이 되고 있다는 점을 날카롭게 짚어낸다.

1920년대 식민지 조선에 살고 있는 내가 그곳을 갔다면 나는 무엇을 보았을까, 무슨 생각을 했을까. 그리스는 러시아의 문화와 이질적이긴 해도 적어도 종교의 유사성과 유럽의 귀퉁이라는 동질성은 공유했겠지만, 독립국도 아니고 같은 대륙도 아니며 문화도 완전히 달랐을 조선인인 내게 제정 러시아뿐 아니라 볼셰비키 러시아에서 바라보고 느끼는 건 그와는 매우 달랐을 것이다. 지금의 나는 또 얼마나 다를까? 풍경만 보는 기행은 관광일 뿐이다. 풍경 너머의 사람, 삶, 사회, 문화를 볼 수 있는 통찰력이 없으면 단순한 장소의 이동에 불과하다.

카잔차키스가 '새로운' 러시아에서 본 혹은 보고 싶었던 것은 '타락한' 유럽과 다른, 건강한 러시아의 도덕적 가능성이었다. 그는 러시아에서 매춘이 더 이상 성행하지 않는 또 하나의 이유는, 자본주의 사회를 감염시키고 타락시키는 또 다른 요인이 되는 성적 자극을 주는 볼거리나 읽을거리들이 존재하지 않기 때문이라며 영화관이나 극장에서 상상력과 육욕을 간질이는 작품을 절대 볼 수 없을 것이라고 안내한다. 물론 그 이후 그 극장이 오히려 어그러진 이데올로기의 선전장이 될 것을 예측하지 못한 건 그의 허물만은 아니겠지만, 그래도 아쉬운 대목이기도 하다. 그런 장소들이 이제 대중을 교육시키는 기능을 가진 국가기관이 되었다는 것은 분명히 읽어냈지만. 러시아에서는 인민을 정치·경제·문화적으로 향상시키는 것이 무엇보다 중요한 과제로 여겨지며 따라서 교육적으로 인민을 살찌워야만 공산주의 이념이 뿌리를 내리고 번성할 것이라는 예측은 당시 많은 유럽 지식인들을 매혹한 지점이기도 했다. 자본가들이 그들의 도시 중심부로 달려가 여흥을 즐기고 흥분하는 것과는 달리 러시아의 대중들은 배우고 알기 위해서 한데 모인다는 것이 얼마나 환상적으로 보였겠는가.

그러나 카잔차키스가 누구인가. 그의 묘사는 공산주의를 이상적 모델로 보는 것이 아니라 어디까지나 당시 사회, 특히 자본주의 사회의 부패와 비인격성에 대한 비판에서 비롯한 것이다. 흥미로운 것은 이러한 비판과 반성이 자본주의 사회의 자기반성과 수정을 부분적으로 혹은 일시적으로 촉발했지만 정작 공산주의는 비판 자체를 불허함으로써 자기 감시와 이상 실현의 노력이 제한되었다는 점이다. 우리가 이 책을 읽으면서 어느 정도 '영점 조정'이 필요한 것은 바로 이러한 이유들 때문이다. 당대의 관점에 최대한 접근해서 읽어야 한다. 동시에 현재의 관점에서 해석하고 평가할 수 있어야 한다. 그렇게 읽을 때 이 책의 진가가 드러난다.

나는 이 책을 읽으면서 『토다 라바』가 자연스럽게 겹친다. 오랜 러시아 여행에서의 경험을 광범위하게 기록한 『토다 라바』에는, 사실과 관찰 위주의 『러시아 기행』과는 또 다르게 카잔차키스의 내면이 충실하게 드러나 있다. 그의 공산주의 경험과 감회 그리고 새로운 미래에 대한 예측을 예술적으로 정리한 이 소설은 러시아 공산주의에 대한 카잔차키스의 최종적인 관점을 담아냈다. 모스크바까지 러시아를 종횡으로 거슬러가며 펼쳐지는 풍광들, 애정으로 바라보는 러시아의 어머니 대지가 영화처럼 펼쳐진다. 역사 속에서 자기 존재와 위치를 고민하는 소설 속의 다양한 인물들, 일곱 인물을 비롯해 역사의 도도한, 그로 인해 무자비한 물결에 휩쓸린 수많은 인물들의 모습은 매우 압축적이고 상징적이다('토다 라바'는 히브리어로 '감사합니다'라는 뜻이다).

러시아문학에 대한 카잔차키스의 시각과 영향

나 역시 러시아문학의 젖을 먹고 자랐다. 아니, 불꽃을 먹고 자랐다고 해야겠다. 거기에는 젖이라고는 없으니까. 러시아문학에 등장하는 반항적인 주인공들의 통렬한 고통과 열정은 확실히 우리 조상들의 유명한 걸작들보다 훨씬 더 강도 높게 내 영혼을 매혹시켜왔다. 흡입력이 강한 이 예술에는 유럽의 작품들과는 구분되는 그만의 독특한 특질─

크게는 다섯 가지 특질—이 있으며 그것들의 양상은 젊은 날의 내 피를 강력하게 흥분시키는 그런 것이었다.

이 고백만큼 러시아문학에 대한 오마주로 탁월한 것이 또 있을까? 적어도 나의 청소년 시기에 러시아문학의 자양은 어쩌면 내 평생 문학적 동경의 원천을 마련한 것이라고 고백하지 않을 수 없다. 그래서 나는 카잔차키스의 기행을 따라가면서 어쩔 수 없이 이 대목에서 가장 크게 공감할 수밖에 없다. 정치나 문화 등은 그가 기행하고 관찰하며 서술했던 내용들과 이후 러시아의 그것들이 너무나 크게 변질되거나 변화했지만 적어도 문학의 영토에서만큼은 여전했다는 점에서 더욱 그러하다.

러시아문학은 아름다움을 넘어서 종교적·윤리적·형이상학적 목표를 추구한다. 러시아 작가들은 항상 삶과 죽음이라는 중대한 문제에 휘둘리고 있었다. 그들은 묻는다. 이 지상에서 살아가는 목적은 무엇이며, 삶의 의미는 무엇인가? 우리는 왜 살며 일하고 고통받는가?

일찍이 그 어떤 문학도 러시아문학만큼 짧은 시간 안에 그렇게 강렬하게, 또 그렇게 깊고 풍부하게 인간을 감화시킨 예가 없었다. 러시아문학은 우리가 현실을 더한층 깊이 있게 이해하도록, 우리 영혼의 어둠을 좀 더 깊이, 더욱 두려운 마음으로 파헤쳤다. 그것은 낭만주의나 고전주의라는 틀에서, 자아나 간통이라는 질식할 것 같은 주제에서 우리를 해방시켰으며, 새로운 눈으로 우리 내면과 외부 세계를 보도록 가르쳐주었다는 카잔차키스의 평가에 완전히 동의한다. 물론 내가 바라본 러시아문학에서의 한계는 분명하다. 문화권이 다르기 때문이다. 그래서 나는 카잔차키스의 눈에 편승해서 그것을 공감하려 한다. 이 책이 적어도 내게 주는 매력 가운데 하나는 그것이다. 카잔차키스가 서구의 다른 방문자들보다 러시아의 영혼에 상당히 강한 친화력을 보였던 건 아마도 러시아 정교회와 그리스 정교회의 유사성 때문이었을 것이다.

나는 이 책을 쉽게 물 흐르듯 읽지 못했다. 지금은 물론이고 카잔차키스의 방문 이후 러시아의 변질은 이 책의 내용과 너무나 다른 결로 나타났기 때문이다. 그러나 그렇다고 해서 그의 시선에 오류가 있다는 것은 아니다. 때로는 그의 시선과 동일하게 흐르면서 바라보는 것이 어쩌면 당시 세계의 흐름에서 찾았던 대안의 모색이라는 점에서 과연 지금 우리는 그런 노력이라도 하고 있는지 두렵기 때문이다. 온갖 곳을 다 돌아다닐 수 있고 TV에서도 날마다 그런 프로그램들을 쏟아내며 소비하고 있지만 정작 깊은 안목으로 삶과 문화 그리고 시대를 꿰뚫어 보는 혜안은 눈을 씻고 봐도 찾기 어려운 이 부박한 현실에서 새삼 카잔차키스의 기행문이 살갑다.

1957년 74세 때 카잔차키스는 중국 정부 초청으로 중국을 방문한 후 돌아오는 비행기가 일본을 경유하는 까닭에 광저우에서 예방 접종을 했다. 그런데 북극 상공에서 접종 부위가 부풀어 오르고 백혈병이 악화된 데다 아시아 독감까지 겹쳐 10월 26일 사망했다. 그때 시신이 아테네로 운구되었지만 당시 그리스 정교회는 옹졸하게도 그의 시신 안치를 거부했다(그리스 정교회는 카잔차키스의 『그리스도 최후의 유혹』 등이 신성모독이라며 그를 파문한 상태였다). 어쩌면 그래서 고향인 크레타로 운구되어 안치될 수 있어서 다행이었는지 모른다.

> 나는 아무것도 바라지 않는다. 나는 아무것도 두려워하지 않는다. 나는 자유다.

그의 묘비명처럼 그는 살았고, 돌아다녔고, 썼다. 이 책은 그런 삶의 '행장기'의 일부일 것이다.

니코스 카잔차키스(Nikos Kazantzakis, 1883~1957)
그리스 크레타에서 태어나 아테네 대학교에서 법학을 공부하고 앙리 베르그송에게 철학을 배웠다. 1919년 공공복지부 장관, 1945년 내무장관을 지냈다. 1930년대에는 스페인, 영국, 러시아, 일본과 중국 등을 여행하며 많은 여행기를 썼다. 그리스 민족주의를 바탕으로 한계에 도전하는 투쟁적 인간상을 감동적으로 제시함으로써 현대 그리스 문학을 대표하는 작가로 꼽힌다. 대표작으로 장편서사시 『오디세이아』, 소설 『그리스인 조르바』 『그리스도의 수난』 『미할리스 대장』 『그리스도 최후의 유혹』 등이 있다.
『러시아 기행』(오숙은 옮김, 열린책들, 2008년)은 카잔차키스가 혁명 후 내전 중이던 1919년, 사회주의자로 전향했던 1922년부터 1924년까지 그리고 1928년까지 세 번의 러시아 여행의 기록이다. 카잔차키스는 소비에트 사회의 정치·문화적 분위기를 파악하기 위해 극장과 군대, 교회, 법원, 학교, 교도소까지 찾아가 그곳의 사람들과 이야기를 나누고 기록했다. 러시아 현대사를 기술한 어떤 책보다 생생하게 1920년대 말까지의 격정적이고 이상주의적이었던 소비에트 사회의 모습을 잘 보여준다.

힘겨운, 과거와의 화해

유진 오닐의 『밤으로의 긴 여로』

 가족은 세상에서 가장 든든한 성채다. 모든 사람이 배신해도 가족은 끝까지 감싸는 마지막 후원자인 경우가 대부분이다. 그러나 동시에 가족은 가장 상처를 많이 주고받는 관계이기도 하다. 남이라면 안 보면 그만이지만 가족은 그게 불가능하다. 불평등이나 불이익을 비판하면 가족끼리 어떻게 그리 야박하게 재고 따지며 사느냐고 핀잔이나 듣기 십상이다. 명절에 가족끼리 칼부림 등 불미스러운 일이 일어날 때 모두가 혀를 차지만 당사자들에게는 오랫동안 쌓였던 분노가 어떤 계기에 의해 폭발하여 제어하지 못해서 터지는 경우가 많다. 그래서 가족은 자칫 원천적 절망의 근원이 되기도 한다.
 미국의 극작가 유진 오닐은 자신의 가족사를 희곡으로 남겼다. 그것도 어둡고 무거우며 스멀스멀 다가오는 밤안개 같은 이야기를.

미국 현대 희곡의 아버지

유진 오닐의 삶을 한 마디로 압축하면 그리고 조금은 유머러스하게 말하자면 '호텔에서 태어나 호텔에서 죽은 사람'이다. 연극배우인 아버지의 유랑극단과 함께 머문 호텔에서 태어나고 홀로 호텔에서 쓸쓸하게 죽음을 맞았다. 그는 미국 연극 역사에서 가장 중요한 작가로 꼽히는 작가로 아일랜드 이민자 배우의 아들로 태어나 유랑극단을 따라 호텔과 기차와 무대 뒤편에서 어린 시절을 보내고 1906년 프린스턴 대학에 입학했다. 그러나 이듬해 자퇴(사실상 퇴학)하고 브라질, 영국 등 여러 곳을 선원과 부랑아 생활로 점철하면서 알코올 의존증과 자살 시도 등 파란만장한 청년기를 경험했다. 이때의 경험이 『밤으로의 긴 여로』에 그대로 녹아 있다.

유진 오닐의 청년기는 그야말로 '닥치는 대로' '마음 내키는 대로' 살았다. 그러니 어디 정착하지도 어떤 일에 천착하지도 못했다. 그러던 중 결핵으로 요양원에 입원하면서 스트린드베리와 입센을 읽고 자극받아 희곡을 쓰기 시작하여 『카디프를 향하여 동쪽으로』가 1916년 첫 상연되면서 기존의 상업적 멜로드라마가 판치던 미국 연극계에 신선한 바람을 일으켰다. 이후 그의 문학은 용암처럼 뜨겁게 솟아올라 『지평선 너머』 『애나 크리스티』 『이상한 막간극』 등으로 세 차례나 퓰리처상을 수상하는 엄청난 결실을 맺었고 마침내 1936년 노벨문학상을 수상하는 것으로 정점을 찍었다. 그러나 그 정점은 오래 가지 않았고 이후 깊은 침묵과 병으로 칩거하면서 서서히 잊혀져갔다. 그 시기에 쓴 작품이 바로 『밤으로의 긴 여로』였으니 유작인 셈이다. 이 작품으로 사후에 또다시 퓰리처상을 받았으니 퓰리처상과 아주 질긴 인연을 맺은 셈이다.

유진 오닐이 이 희곡을 쓴 것은 1939년 즉 노벨상 수상 후 정점에서 하강하면서 문단의 혹평과 질병 속에서 칩거하던 때였다. 나중에 그가 죽고 나서 부검했을 때 확인되었던 소뇌 퇴행성 질환 때문에 마비 증세에 시달리던 때였다. 자신의 삶을 작품화한 유작인 이 4막의 희곡은 아내에게 헌정되었다. 그는 헌사에서 자신의 '해묵은 슬픔을 피와 눈물로' 썼다고 고백하면서 가족에 대한 깊은 연민과 이해와 용서의 마음을 담았다고 밝혔다. 그는 아내에게 자신의 사후 25년 동안 발표하지 말라고 유언했으나 그녀는 고민 끝에 3년 뒤 발표했고 그의 대표작이 되었으며 연극으로 초연된 것은 1956년이었다.

이해, 연민, 용서의 가족사

가난하고 무지한 아일랜드 이민자 출신으로 돈에 대한 집착을 버리지 못해 파멸해가는 늙은 무대배우인 아버지 제임스 타이론과 마약중독자 어머니 메리, 알코올과 여자에 빠져 하루하루를 보내는 형 제이미 그리고 결핵을 앓는 시인 동생 에드먼드.『밤으로의 긴 여로』는 이들 등장인물을 통해 작가의 자전적 이야기를 인간의 보편적인 진실로 승화시킨 대표적인 예술작품을 평가받는, 유진 오닐의 마지막 희곡이자 리얼리즘이 가장 뚜렷하게 구현된 작품이다. 오닐을 가장 음울하고 비관적인 작가 중 하나로 만든 비극적 가족사를 이해와 연민의 시선으로 그리며 가족과 자신의 삶에 대한 위대한 용서를 담아낸 걸작으로 평가된다. 작가의 말을 빌리면 "27년 동안 자신을 고통 속에서, 방황케 했던 가족 네 사람에 대한 깊은 연민과 이해와 용서의 마음으로 쓴 글"이다. 자신의 가족사이기도 한 이 작품에서 작가는 죽은 둘째 형의 이름과 자신의 이름을 바꿔 배역을 정했다. 이야기는 가족 4명이 애정과 증오의 교착 속에서 서로 공격하고 마음을 상하게 하면서도 이해하고 용서하는 어느 하루 동안의 허무한 심리적 갈등을 묘사한다. 오닐은 부모와 형제들의 비참한 과거를 폭로한 이 작품을 '피와 눈물로 점철된 오랜 슬픔의 연극'이라고 부르며 생전에는 공표하지 않았다. 그러나 일단 이 연극이 상연되자 무시무시한 긴박감은 관중의 감동을 불러일으켰다.

이 작품에 대한 연극계의 평가 가운데 매우 독특한 점이 있는데, 배우들로서는 긴 대사가 계속되면서 어려워하고 연출자의 입장에서는 지문이 너무 세밀해서 연출과 배우의 상상력이 개입할 틈새가 없다고 불평하기도 한다. 그러나 오히려 대사의 묘미를 살려내는 데 일조한다는 평가도 공존하는 걸 보면 그런 평가가 크게 문제될 일은 아닌 듯하다.

왜 작가는 자신의 아픈 상처를 작품으로 썼을까? '과거와 화해하지 못하는 삶'이 가장 슬프고 불행한 삶이다. 유진 오닐은 작가로서 최고의 명성을 누렸지만 평생 그의 가슴을 짓누르던 가족사에 대한 응어리를 풀지 못했다. 과거는 잠시 잊을 수는 있어도 지울 수는 없다. 아픈 과거일수록 더욱 그렇다. 그는 그 아픔을 희곡으로 표현하면서 자신의 과거와 화해하고 싶었다. 그러나 작품을 발표하면 돌아올 자신의 가족사에 대한 세평이나 다른 가족들이 감당해야 할 무게가 부담스러워서 살아있는 동안에는 발표하기 두려웠다. 그만큼 치열한 갈등과 복잡한 내면이 잘 드러난 작품이다. 아픈 상처이기 때문에 생전에 발표하는 걸 두려워했지만, 사실 이러한 갈등과 상처는 정도의 차이만 있을 뿐 거의 대부분의 가정이 겉으로 드러내지만 않을 뿐 피할 수 없는 본질이다.

작가 자신을 투사한 둘째아들 에드먼드는 긴 방황 끝에 돌아왔지만 병 때문에 고생한다. 실제로 작가의 어머니는 둘째 아들을 친정에 맡겼는데(남편의 유랑극단을 따라다니느라) 큰아들이 옮긴 홍역 때문에 죽었다고 여겨서 큰아들을 미워하고, 막내아들(유진 오닐)을 낳다가 자신의 건강을 해쳤다고 여겨서 그를 미워했다고 한다. 비극의 원인은 유랑극단 배우인 아버지였다. 돈에 집착한 아버지는 의료비를 아꼈고, 그 결과 가족들은 충분한 의료서비스를 받지 못해 고통받았다. 유진 오닐의 청년기 방황은 이러한 부모와 형제 등 가족에서 벗어나고 싶어한 발로이기도 했다.

안개, 몽환과 비현실성의 상징

이 작품을 관통하는 상징이 바로 안개다. 안개는 살벌한 현실이 안겨주는 참혹함과 참담함으로 상처받기 쉬운 여린 주인공들을 보호해주는 자연의 은혜로운 장치며 피난처다. 동시에 몽환이라는 비현실성도 상징한다. 이러한 비현실적인 피난처라는 개념은 서로를 사랑하는 동시에 증오하는 사람들, 구원을 믿지 않는 사람들, 서서히 다가오는 밤만을 기다리는 이 가족들에게 침묵의 위로이기도 하다. 이 점은 작가의 분신인 에드먼드가 자신을 '안개 인간'이라고 한 고백에서 분명하게 드러나고 있다. 분명한 것은 없고 거리를 명확히 파악할 수도 없으며 그렇다고 분리되지도 않는 상태와 상황이 이 가족의 관계에 그대로 잠입한 것이 바로 안개다.

안개는 모든 것을 숨겨주지. 세상으로부터 우리를 숨겨주고, 또 우리로부터 세상을 숨겨주지. 안개가 드리우면 모든 게 변한 듯하고, 그대로인 게 하나도 없다는 느낌이 들어. 그 속에서는 아무도 우리를 찾아내지 못하고 건드리지도 못하지.

유진 오닐은 그런 점에서 평생 그 안개에서 벗어나지 못했다. 때로는 그 안개를 부인했지만 끝내 부정하지 못했다. 그리고 죽음을 앞에 두고 마침내 그 안개를 걷어내려고 용기를 냈던 셈이다. 가족들 각자가 지니고 있는 막연한 두려움의 실체를 하나씩 직면하는 것을 통해 태연함을 가장하던 가족들이 두려움이 엄연한 현실로 다가올 때 각각 어떤 태도와 행동을 보이는가에 주목해보면 안개의 상징성이 어떤 의미인지 실감할 수 있다. "'흰 커튼 같은 안개'가 바닷가의 집 한 채를 친친 동여맨" 상태는 지금도 수많은 가정에 드리우고 있다.

아버지와 두 아들은 술, 어머니는 마약으로 절망과 쓰라림을 견디며 잠깐씩 서로를 이해하는 듯하지만 끝내 화해하지도, 구원받지도 못하고 죽음과도 같은 절망의 나락에 빠져드는 고통을 공감하면서 읽어보면 이 희곡이 얼마나 처절한지 실감하게 된다. 가족들 각자가 자신의 행동과 고통을 다른 가족들 탓으로 돌리는 반복에서 우리의 삶을 반추하게 된다. 동생이 제대로 치료받지 못한 것이 아버지의 구두쇠 기질 탓이라 여기는 제이미와 아버지의 대립은 갈등의 핵심을 고스란히 드러낸다. 마을의 실력 없는 의사 하디에게 동생을 맡긴 건 진료비가 1달러밖에 안 들기 때문이라고 대드는 아들, 거기에 대한 변명을 늘어놓는 아버지.

제이미   형편이 안 된다고요? 아버지는 이 일대에서 가장 넓은 땅을 가진 사람 중의 하나예요.

타이론   그렇다고 해서 부자는 아니지. 그 땅들이란 게 모두 저당 잡혀 있는 판인데…….

제이미   저당금은 갚지 않으면서 자꾸 땅만 더 사들이니까 그렇죠. 만약 에드먼드가 땅이었다면, 아버지가 좋아하는 땅덩어리였다면 돈을 몽땅 쏟아부었을 걸요!

어쩌면 이 대목이 극 전체의 비극성을 설명하는 듯하다. 왜 아버지는 그렇게 돈에 집착할까? 아일랜드 이민자가 겪은 가난의 질곡에 대한 공포는 어쩌면 생래적인 듯하다. 좋은 배우가 될 수 있었음에도 돈을 위해 유랑극단의 유명배우로 살면서 느끼는 자괴감과 허탈감을 돈을 통해 보상받고 싶은 아버지 타이론이 가족들의 생활 안정을 위해 꿈을 포기한 것은 아니었을까? 대부분의 가장들이 그러하듯이. 그러나 그런 경우에도 자식의 병 치료를 위해 돈을 아끼지는 않을 것이다. 그런 점에서 아버지 타이론의 태도는 유별나다.

작가의 분신인 에드먼드의 대사를 통해 유진 오닐이 던지는 주제 의식이 가장 잘 드러나는 부분은 바로 4막에서 술 마시는 타이론과 술 마시고 돌아온 에드먼드의 낯선 대화 중 에드먼드의 대사일 것이다.

에드먼드   저는 안개가 좋아요. 안개 속을 걷고 싶었지요. (술기운이 슬슬 오르는 표정과 목소리가 느껴진다.)

타이론	좀 더 분별 있는 행동을 해야지. 괜히 위험하게…….
에드먼드	분별 따위, 엿 먹으라 하세요! 다들 미쳐 돌아가는 판인데 분별 있어서 뭐하려구요? (비웃는 투로 다우슨의 시를 낭송한다.)

    에드먼드가 안개 속에 있고 싶은 건 모든 게 비현실적인 것들처럼 보이고 들렸기 때문이다. 실체는 하나도 없고 진실이 진실이 아니며 삶이 자신을 피해 달아날 수 있는 '또 다른 세계 속에 홀로 있는 것' 같았기 때문이다. 철저한 고립과 원망이다. 그것은 자신이 '안개에 속한 유령'이라는 고백이다.

    모든 아버지와 아들은 대립한다. 그리고 그 대립과 갈등으로 성장한다. 하지만 그 갈등이 서로 감당하지 못하는 수위까지 치솟을 때 비극이 발생한다. 우리는 이 부자의 갈등을 바라보면서 자연스럽게 자신의 삶을 대입해볼 수 있다. 과연 내가 에드먼드라면 타이론을 조금이라도 이해할 수 있을까? 내가 타이론이라면 제이미와 에드먼드를 설득할 수 있을까? 설령 그럴 의지가 있다 하더라도 용기를 내 실천할 수 있을까? 오닐은 끊임없이 우리에게 그런 질문을 던지고 있는 셈이다. 내가 어머니 메리라면 이 남자들의 고루한 갈등과 대립의 애증을 바라보면서 어떤 느낌이 들까? 그녀의 선택과 행동을 상상해보는 것도 흥미롭다.

끝없이 반복되는 갈등의 운명

이 드라마는 마치 그리스 비극의 주인공들처럼 운명의 사슬에 단단히 갇혀 있는 느낌이다. 늙어서 빈털터리가 되어 구빈원에서 죽게 될까봐 두려운 타이론, 남편의 지나친 인색함 때문에 그리고 순회공연 때문에 둘째를 잃었다는 점 때문에 남편을 증오하는 메리, 두 아들을 그런 이유로 미워하는 메리, 그러면서도 두 아들을 끔찍이 사랑하는 메리, 자신의 운명을 타자에 의탁하는 제이미, 깊은 연민과 사랑을 받으면서도 가족에 드리운 어두운 운명의 그림자를 걷어낼 능력이 없는 에드먼드 등의 가족을 보면 운명론이 강하게 작동하는 느낌이 들 수밖에 없다. 그런 점에서 같은 비극의 구조이지만 아들에 대한 마지막 사랑으로 보험금을 위한 자살을 선택한 아버지 윌리 로먼에게, "당신은 방금 왕이 걸어 나가시는 걸 본 겁니다. 고난을 겪는 훌륭한 왕을. 열심히 일했지만 아무도 알아주지 않는 왕 말입니다. 무슨 말인지 알아요? 그는 멋지고 믿음직한 아버지였어요. 항상 자식들만 생각한."이라고 외치는 아들 비프의 극적인 화해와 용서를 통해 그 운명의 사슬을 마침내 풀어내는 아서 밀러의 『세일즈맨의 죽음』과는 얼마나 다른가. 오닐의 이 작품은 끝내 그 운명에 함몰되는 비극이다. 어쩌면 그래서 실제로 유진 오닐이 유작으로 남긴 듯하다. 그러나 그 과거와 화해하지 않고 삶을 마감하는 것이 더 두려운 마음이었을 것이다.

오닐이 헌사에서 "해묵은 슬픔을 피와 눈물로 썼다"라고 고백할 정도로 고통스러운 내용은 읽을수록 가슴을 아프게 헤집는다. 그러나 누구나 안고 있는 가족사의 아픈 부분을 직시하고 손을 내밀어 화해해야 한다는 점에서 이 희곡은 유진 오닐만의 가족사가 아닐 것이다. 어두운 그림자들과 정면으로 대면할 용기가 있어야 용서와 화해가 가능하다는 점을 아프게 보여준다.

유진 오닐의 이 작품이 오랫동안 사랑받고 높은 평가를 받는 까닭은 헤럴드 블룸의 말로 가장 잘 대변된다고 할 수 있을 것이다.

"『밤으로의 긴 여로』는 미국 최고의 희곡임에 틀림없다. …… 결혼, 부모 자식 관계의 상처가 이처럼 너무도 가차 없이, 애절하게, 누구도 잊을 수 없는 고통스런 강렬함으로 그려진 작품은 없다."

유진 오닐(Eugene O'Neill, 1888~1953)

유랑극단 배우였던 아버지를 따라다니며 불우한 어린 시절을 보냈다. 대학을 중퇴하고 부랑자 생활을 하다가 1916년 『카디프를 향하여 동쪽으로』로 등단했다. 유럽에서 개발된 사조나 극작 기법을 과감하게 도입해 끊임없이 실험하며 인생을 불행하게 만드는 불가해한 힘을 밝히려는 주제의식을 일관되게 표현함으로써 '미국 현대 연극의 아버지'로 불린다. 1936년 노벨문학상을 수상했다. 주요 작품으로 『지평선 너머』 『애나 크리스티』 『이상한 막간극』 『아아! 황야』 『얼음장수 오다』 등이 있다.

1956년 발표된 『밤으로의 긴 여로』는 자전적인 이야기를 고통스럽게 드러낸 오닐의 최대 걸작으로 꼽힌다. 하루 동안 전개되는 가족의 이야기를 그린 이 작품은 좌절한 마약 중독자 어머니, 사회생활에 실패하고 남편과 아버지의 구실을 제대로 못하는 아버지, 심한 알코올 중독자인 큰아들, 인생에 환멸감을 느끼는 결핵환자인 작은아들 등 중심인물들의 내면을 섬세하게 묘사하며, 숨기고 싶은 어두운 과거를 끄집어내 위대한 화해와 용서로 승화시킨다.

어떻게 공감하는가?

수전 손택의 『타인의 고통』

누군가 고통을 받고 있는 모습을 보면 안타깝고 속상해하는 건 인간의 본성이다. 일찍이 맹자가 말한 측은지심惻隱之心은 공감과 연대의 바탕이 어디에 있는지를 보여준 것이다. 인간관계가 해체되거나 형해화되는 현실에서 공감은 중요한 덕목이다. 그래서 '공감능력'을 측정하는 방식이 다양하게 제기되고 그런 능력을 요구하는 분위기다.

날마다 신문이나 방송 그리고 SNS 등을 통해 전쟁이나 천재지변으로 고통받는 이들의 모습을 본다. 애잔하고 안타깝다. 그럴 때마다 나는 타인의 고통에 대해 공감하고 있다고 생각한다. 그런데 의외로 진정한 공감이 어떤 건지 명확하게 정의하지 못하는 경우가 많다. 세월호 유가족의 단식장에 몰려온 일베 등 무리들이 그 앞에서 비웃듯이 이른바 '폭식투쟁'하는 모습을 볼 때 분노했다. 혐오 표현, 사이버폭력, 소시오패스 등의 모습을 보면서 그런 자들과 같은 하늘 아래 사는 것이 부끄럽다. 현대인들이 고독한 이유가 상당 부분 공감능력의 결여에서 비롯한다는 분석에 대해 전적으로 반박하기 어려운 게 현실이다.

행동하는 지성 수전 손택

공감이란 개념을 처음으로 학문적 영역으로 도입한 건 미국의 심리학자 에드워드 티치너가 독일어 'Einfühlung'을 번역해서 만들었던 1909년이었다. 독일어 Einfühlung은 'ein(안에)'와 fühlen(느끼다)이 결합된 말이다. 그러니까 '들어가서 느끼다'라는 뜻이다. 이 말은 타인의 입장에 들어가서 바라보고 느낀다는 뜻이라는 점에서 sympathy보다는 empathy에 가깝다고 볼 수 있다. 즉 타인의 관점에서 생각해보고, 그 입장에 나를 실제로 대입해보며, 현재 그 사람의 입장이 그에게는 진실되다는 것을 인정하고, 그 감정을 타인에게 전달할 수 있는 능력이다.

그러나 '네가 아프니까 나도 아프다'라는 느낌인 공감에 대해 살짝 시비하는 책이 바로 수전 손택의 『타인의 고통』이다. 미국의 소설가, 수필가, 예술평론가, 극작가, 연극연출가, 영화감독, 사회운동가 등 하나의 범주에 한정시킬 수 없는 전방위적 사상가인 수전 손택은 「해석에 반대한다」(1966)를 통해 해박한 지식과 특유의 감수성으로 '뉴욕 지성계의 여왕'으로 칭송받았으며 인권과 사회 문제에 거침없는 비판과 투쟁으로 맞서 행동하는 지식인의 면모를 유감없이 보여준 인물이다. 그는 예술에서 의미를 찾으려고 애쓰기보다는 예술을 예술 자체로 경험해야 한다고 역설하면서 그 둘의 분리에서 생기는 사고와 감정의 괴리에 대해 날카롭게 분석하고 비판했다.

수전 손택은 베트남전쟁이 한창 중일 때 『파르티잔 리뷰』에 '지금 미국에서 무슨 일이 벌어지고 있는가'를 기고해서 미국의 은폐된 역사와 베트남전쟁의 허위를 고발하며 아메리칸 드림의 실상을 폭로했다. 이러한 그녀의 행동은 죽는 날까지 멈추지 않았다. 개인적으로 그녀의 인상적 행보들이라면 끔찍한 내전에 시달리던 사라예보에서 새뮤얼 베케트의 「고도를 기다리며」를 공연한 것, 9·11 테러와 이라크전쟁에 대한 비판적 입장 때문에 반미국적이며 반국가적이라는 비난까지 받았음에도 불구하고 타협하지 않았던 것 그리고 1988년 한국을 방문했을 때 김남주 시인 등 구속 문인의 석방을 촉구했던 일 등이다.

공감, 그러나 제대로 된 공감이 아니라면?

이 책의 표지는 검은 바탕에 수전 손택의 흑백 사진을 담았다. 눈빛이 아주 서늘하다. 그녀는 이 서늘한 눈빛으로 무엇을 이야기하는가? 그녀는 묻는다. "나와 상관없는 사람들의 고통을 우리는 어떻게 받아들이고 있는가?" 그녀는 대답한다. 타인의 기쁨과 아픔을 공감한다고 하지만 그 말은 진실이 아니다. 타인의 고통을 내 방식대로 재해석하거나 유추해서 이해할 뿐이다. 처참한 고통을 받고 있는 사람들, 그것을 구경하는 우리들에 대해 수전 손택은 날카롭고 냉철하게 분석한다.

책의 도입부를 버지니아 울프의 『3기니』로 시작하는 건 매우 상징적이다. 전쟁이야말로 타인의 고통이 적나라하게 드러나는 무대다. 울프는 "당신의 견해로는 우리가 전쟁을 방지하려면 어떻게 해야 한다고 생각하십니까?"라는 물음에서 '우리'에 주목한다. 거기에는 전쟁에 대한 남성성과 여성성, 권력자와 피권력자의 관점에서 바라보는 전쟁이 다르다는 비평이 깔려 있다. 전쟁을 실제로 경험한 적이 없는 사람들이 전쟁을 접하는 통로는 사진과 영상이다. 전쟁 사진들을 보면 얼마나 리얼한가. 그 순간의 긴장감, 참혹함, 현장의 소리들이 느껴진다. 그러나 수전 손택이 카메라를 보는 시선은 다르다. 카메라가 발명된 1939년 이래 사진은 죽음을 길동무로 삼아왔다. 그래서 카메라와 총에는 공통점이 내재한다. 피사체를 쏘는 카메라와 인간을 쏘는 총을 동일시할 수밖에 없다. 그래서 그녀는 '전쟁을 일으키는 행위는 곧 사진을 찍는 행위이다'라고 단언한다.

이러한 관점은 그녀의 다른 책 『사진에 관하여』(이재원 옮김, 이후, 2005년)에 분명하게 드러난다. "사진이란 원하는 곳이면 어디든 갈 수 있고, 원하는 것이면 무엇이든 할 수 있게 해주는 일종의 허가증이다."라고 정의한다. 그리고 사진을 수집한다는 것은 초현실주의자처럼 현실을 몽타주하고 역사를 생략해버린다. 그렇다. 현실이 아닌 초현실로 번역되거나 재해석되는, 사진의 검은 의도를 그녀는 예리하게 지적하고 있다. 사진은 이 세계를 백화점이나 벽 없는 미술관으로 뒤바꿔놓고 우리를 관람객으로 가둬버린다. 그런 점에서 그 사람의 삶에 끼어드는 것이 아니라 방문하는 것, 바로 그것이 누군가의 사진을 찍는다는 것의 핵심이다. 군이 노골적 프로파간다로 도배하지 않아도 사진은 그렇게 교묘하게 우리의 왜곡을 비밀리에 생산한다. 그러면서 가장 직설적이고 직관적인 공감을 조작한다. 사진은 세계의 모든 것을 피사체로 둔갑시켜 소비품으로 변모시킬 뿐 아니라 미적 논평의 대상으로 격상시킨다. 그래서 모든 것들이 결국 사진에 찍히기 위해서 존재하게 되어버렸다. 그리고 카메라를 통해서 현실을 구매하거나 구경한다.

카메라 이전에도 전쟁의 참혹함이나 고통받는 인간의 모습을 그린 그림이나 조각 작품들은 많았다. 그것들을 보는 것과 사진을 보는 것은 과연 같은 것인가? 로버트 카파의 「어느 공화군 병사의 죽음」과 고야의 「전쟁의 참화」를 비교해보라. 그것을 보는 이들에게 불러일으키는 인식과 감정은 어떻게 다른가? 이 책에 실린 사진들은 숨을 멈추게 만드는 충격적인 것들을 많이 담고 있다. 손택은 '이미지를 만든' 사진에 대해 말한다. 197쪽에 있는 올리비에로 토스카니의 「살해된 크로아티아 병사 마린코 가그로의 옷」과 181쪽 있는 제프 월의 「죽은 군대는 말한다. 매복 뒤의 소련 정찰군 모습(1986년 겨울 아프가니스탄의 모코르 근처)」 등의 여러 충격적인 사진들은 무엇을 말하는가? 전체의 상황을 이해하기에는 이 사진들을 읽어보는 것이 그 내면과 실체를 더 깊숙이 이해할 수 있다. 하나의 사진이 매우 많은 '메시지'를 함축하고 있기 때문이다.

우리는 영화 보면서 잔혹한 장면이 나오면 "난 절대 못 봐!" 하면서 손가락 사이로 다 본다. 이 책도 마찬가지다. 끔찍하고 충격적인 사진이라고 하면 더 보고 싶은 것은 무엇 때문일까? 불행과 잔악함에 대한 사랑은 연민만큼이나 인간에게 자연스러운 것이다. 조르주 바타이유가 간직한 사진 「백 조각으로 찢겨 죽는 형벌」은 그런 심리의 소산이다. 고통받는 육체가 찍힌 사진을 보려는 욕망은 나체가 찍힌 사진을 보려는 욕망만큼이나 격렬한 것이다. 그것은 끔찍한 사건이나 참사를 다룬 뉴스나 기사에 유난히 관심이 쏠리고 꼼꼼하게 보고 듣고 읽고 있는 지금 내 모습과 일치한다. 이러한 것들에 너무 익숙해져서 고통에 무뎌진 것은 아닐까? 손택은 사라예보에서 만난 어느 여인의 말을 전한다. "이런 일이 나에게 일어나지는 않는다. 나는 아프지 않다. 나는 아직 죽지 않는다. 나는 전쟁터에 있지 않다" 같은 만족감에서 '아, 끔찍한 일이군' 하면서 채널을 돌린다는 그녀의 고백에 주목한다. 그것은 무슨 의미일까? '나에게 일어나는 일이 아니라면 조금 불쌍하고 조금 분노할 일이기는 하지만' 그냥 봐줄 만한 일에 불과할 뿐이다. 그게 굳이 우리의 위악僞惡이나 위선은 아니다. 내가 어떻게 할 수 없는 일이라고 생각하면 연민은 금세 변화할 뿐이다. 몇 번 반복되면 익숙해져서 금방 지루해하고 냉소적으로 변해서 무감각해지고 시들해진다.

타인의 고통을 '소비'하는 시대

지금은 미디어의 시대다. 걸프전쟁(제1차 이라크침공이 더 정확한 표현이겠지만) 때 CNN에서 라이브로 전쟁이 생중계되었다. 우리는 거실에서 TV로 전쟁을 '구경'했다. 결국 그것은 타인의 고통을 스펙터클로 소비하는 시대에 살고 있다는 뜻이었다. 전쟁의 고통마저도 월드컵이나 영화의 한 장면처럼 소비하는 시대다. 그것은 담뱃갑의 경고 사진의 효과가 점점 줄어드는 것처럼 이미지 과잉으로 인해 점점 반응 능력을 잃어가는 우리의 모습을 상징적으로 보여준다. 전쟁을 겪었고 정권욕 때문에 무고한 사람들에게 죄를 조작시켜 생명까지 앗아간 사건들을 목격했고 대형 참사들이 끊이지 않고 터지는 한국사회에서 우리는 타인의 고통에 제대로 공감했을까? 세월호 참사만 보더라도 타인의 고통에 우리 사회에 어떻게 반응했는가를 돌아봐야 한다. 피해자들과 그 가족들을 조롱하는 일을 태연하게 저지르고 심지어 권력으로 그것을 조장했던 자들이 지금도 버젓하게 큰소리치며 살고 있지 않은가? 그리고 우리는 그들을 모른 척한다. 분노했던 사람들이 말이다. 손택의 눈으로 해석한다면 우리는 '잠깐' 공감하고 분노했을 뿐, 그것을 자신의 방식으로 '소비'했을 뿐이다.

수전 손택은 서문을 안 쓰기로 유명하다. 그런데 이 책은 한국어판을 내면서 특별히 직접 서문도 쓰고 또 원저에는 없던 사진들을 많이 실었다고 한다. 그녀가 사진을 싣지 않는 까닭은 사진 '보기'가 아니라 사진을 보는 '경험'을 '사유'해보라는 뜻이다. 그런 점에서 한국어판에 사진을 실은 이유는 스펙터클이 아닌 실제의 세계를 보라는 예시인 동시에 어쩌면 우리에게 익숙하지 않은 사건들(그러나 미국이나 유럽에서는 익숙한 '사진들 속의 사건들')을 어느 정도는 가시화하는 것이 좋겠다는 배려일 것이다.

우리는 타인의 고통을 어떤 시선으로 바라봐야 하고 어떻게 받아들여야 하는가? 만약 내가 사진 속의 주인공이라면 내 사진을 '소비'하는 사람들을 어떻게 볼 것인가? 말로는 공감을 떠들지만 언제나 '타인의 고통'을 '들여다볼' 뿐 나의 고통으로 내재화하지 않는다. 손택은 이 책을 통해 이미지의 용도와 의미뿐 아니라 전쟁의 본성을 올바르게 직시하기를 요구한다. 그와 더불어 연민의 한계와 양심의 명령까지 진실하게 생각해보라고 요구한다. 그래서 타인의 고통을 내 것으로 아파할 수 있는 통각을 날카롭게 벼려야 한다고 냉엄하게 말한다.

흔히 예술평론가나 비평가라고 하면 어떤 작품에 대해 해설하고 의미를 분석하며 해석하는 것이라고 생각하는 통념을 손택은 의연하게 거부한다. 평론의 대상을 세상 전체로 확대시키는 그녀의 날카로운 비평은 읽는 내내 불편하고 부끄러움을 느끼게 하지만 손택에게 평론이란 타인의 슬픔에 참여할 수 있는 실천적 힘이라는 점에서 수긍하게 된다. 그녀의 문제적 선언인 「해석에 반대한다」는 텍스트에 기생하지 않고 평론의 형식을 창작의 형식으로 전환했다는 평가를 받았다. 그리고 그 언행은 그녀가 죽을 때까지 지속되었다. 이 책을 읽다 보면 『사진에 관하여』를 다시 찾게 된다.

2003년 독일출판협회가 제55회 프랑크푸르트 국제도서전에서 수전 손택에게 평화상을 수여하면서 "거짓 이미지와 뒤틀린 진실로 둘러싸인 세계에서 사상의 자유를 굳건히 수호해왔다."라고 이유를 설명한 것은 타당하다. 우리는 온갖 사건의 잔혹함과 폭력의 이미지를 소비한다. 그러나 "타인들의 괴로움을 생각해볼 수 있는 사람들의 능력이 두드러질 만큼 더 커졌다는 말은 아니다."라는 손택의 지적은 타인의 고통을 직접 경험해보지 않고도 그 참상에 정통해지고 진지해질 수 있는 가능성마저 비웃게 될 수 있다는 사실을 폭로한다. 거짓된 이미지를 통해서가 아니라 있는 그대로 봐야 한다. 이미지의 방식 자체를 문제 삼아야 한다. '재현된' 현실과 '실제' 현실의 참담함 사이의 괴리를 인식할 수 있어야 한다. 타인의 고통에 연민을 보내는 것만으로는 부족하다. 더 이상 조작된 이미지와 해석에 휘둘리지 말고 주체적이고 능동적으로 그 고통의 원인에 대해 날카롭게 분석하고 비판할 수 있어야 한다. 그게 올바른 공감이다.

수전 손택(Susan Sontag, 1933~2004)

미국의 소설가, 문예평론가, 사회운동가. 평론 「캠프에 관한 단상」과 「해석에 반대한다」에서 고급문화와 대중문화의 구분, 예술작품에 대한 과도한 해석에 반기를 들어 '새로운 감수성의 사제' '뉴욕 지성계의 여왕' '대중문화의 퍼스트레이디'로 주목받았다. 사회운동에도 적극적으로 나서 베트남전쟁, 이라크전쟁 반대에 목소리를 높였다. 주요 저서로 소설 『나 그리고 그 밖의 것들』 『인 아메리카』, 평론 『사진에 관하여』 『은유로서의 질병』 등이 있다.

2003년작 『타인의 고통』(이재원 옮김, 이후, 2004년)은 9·11 테러와 이라크전쟁을 계기로 제2차 세계대전 이후 전쟁이나 참화를 찍은 사진에 대해 사람들이 어떤 태도를 취해왔는지 분석한다. 이미지가 스스로의 생존을 위해 자극적이 될수록 타인의 고통은 소비될 수밖에 없으며, 그에 따라 고통의 이미지를 담는 행위는 일종의 '포르노그라피'가 되고, 이미지를 보는 행위는 '관음증'으로 변한다고 비판한다.

3. 영원한 사유의 보물

아무리 많은 지식이 쌓여도 자신의 영감으로 재구성하지 않으면 그저 남의 지식을 적립해놓은 것에 불과하다. 예술은 말할 것도 없이 영감이 없는 정치, 경제, 사회, 철학은 무료하고 타성적일 뿐이다. 영감은 양념 같은 게 아니라 섬광 같은 것이다. 아무리 땔감이 많아도 불을 붙이지 못하면 쓸모없다. 상상력을 현실로 만드는 것 또한 영감이다. 영감은 짧은 순간에 발화된다. 그래서 그것을 미처 발견하지 못하는 경우가 많다. 영감의 순간을 포착하고 발화시키는 것이 정수精髓다.

여행, 생각의 이동
요한 볼프강 폰 괴테의 『이탈리아 여행기』

이제는 남세스럽고 스스로 민망해서 그만뒀지만 얼마 전까지만 해도 책 출판계약 때 구두로 조건(?) 하나를 요구했다. 10만 부 이상 팔리면 이탈리아의 작은 도시에 서너 달 보내달라고. 물론 그런 일은 벌어지지 않았다. 서른 권 가까운 책을 썼지만 가장 많이 팔린 게 2만 부 중반쯤이니. 왜 나는 그런 터무니없는 조건을 요구했을까? 중학교 때 처음 읽었던 괴테의 『이탈리아 여행기』가 그 범인일 듯싶다. 비슷한 시기에 읽었던 마르코 폴로의 『동방견문록』은 모험담에 가깝고 황당무계한 부분이 많아서 로망을 주지 않지만 괴테의 여행기는 꼭 이탈리아에 가보고 싶다는, 아니 그냥 쭉 둘러보는 것보다는 조금이라도 정주^{定住}하면서 느끼고 싶어지게 만들었다. 물론 가장 큰 동력은 당시는 해외여행이라는 게 '김찬삼 교수'의 전유물이었던 때라서 무망한 꿈이었기에 그저 나라 밖으로 나가보고 싶은 충동이 더욱 강했기 때문이었고, 여행기로서 김찬삼 교수의 책 말고는 처음 읽었던 기행문이었기 때문이었을 것이다. 어쨌거나 그 각인 효과가 꽤 크게 남은 책이었다.

대학 시절 국내 여러 곳을 여행하면서 다시 읽었다. 나의 여행에 뭔가 미심쩍은 여지가 늘 침전물처럼 남았기 때문이었다. 그래서 괴테의 여행기를 다시 읽었다. '아, 나는 공간의 이동에 취했고 새로운 곳의 발견과 구경 그리고 짧은 지식의 축적을 위해 부지런히 몸을 놀리고 있었구나!'라고 느꼈다. 여행은 공간의 이동이 아니라 생각의 이동인 것을 뒤늦게 깨닫게 해준 책이었다.

여행, 변모의 과정

여행은 공간의 변화 경험이기도 하지만 정신적 변화와 성숙의 과정이기도 하다. 그것은 새로운 세계와의 만남이며 동시에 자아의 성숙과 내면화를 지속적으로 혹은 간헐적으로 수행하는 과정이다. 인생의 전환기에 그런 여행을 누릴 수 있다는 건 삶의 축복이다. 괴테의 이탈리아 여행이 그랬다.

> 그렇다. 나는 마침내 이 세계의 수도에 도착했다! 15년 전에 유능한 안내자를 동반하면서 이 도시를 보았다면 복에 겨웠다고 할 수 있겠다. 그러나 나 홀로 방문해 내 눈으로 본다고 해도 이러한 기쁨이 늦게나마 부여된 것이 다행이다.

위대한 문호 괴테의 천재성뿐 아니라 삶을 변화시킨 기록이라는 평가를 받는 이 여행기는 그가 1786년 9월부터 1788년 4월까지 이탈리아의 여러 곳을 여행한 기록이다. 이미 질풍노도의 선구자였으며 위대한 작가였을 뿐 아니라 바이마르에서 고위 공직을 수행하던 괴테는 누적된 피로와 회의 그리고 자신의 대작을 위한 숨고르기를 위해 남몰래 쫓기듯 서둘러서 이탈리아로 떠났다. 분명 그 여행은 일종의 도피였다. 그러나 결과적으로 그것은 괴테와 그의 문학이 재탄생하고 더 높이 비상하는 계기가 되었다.

누구나 일상의 반복된 공간에서 벗어나고픈 욕망을 갖는다. 힘들고 어려운 때일수록 그 욕망은 더 강하다. 그러나 그것은 일상의 권리와 의무를 동시에 포기할 것을 요구할 뿐 아니라 겨우 손에 쥔 대가를 미련 없이 내려놓아야 하는 형벌이기도 하다. 그래서 우리는 쉽게 떠나지 못한다. 경제적으로 그리고 시간적으로 여유가 생겨서 떠나는 여행은 일종의 휴가다. 그것은 곧 되돌아갈 자신의 자리가 안전하다는 안도감 속에서 이뤄지는 일종의 선물이다. 그러나 모든 것을 내려놓고 오랫동안 그 자리를 떠나면서 그 자리가 여전히 존재할 것이라거나 잠시 소나기를 빗겨 재앙을 피함으로써 더 나은 자리를 희망할 수 있는 긴 여행이란 쉽지 않다. 결국 우리는 어쩌면 나는 떠나지 못하면서 다른 이의 여행을 엿보면서 대리만족하는 것인지도 모른다.

나는 위 구문을 읽을 때마다 '마침내'라는 낱말에 오랫동안 눈길과 마음이 닿는다. 이 낱말 하나를 말할 수 있기 위해 견뎠어야 할 시간들을 새겨봐야 한다. 단순한 부사가 아니다. 문장의 성분을 구성하는 낱말이 아니기에 있어도 그만 없어도 그만인, 그저 수사적인 역할을 하는 낱말이 아니다. 그것은 하나의 거대한 전환이다. 내 일상에서 '마침내'라는 부사를 쓸 수 있는, 쓸 수 있기 위해 치러야 할 일들은 과연 무엇이었을까? 그냥 우연히 들렀거나 패키지여행 상품의 한 여정이 아니다. 긴 시간 동안 꿈꿨던 곳에 도달했을 때 '마침내'라는 말을 쓸 수 있기 때문이다. 과연 나는 어떤 곳에 도착했을 때 그런 말을 할 수 있을까. 그러려면 그 꿈과 희망을 깊이 그리고 오래 간직하고 있어야 하고 틈틈이 그 방향으로 고개를 돌려야 한다. 우리에게 '그곳'은 과연 어디일까. 괴테가 로마에 도착했을 때의 감격은 바로 그 바람의 실현에서 오는 감사의 감탄이었을 것이다. 그저 인증샷이나 스탬프 수집을 위해 스쳐가는 곳이 아니다.

분명 도피의 일환이기는 했으나 그는 거기에서 얻은 수많은 영감을 통해 과거와는 전혀 다른 재탄생을 일궈냈다. 꿈꾸던 그곳에 가서 제 눈으로 확인한 현장은 감탄과 경이만 준 게 아니다. 그는 한때 고딕 양식에 찬사를 보냈지만 막상 이탈리아에서 만난 수많은 엄청난 고딕 건축에서 그가 느낀 감상은 엉뚱하게 그것의 우매함이었다. 내 개인적 경험으로 볼 때 북경의 자금성에서 그랬고 로마나 밀라노의 대성당 건축물을 눈앞에서 봤을 때 분명 처음에는 경이로움을 지울 수 없었다. 그러나 북부 이탈리아의 어느 도시에서나 목격하는 그 고딕 건축물들을 볼수록 천상으로 올리는 기도와 신앙 운운하는 진부한 표상이 얼마나 웃기는 변명인지 어렵지 않게 느낄 수 있었다. 그것은 결국 또 다른 형태의 바벨탑이고 욕망의 표상이었다. 괴테가 고딕 양식 건축물에서 우매함을 읽은 것 또한 크게 다르지 않을 것이다. 그런 점에서 이탈리아 여행 후에 다시 읽어보는 괴테의 『이탈리아 여행기』는 이전과는 다른 느낌으로 읽힌다. 괴테가 그런 자기 변화의 느낌을 얻은 것은 비단 장소의 현장성 때문만은 아닐 것이다. 그가 고딕 양식에 찬탄했던 시기는 이탈리아에 여행하기 훨씬 이전의, 상대적으로 젊었을 때의 감상이었지만 시간이 흐르고 경험과 지식이 쌓이면서 보는 눈과 해석이 달라졌기 때문이다. 그러므로 모든 여행에는 그 이전과 이후의 같음과 다름을 정리해봐야 한다.

괴테가 베로나에서 줄리엣의 무덤에 대해 별 감흥을 느끼지 않은 것에 의아해할 수도 있을 것이다. 다른 사람이면 몰라도 소설가이기도 한 본인이 선배 문인이며 대문호인 셰익스피어의 작품 현장(그것이 비록 허구의 산물이라 할지라도)에 대해 시큰둥한 게 조금은 이상할 수도 있다. 이탈리아를 여행하면서 베로나에 가는 이유는 거의 하나다. 바로 『로미오와 줄리엣』의 무대인 도시에 대한 애정이며 특히 줄리엣의 집과 무덤에 대한 열망 때문이다. 그러나 정작 그곳에 가면 석조와 벽돌이 잘 조화된 그저 작은 집과 아담한 정원뿐이다. 괴테는 줄리엣의 무덤보다는 오히려 박물관에 있는 그리스 묘석에 더 애착을 보인다. 그럴 수도 있겠다. 그러나 막상 내가 줄리엣의 집에 가서 떠올린 괴테에 대한 상상은 조금은 달랐다. 질풍노도라는, 고전주의라기보다는 낭만주의에 가까운 독일 고전주의의 횃불을 든 문학혁명가의 눈에 이전의 고전주의 작가의 작품에 대한 실망과 반감이 작용하지 않았을까 싶었다. 물론 오로지 나의 개인적 느낌이었을 뿐이지만, 그 잠깐의 상상은 베로나의 그 장소와 괴테에 대한 다양한 생각을 씨줄과 날줄로 엮어볼 수 있는 기회였다. 사실 베로나에서 얻었던 즐거움은 줄리엣의 집이 아니라 강을 따라 천천히 걷는 산책과 오래된 성곽의 담벼락 등이었다. 유명세(?)의 허허로움보다 지금의 내가 걷고 만지고 느끼는 생동감이 주는 즐거움이었다. 괴테가 그 여행을 통해 변모한 것에는 미치지 못하겠지만 나의 짧은 여정에서도 분명 변화가 느껴졌다. 상상과 공감 그리고 자신의 해석이 여행을 통해 현장성으로 재현되는 것은 분명 색다르고 생산적인 경험이다.

정해지지 않아서 생산적인 여행

괴테는 자신의 여행의 중요한 의도가 육체적·도덕적 폐해를 치유하는 것이라고 편지에서 분명하게 고백했다. 휴가가 아닌 도피였다. 일에 치이고 사람에 상처받으며 자신의 삶과 업적에 대한 회의와 피로에 처한 사람의 심경은 어떨까.

　나는 괴테의 이 글을 읽을 때마다 피폐해진 자신에 대한 번뇌와 갈등을 겪었을 중년의 사내를 상상한다. 누가 봐도 이미 명예와 권력을 두루 누린 멋진 삶이었을 것이다. 자신도 그 삶에 충실했을 것이고 그 성과에 뿌듯했을 것이며 나름대로 보람을 느꼈을 것이다. 그렇지 않다면 줄기차게 용광로처럼 살아오지 못했을 테니. 그러나 그는 체질적으로 예술가였다. 자유를 속박당한 예술가에게 무엇을 더 기대할 수 있을 것인가. 힘든 결정이었을 것이고 누군가에게는 비겁한 선택으로 보였을 수도 있는 도피였을 것이다. 나는 괴테가 그 선택을 내리기까지의 과정이 궁금하다. 바이마르의 편협성에 질렸고 오랫동안 침체된 자신의 예술가 정신을 되찾고 싶은 욕구를 외면하지 않은 선택이었을 것이다. 쉽지 않은 선택이었을 것이다. 나라면 그렇게 할 수 있을까?

바이마르를 벗어나 로마에 도착한 뒤 괴테가 자신은 다시금 살아가는 법을 배워야 하는 어린아이와 같다고 고백한 첫말의 문장이 시종일관 작동하고 있음을 나는 느낀다. 그 느낌을 경험할 수 있다는 건 얼마나 행복한 일인가! 도피의 여행은 일단 성공적으로 보인다. 이탈리아에 도착하니 마음이 안정되는 게 평생토록 편안할 것 같다는 고백은 그런 점을 여과 없이 드러낸다. 그러나 그는 '편안함'에 안주하지 않았다. 그의 도피는 바이마르의 편협성에서 벗어나고 싶은, 그래서 한동안 잠들어 있던 예술혼을 깨우고 그 불꽃을 살리려는 도박이었기 때문이다. 그래서 그는 이탈리아 여행을 통해 인간과 예술가로서 새롭게 부활하는 전환점을 마련했다. 이탈리아 여정은 잠들었던 시심과 예술혼을 깨웠다. 그래서 내가 이 책을 읽을 때마다 가장 마음과 눈이 끌리는 대목은 이전 작품에 대한 냉정한 비평과 반성 그리고 미래의 작품에 대한 영감과 구상이 곳곳에 밴 부분들이다. 내게도 이전에는 빠른 걸음으로 그의 눈으로 '관광'을 했다면 이제는 느린 걸음으로 그의 뒤를 따라 걸으며 '아, 바로 이 대목의 성찰이 훗날 어떠어떠한 작품의 어느 곳에서 표상되었겠구나.' 하고 짐작해보는 즐거움이 쏠쏠하다.

다시 이 책을 읽으면서 나는 괴테의 시선과 다른 것들도 느낀다. 누가 옳다 그르다의 문제가 아니니 부담은 없다. 괴테가 나폴리 여행을 통해 나폴리와 그곳 사람들의 생각을 정리한 부분이 그런 한 예다. 괴테는 나폴리 사람들의 특유의 낙천성과 과장된 우월성을 그들의 입을 통해 그대로 옮긴다. 자신들은 낙원에 살고 있고 북쪽에 사는 사람들이 비참하다고 말하는 나폴리 사람들을 보면서 그는 어떻게 생각했을까. "왕은 사냥을 즐기고 왕비는 희망에 차 있다."라고 평가한 그의 눈은 옳았을까? 지금과는 달리 이탈리아 남부가 북부보다 잘 살았던 것일까? 실제로 나폴리 항구에서 지저분함과 초라함 그리고 그 반발에서 비롯하는 자부심을 내가 느꼈던 것과는 판이하다. 그러나 괴테가 그렇게 서술한 것은 아마도 나폴리의 자유 발랄한 분위기 때문이었을 것이다. 경제적 부의 문제가 삶과 사회를 결정하는 게 아니다. 나는 잠시 내가 괴테를 살짝 밀쳐본 게 계면쩍어진다.

물론 계면쩍기만 한 태클만 있는 건 아니다. 예를 들어 피렌체 기행이다. 괴테는 단테의 『신곡』을 사람의 손으로 만들어낸 최고의 걸작으로 평가했다. 문학적 존경뿐 아니라 어쩌면 자신의 도시에서 정치적 이유로 추방된 단테의 삶과 바이마르에서의 공직생활에 지쳐 스스로 도피한 자신의 모습이 겹쳐서 그런 애정과 존경이 더해졌을지도 모른다. 흥미로운 건 단테가 평생의 연인으로 품었던 베아트리체를 두세 차례밖에 보지 못했다고 하는데 피렌체의 단테 생가에 가보면 단테의 집에서 골목 끝을 돌아서면 서로 등을 맞대고 있을 만큼 가까운 그녀의 집(단테의 집보다 훨씬 크고 화려한)을 발견할 수 있다. 사람들은 대부분 단테의 집 앞에서만 서성이는데 그 골목을 천천히 걸으면서 베아트리체의 집을 오가면 그 말이 어쩌면 극적 효과를 위해 빚어낸 말이 아닌가 싶은 의구심이 든다. 나는 그 골목에 한참 서서 아무리 엄격하게 자랐어도 서로 모르고 지냈거나 원수로 지내지 않았을 테니 분명 여러 차례 봤고 말도 걸어봤을 것 같다는 생각이 들었다. 과연 괴테도 그 골목을 걸으면서 그런 생각을 했을까? 그렇게 슬쩍 괴테에게 시비하며 피렌체 여정에 동참하는 것도 가끔은 즐거운 일탈이다.

눈이 아니라 심장과 머리로

여행기나 기행문은 일차적으로 공간에 대한 서술과 거기에 담긴 다양한 에피소드와 지식이 결합된 것이어서 시각적인 면으로 먼저 다가온다(요즘은 시각뿐 아니라 미각과 후각까지 동원된 여행기들이 넘치지만). 그러나 괴테의 여행기를 읽다 보면 눈이 아니라 심장과 머리로 그의 여행에 동참하게 되는 생동감과 충일함이 함께 다가온다. 길다면 길고 짧다면 짧은 1년 9개월의 여정을 통해 다양한 예술적 체험과 새로운 세상과의 만남이 드러난다. 그러나 그것은 단순한 경치와 구조물의 묘사가 아니라 그 여정을 통해 낡은 관습의 틀을 벗고 진정한 예술가로 변모 진화하는 대가의 성숙 과정을 담고 있기에 묵직하다.

질풍노도라는 새로운 바람을 일으키며 독일문학을 새로운 차원으로 끌어올렸던 괴테가 이 여행을 통해 그 운동의 거칠고 미숙함을 깨닫고 의식적으로 질풍노도를 지양하고 진실로 위대한 예술의 이상을 찾아가게 된다. 이제 그의 문학적 여정이 고전주의에서 낭만주의로의 진행이 아니라 뜻밖에 그 역순으로 전개되는, 즉 예술의 이상과 미의 전형인 고전 정신을 추구하게 되는 것이 바로 이 여행을 통해서 이뤄졌다는 건 흥미로운 문학사적 즐거움이다.

개인적으로 나는 이 여행기에서 그의 예술적 문학적 관심보다 이탈리아 자체에 대한 관심, 즉 지형과 기상, 산림과 농업, 치수와 동식물을 비롯해서 길가의 돌멩이 한 개 나무 한 그루의 뿌리에까지 충실하고 세밀하게 관찰한 그의 탐구욕에 끌린다. 그의 날카롭고 철저한 관찰은 정말 놀랍다. 나는 그가 로마와 바티칸의 성당과 박물관 혹은 피렌체와 베니스의 광장과 두오모를 서술한 대목들을 읽을 때는 내가 봤던 그곳을 상기하면서 비교하는 즐거움을 음미하기도 했다. 그러나 그 대목에서 그리 오래 머물고 싶은 생각은 들지 않는다. 그러나 골목길에 박힌 주먹돌에 대한 묘사나 날씨 등에 대한 서술의 대목에서는 오히려 빠르게 읽으며 나갈 수 없다. 박제가 아니라 현재로서 숨 쉬고 있는 그 대상들을 괴테는 하나도 놓치지 않으려 했다. 나의 이탈리아 여행은 그랬던가? 물론 그의 여정에 비교할 수 없을 만큼 짧은 일정이라는 핑계는 있지만 근본적인 시야와 사고의 너비와 깊이의 차이를 인정할 수밖에 없다. 언젠가 10만 부 넘게 팔려서 보너스처럼 오르비에토, 루카, 볼테라 같은 작고 오래된 소도시에 몇 달쯤 머무르게 되면 그렇게 진화하려나.

괴테의 『이탈리아 여행기』는 내게 그런 자극과 성찰을 주는 좋은 길라잡이다. 그의 등 뒤에서 그의 여정을 따라가면서 이제는 눈으로만 볼 게 아니라 가슴과 머리로 느끼고 읽고 만들어내는 즐거움을 누리면서 나는 오늘도 천천히 책장을 넘긴다.

요한 볼프강 폰 괴테(Johann Wolfgang von Goethe, 1749~1832)
독일문학 최고의 문호로 불리는 괴테는 스물다섯 살 때 발표한 『젊은 베르테르의 슬픔』

으로 일약 질풍노도 운동의 중심 인물이 되었으며, 프리드리히 실러와 함께 독일 고전주의를 완성했다. 한편 바이마르 공국의 고위 공직을 맡으며, 식물학·해부학·색채학 등의 과학 이론을 연구하기도 했다. 대표작으로 『파우스트』, 『빌헬름 마이스터의 수업 시대』, 『빌헬름 마이스터의 편력 시대』, 『마리엔바트의 비가』 등이 있다.

1816~1817년 발표한 『이탈리아 여행기』(『이탈리아 여행기 천줄읽기』, 정서웅 옮김, 지만지[지식을만드는지식], 2014년)는 괴테가 오랜 바이마르 공직생활로 고갈된 창작력을 충전하기 위해 1786년 9월부터 1788년 6월까지 1년 9개월가량 베니스와 로마, 나폴리와 시칠리아 등지를 여행하며 쓴 편지들을 바탕으로 정리한 책이다. 괴테는 이탈리아 각 지역의 예술과 역사, 식물과 풍광, 각 지역 사람들의 모습을 둘러보면서 고대 미술의 조화와 균형, 절제를 자기 문학의 규범으로 삼기로 결심하고, 자신의 후기 고전주의 작품들에 대한 영감을 받게 된다.

진짜 여우는 누구인가?

니콜로 마키아벨리의 「군주론」

그리 두꺼운 책이 아니고 내용도 길고 어려운 것도 아니다. 저자가 누군지 모르는 이 거의 없고 그의 이름에서 비롯된 '마키아벨리즘'이라는 말도 하나의 보통명사가 되었다. 흔히 '권모술수'니 '수단과 방법을 가리지 않고 목적을 이루는 암공暗功' 등을 지칭하는 말에는 그의 이름이 늘 따라다닌다. 그런데 정작 그의 책을 읽은 사람은 그리 많지 않다. 책을 읽어도 거죽만 읽거나 이미 그런 편견 혹은 그릇된 선입견을 갖고 읽으면 생각이나 판단이 별로 달라지지 않는다. 마키아벨리의 『군주론』 이야기다.

마키아벨리의 삶과 피렌체 그리고 메디치

마키아벨리라는 이름은 그리 호의적이지 않다. 그 까닭이 무엇일까? 권모술수의 정치를 제안했기 때문에? 정말 그럴까? 읽어보지도 않고 누군가 평가한 판단에 그대로 의존하는 것만큼 위험한 것은 없다. 마르크스의 『자본론』 몇 쪽도 읽지 않은 상태에서 마르크스라는 이름조차 입에 올리는 게 위험하다고 학습된 상태로 살아온 우리 자신의 모습을 보면 쉽게 이해할 수 있다.

마키아벨리가 악평과 악명을 얻게 된 것은 피렌체에서의 일이 아니라 엉뚱하게도 훗날 유럽 교회가 신구교로 나뉘어 갈등하고 싸울 때 프랑스에서 벌어진 일 때문이다. 프랑스 최초의 종교전쟁인 위그노 전쟁(1562~1598)이 바로 그것이다. 오랜 전쟁에 신물 난 프랑스는 정략결혼으로 그 갈등을 해소하려 했다. 신교도였던 나바르의 왕이 결혼식을 위해 파리로 초청되었는데, 결혼식 하루 전날 파티 전야에 술에 취한 신교도들을 구교도들이 학살하는 사건이 일어났다. '성 바르톨로메오 축일의 대학살'이다. 그 학살을 주도했던 사람이 왕비 카트린 드 메디시스로, 바로 메디치가에서 시집온 사람이었다. 메디치가에 책을 바친 인물이 마키아벨리였고, 문제의 그 책이 바로 『군주론』이었다. 이후 신교도인 위그노의 한 사람인 이노센트 장티예가 『안티 마키아벨리』를 썼다. '안티'라는 말에서 알 수 있는 것처럼 호의적일 수 없는 내용이었다. 장티예가 그 책에서 구교도들이 저지른 학살은 바로 '마키아벨리적 수법' 즉 비도덕적 권모술수에 기인한다고 비판하면서 그 악명이 찍혔다. 가뜩이나 교황청에게 금서로 찍힌 상태였으니 신구교를 막론하고 마키아벨리라는 인물과 그의 저작인 『군주론』에 대한 악명과 비평은 별 저항 없이 받아들여지게 된 것이다.

책을 제대로 읽었다면 그런 악명과 악의적 비평이 합당하지 않다는 것을 발견할 것이다. 정치권력을 장악하기 위해서는 비합법적이고 비도덕적인 수단을 가리지 말라는 뜻으로 해석하는 것은 글의 거죽만 읽거나 당대의 사회적 구조에 대해 전혀 고려하지 않고 읽기 때문이다. 물론 이미 자리 잡은 선입견이 가장 큰 영향력을 행사하는 것은 말할 것도 없다. 마키아벨리가 비난받는 가장 대표적 문장이 "목적이 수단을 정당화한다."라는 말이다. 국가의 이익을 위해서 군주는 어떠한 수단을 취하더라도 허용되어야 하며, 국가의 행동에는 종교 및 도덕의 요소를 첨가할 것이 아니라는 주장이다. 그러나 여기에서 놓치면 안 되는 함의가 있다. 바로 어떤 목적이나 다 허용되는 것이 아니라 '정치적으로 좋은 목적'을 전제한다는 점이다.

마키아벨리는 위대한 군주와 강한 군대 그리고 풍부한 재정이 국가를 번영하게 만드는 중요한 요소라고 주장했다. 부국강병의 이론에서 강한 군대와 풍부한 재정은 필연적이다. 그러니 마키아벨리의 독창적 주장은 아니다. 사실 그가 제시한 강한 군대는 당시의 상황을 인식해야 비로소 이해할 수 있다. 당시 여러 도시국가로 갈라져 있던 이탈리아는 자체적인 시민군을 보유하지 않았다. 전쟁이 발생하면 다른 곳에서 용병을 고용해서 전쟁하는 경우가 대부분이었다. 그런 상황에서 마키아벨리는 자체의 시민군을 만들 것을 주장한 것이다. 지금의 관점에서 보자면 당연한 일이지만 당시 기득권층에게 그것은 충격적인 주장이었다. 귀족들은 평민들이 무기를 갖게 된다면 자칫 자신들에게 무기를 들고 반란을 일으킬 수 있다는 걱정이 먼저 앞섰다. 실제로 마키아벨리의 의도 가운데에는 시민들이 더 많은 권한을 부여받고 더 품위 있게 살아갈 수 있어야 자신들의 안전과 자유를 지키는 데 더 적극적으로 나선다는 점이 들어 있었다. 그는 군주가 직접 적개심을 불러일으킬 필요가 없는 제3의 심판기관을 내세워 귀족들을 견제하고 시민들을 보호해야 한다고 제안했다. 당시로서는 대담한 제안이었다. 지금의 관점으로 해석하는 건 어리석은 일이다. 아무리 메디치 가문이 막강해도 당시의 사회구조에서 귀족들의 권한을 제한한다는 것은 매우 예민하고 위험한 일이었다. 그러므로 그의 제안은 양날의 칼인 셈이다. 피렌체의 군주인 메디치 가문에 헌정한 이 책에 대해 메디치조차도 선뜻 받아들이기 어려웠던 것은 바로 이런 점들이 책 곳곳에 깔려 있었기 때문이었을 것이다.

당시의 피렌체는 스스로 매우 종교적이라고 자부하면서도 자신들의 영토를 침입했다는 이유로 교황청과 세 차례나 전쟁을 벌일 정도로 막강한 힘을 과시했다. 그런 도시에 사는 귀족들이 메디치 가문에 제안한 마키아벨리의 주장을 어떻게 받아들였을까. 내가 그 귀족이라면 과연 그것을 수용할 수 있었을까? 이미 피렌체가 안전한데 무슨 수작이냐고 일축했을 것은 뻔한 일이다. 분명히 다른 의도로 그런 '수작'을 벌인다고 저항했을 것이다. 그러나 마키아벨리는 그렇게 안심하기 전에 먼저 스스로 반성하라고 촉구했다. 오늘 날씨가 맑다고 앞으로 비가 내리지 않을 것이라고 믿는 것과 무엇이 다르냐며 논박했다. 마키아벨리는 인간의 본성을 꿰뚫고 있었다. 인간의 기만성, 비밀에 대한 두려움, 경쟁심, 증오, 감춰진 비겁 등을 우회하지 않고 직설적으로 찌르고 들어오는 마키아벨리의 주장은 위험할 수밖에 없었다. 그들에게는. 그러나 마키아벨리는 단호하게

3. 영원한 사유의 보물

말한다. "다시 한 번, 군주는 귀족을 존중해야 하지만, 시민의 미움을 사서는 안 된다는 점을 강조하고 싶습니다." 시민의 미움을 사지 않는 건 시민의 마음을 얻어야 가능한 일이다. 당대로서는 매우 대담한 발언이 아닐 수 없다.

그러니 얇은 분량이라고 가볍게 훑거나 고전이라는 무게감에 눌리거나 혹은 잔뜩 선입견을 깔고 읽을 일이 아니다. 적어도 헌정사에 적힌, '니콜로 마키아벨리가 로렌초 데 메디치 전하께 올리는 글'이라는 말에서 내가 바로 그 메디치의 로렌초라고 상상하고 읽어보면 이 상황과 의미를 충분히 읽어낼 수 있을 것이다. 혹은 당시 귀족들이 이 책을 직접 읽었거나 그 책에 대한 정보나 소문을 '전달해준 사람의 의도에 맞춘 각색으로' 들었다면 그리고 그 귀족이 바로 나라면 어떻게 반응했을까를 생각해보면 또 다른 면으로 다가올 것이다.

물고기를 잡아주지 말고 물고기 잡는 법을 가르쳐라

그렇다고 마키아벨리를 무조건적으로 옹호하거나 무비판적으로 수용하는 것은 오히려 더 위험하다. 분명 마키아벨리에게는 음험한 면이 있다. 제18장 '약속을 지키는 법'에서 군주는 신의를 지키는 것이 자신에게 불리해지거나 약속을 맺었던 이유가 사라지면 약속을 지킬 수도 없고 지켜서도 안 된다는 주장이 대표적이다. 모든 인간이 선하다면 모를까만 인간은 사악하고 군주와 맺은 약속을 지키려고 하지 않기 때문에 군주도 그들에게 했던 약속에 구속되어서는 안 된다고 주장한 것을 어떻게 해석해야 할 것인가. 성선설과 성악설이라는 고루한 이분법 중 어느 쪽을 선택하느냐의 문제를 떠나 인간의 본성을 사악하다고 결정하고 그렇기 때문에 군주가 약속에 구애받아서는 안 된다거나 심지어 자신에게 불리하면 언제든 주저하지 않고 그 약속을 파기해야 한다고 하는 주장은 아무리 좋게 해석하려 해도 동의하기 어렵다. 그런 바탕에서 지나친 자비로움은 혼란을 방치할 수 있고 그 결과 많은 사람들이 죽거나 약탈당하게 된다는 주장 또한 위험하다. 소수의 몇 명을 시범적으로 가혹하게 처벌해서 질서를 잡는 군주가 더 '자비롭다'는 주장을 맹자가 들었다면 과연 어떻게 반응할까 궁금할 지경이다. 지나친 자비로움이 공동체 전체에 해를 끼치고 군주가 집행한 가혹한 조치들이 특정한 '몇몇 개인'만을 해치는 것이라는 점은 훗날 공리주의적 허위를 정당화하기에 충분한 논거를 제시할 수 있을지 모르겠지만 '희생양'을 합리화한다는 점에서 '자유로운 개인'이라는 근대적 가치를 담보하지는 못하기 때문이다.

물론 마키아벨리가 제시하는 통치의 '기술'은 당시 이탈리아의 위기적 현상의 원인에 비춰서 해석해야 하고 그것으로부터의 해방을 호소한다는 면을 무시할 수는 없다. 해야 할 것을 위하여 실제로 행해지고 있는 것을 돌보지 않는 자는 자기의 생존만이 아니라 자기의 파멸을 가져온다는 그의 주장은 전적으로 군주에게만 해당되는 것이다. 마키아벨리에게는 당시 이탈리아 휴머니즘의 이상이었던 공공적인 선의 실현을 목적으로 하는 자유스러운 공민의 공동체는 관심의 일차적 대상이 아니었다. 그러나 그가 추구하는 현실주의는 분명 비참한 현실을 전제로 하고 있다는 점 또한 고려해야 할 것이다. 이상과 현실의 괴리는 어느 시절에나 존재하는 일이니까.

　정치를 오직 군주의 기술로만 이해할 때 '사랑받기보다는 두려움의 대상이 되라'거나 '가해행위는 일시에 해버리고 은혜는 조금씩 찔끔찔끔 오래 베풀어라'라는 통치술이 가능할 것이다. 그러나 그런 점 또한 다시 피렌체 공화국, 베네치아 공화국, 나폴리 왕국, 밀라노 공국, 로마 교황령 등 5강이 이탈리아의 주인이 되려고 다퉜던 점과 이들 세력이 너무 비등하게 강해서 어느 누구도 상대를 제압하지 못한 상태의 대결 양상이 지속되자 그 틈을 비집고 프랑스, 에스파냐, 신성로마제국 등 외세가 이탈리아를 호시탐탐 노리던 상황 또한 고려해야 한다. 실제로 프랑스의 샤를 8세의 침략과 루이 12세의 공격을 비롯해서 쉴 틈 없이 외세의 침범을 당하는 피렌체의 처지가 마키아벨리로서는 안타까웠을 것이다. 특히 딱 중간쯤에 있었고 엄청난 부를 가진 데 비해 군대가 없었던 피렌체는 가장 만만했고 게다가 강력한 왕국이 아니었다는 점에서 외교관의 경험이 풍부한 마키아벨리는 냉정하고 사실적으로 이 문제를 고민했을 것이다. 그런 점에서 마키아벨리는 그때그때 미봉적으로 대처하기에 급급하기보다 근원적으로 문제의 원인을 제거하고 어느 누구도 넘볼 수 없는 강력한 피렌체의 존재를 꿈꿨을 것이다. 그는 로렌초 데 메디치에게 강조한다. 군주는 신하에게 물고기를 자꾸 잡아다 줘서 계속해서 물고기를 잡아달라고 조르게 하는 게 아니라 물고기 잡는 법을 알려주어야 한다고.

　『군주론』을 읽으면서 당시 시대 상황이 매우 험난했다는 점과 그 위기를 극복하려는 지도자 역시 그만큼 험난할 수밖에 없었다는 점을 충분히 고려해야 이 책의 진가를 제대로 이해할 수 있을 것이다. 그가 이 책에서 군주가 정치적 관계 파악에 능해야 한다고 주장한 것은 바로 그런 연유 때문이다. 또한 군주는 상황의 변화에 따라 유연하게 행동해야 한다는 주장 또한 마찬가지다. 이러한 주장은 수백 년 전 이탈리아의 한 도시에만 적용되는 것은 아니다. 이 점을 지금 우리에게 확대시켜보면 나라 밖의 변화나 상황에 대해 거의 무관심하거나 무지한 한심한 상황에 고스란히 적용할 수 있다. 신문에서(신문도 거의 읽지 않지만) 국제면을 읽는 독자도 별로 없거니와 신문사에서도 그 지면에 심혈을 기울이지도 않으며 TV 뉴스에서도 마찬가지다. 그러면서 말로만 글로벌 운운하는 건 얼마나 우습고 위험한 일인가. 그런 점에서 마키아벨리의 이 책에서 우리가 반드시 읽어내야 할 지점이기도 하다.

다만 우리가 매우 신중하게 짚어봐야 할 대목은 마키아벨리가 체사레 보르자를 찬양한 부분이다. 보르자는 자기 군대를 만들고 시민의 지지를 얻어야 한다는 점을 확고하게 정립하고 실천한 인물이다. 그러나 그가 용병대 대장들 사이에 갈등이 생기자 화해의 의미로 용병 대장들을 불러내 잔뜩 술을 먹이고 그들이 노느라 방심한 틈을 타 심복들을 시켜 전부 죽여버린 사건을 마키아벨리가 매우 긍정적으로 평가한 부분을 과연 어떻게 볼 것인가? 마키아벨리가 권모술수의 대명사로 치부되는 부분 가운데 하나가 바로 이 사건이다. 여기서 놓쳐서는 안 될 단서가 있다. 자기 나라를 지켜야 할 지도자는 자신의 권력을 유지하기 위해(이 부분을 확대하면 단순히 '자신의 권력'이 아니라 자기가 지배하는 국가나 도시의 안정으로 볼 수 있을 것이다) 때로는 약속을 지키지 말아야 할 필요도 있다고 본 점이다. 모든 약속을 자의적으로 뒤집으라는 게 아니라 그런 전제하에서 혹은 그런 전제를 준수한다는 의미에서 그렇다는 뜻이다. 용병들이 본래의 목적을 수행하지 않고 오히려 부담을 주거나 태업했을 때 그 약속을 지킬 필요가 없음을 보르자가 보여주었다는 것이다. 보르자가 용병 대장들이 죽고 난 후 놀랍게도 그 용병들을 자기 군대로 흡수한 사건까지 고려해야 이 문제를 제대로 이해할 수 있다.

무엇보다 우리가 『군주론』을 읽을 때 가장 중요하게 고려할 점은 리더에게는 반드시 지지자들이 필요한데 그 지지자가 귀족이 아니라 시민 또는 인민에 기반을 두어야 한다는 사실이다. 귀족은 오만하고 지배와 명령에 익숙한 자들이며 자신들만의 이해관계에 몰두한다. 그 점은 지금의 현실에서도 크게 다르지 않다. 이 점을 놓치면 『군주론』은 자칫 지도자 혹은 지배자가 자신의 권모술수를 엉뚱하게 해석하고 정당화할 수 있는 근거를 마련할 뿐이다. 그런 자들을 현대에서도 너무 많이 목격하고 경험했다. 오독^{誤讀}은 필연적으로 오독^{汚瀆}을 초래한다. 군주만 여우의 모습과 사자의 모습을 한 몸에 지녀야 하는 게 아니라 시민 역시 여우와 사자의 뇌와 가슴을 한 몸에 지녀야 한다. 그게 지금 우리가 『군주론』을 읽는 방식이고 힘이며 당위일 것이다. 읽지도 않고 누군가 내린 그릇되고 편협한 정의^{定義}에 갇히는 어리석음부터 걷어내야 한다.

니콜로 마키아벨리(Niccolo Machiavelli, 1469~1527)
피렌체의 명망가 집안에서 태어나 29세에 제2서기관으로 정계에 입문해 최고행정관 비서관까지 올랐다. 외교 사절로 이탈리아 내는 물론 프랑스, 독일, 스위스를 순방하며 동시대의 여러 지도자를 만났다. 1512년 피렌체 공화정부가 붕괴하고 메디치가가 다시 지배하자 자리에서 쫓겨났다. 공직에 복귀하기 위해 『군주론』을 써서 메디치가에 헌정했으나 뜻을 이루지 못했다. 다른 저술로 『로마사론』 『전술론』 『피렌체사』 등이 있다.
『군주론』(강정인·김경희 옮김, 까치, 2015년)은 1513년에 집필했으나 출간은 사후인 1532년에 이루어졌다. 중세의 도덕률이나 종교관에서 벗어난 강력한 군주만이 분열된 이탈리아를 구원할 수 있다고 역설한 애국적 저서이며 위기의 정치학설이었지만, 전제군주 찬미, 권모술수주의, 목적만 정당하다면 수단은 아무래도 상관없다는 '악마의 대변자' 등으로 오랫동안 오해와 비난을 받았다. 하지만 최근에는 권력의 본질을 정확히 꿰뚫어보고 정치현실에 대한 객관적 분석을 했다는 점에서 근대 정치학의 초석으로 평가받는다.

내면의 울림을 깨우다

마틴 슐레스케의 『가문비나무의 노래』

순례자는 길 위에서 자신의 근본과 소명과 한계를 의식하는 사람입니다. 우리는 자꾸만 스스로 '아는 사람'인 듯 여깁니다. 아는 사람이 아니라 '찾는 사람'이 되는 것이 순례의 길입니다.

짤막하지만 강한 울림이 있는 말이다. 대단한 철학자나 사상가의 말이 아니다. 바이올린 제작자의 말이다. 그에게 거창한 철학적 용어나 개념을 찾는 건 무의미하다. 그런데 그가 건네는 말의 울림은 때론 철학자 이상의 통찰을 담고 있다. 이 책이 세상에 출간된 게 2011년의 일이니 '고전'의 영역에 초대한다는 게 어색하다. 그러나 시간의 경과가 아니라 시간을 뚫고 나갈 힘에 초점을 맞춘다면 이 초대가 그리 무색하지는 않다.

나무에 귀 기울이는 사람

노래하는 나무들은 대부분 어렵고 불리한 조건에서 자란다. 역경을 견뎌야 하는 척박한 땅에서 자란 나무들이 울림을 깊게 담고 있기 때문이다. 그곳에서 나무는 저항력을 기르고, 세포들을 진동하는 법을 익힌다. 빨리 자란 나무는 저항력이 약하다. 빨리 자란 나무는 자유롭게 공명하지 못한다. 그건 사람도 마찬가지 아니겠는가.

지은이는 작업장에서 나무를 다듬고 깎으며 바이올린을 만드는 동안 '듣고 본' 것을 매 순간 마음으로 읽어내고 글로 표현했다. 바이올린의 공명판으로 쓰기에 가장 좋은 목재가 바로 가문비나무다. 가문비나무는 밑동에서부터 40~50미터까지는 가지 하나 없이 줄기만 쭉 뻗는다. 특히 고지대에서 200~300년 넘는 세월 동안 서서히 자란 가문비나무는 천천히 자라면서 단단해진다. 그것을 다듬어 악기를 만드는 일은 무른 나무로 작업하는 일보다 힘들다. 그러나 장인은 그런 수고를 마다하지 않는다. 공명이 좋은 악기를 만들기 위해서다. 그런 악기를 훌륭한 연주자가 켜고 사람들은 그 음악에 감동한다. 이 모든 일들이 하나의 맥락으로 이어진다.

여기서 잠시 나를 한 그루의 가문비나무라고 상상해본다. 가문비나무는 높은 지대에서 자란다. 우리나라에서는 백두산, 지리산, 금강산, 설악산 등 상대적으로 춥고 높은 곳에서 자란다. 나무에게 그것은 좋은 조건은 아니다. 북유럽의 추운 곳에서 자라는 나무다. 식물이라고 아무 데서나 그냥 자라는 건 아니다. 혹독한 조건에서는 힘겹게 생존해야 한다. 그렇게 견디며 나이테는 촘촘해지고 목질은 단단해진다. 우리나라에서 자라는 가문비나무는 목질이 부드럽고 연하지만 추운 곳에서 자란 경우는 그렇지 않다. 힘겹게 자란 튼실한 목질을 품은 덕에 바이올린으로 부활한다. 자르자마자 그렇게 되는 것은 아니다. 오랫동안 응달의 바람 속에서 건조되는 기간을 거친다. 길고 험한 여정이다. 그쯤이면 불만과 불평이 가득할 것이다. 매일 팔자타령일 것이다. 하지만 깎이고 다듬어지며 여러 차례 도색을 거치면 아름다운 음색을 토해낸다. 그 나무의 삶을 어떻게 이해해야 할까. 우리 삶도 그와 크게 다르지 않다. 이런 상상을 통해 그 바이올린의 소리를 들을 때 나는 가문비나무의 생애를 느낄 수 있고 그 나무와 사람이 빚어내는 환상의 소리를 맛볼 수 있다. 그것은 나무의 내면과 더불어 악기의 내면 그리고 내 삶의 내면이 하나의 지점에서 만나는 놀라운 경험이다.

나무는 인류의 생존과 떼려야 뗄 수 없는 존재다. 헤르만 헤세는 말했다. "나무는 내게 언제나 사무치는 설교자였다. 나무와 이야기할 줄 아는 사람, 나무에 귀 기울일 줄 아는 사람은 진리를 경험한다. 나무는 교훈이나 비결을 설교하지 않는다. 삶의 가장 근원적인 법칙을 노래할 뿐이다." 나무는 삶의 원리를 그대로 보여준다. 겉으로 드러난 줄기와 가지는 부지런히 광합성을 통해 성장과 생존을 책임진다. 하지만 보이지 않는 뿌리는 자신이 땅에서 빨아들인 물을 줄기와 잎에 부지런히 보내준다. 마치 부모가 자식에게 모든 것을 쏟아 붓는 것처럼. 잎은 햇빛을 통해 얻은 양분을 줄기와 뿌리에 보낸다. 나무는 그 완벽한 조화와 협동에 의해 성장한다. 내 삶의 뿌리와 줄기 그리고 잎은 어떻게 작동하고 있을까. 이성, 감성, 감정 그리고 의지가 따로 떨어져 존재하는 게 아니라 긴밀하고 유기적으로 작동하는 삶이 아니면 나무보다 못한 존재가 된다.

    나무에서 삶을 배워야 한다. 나무는 비겁하지도 않고 제 욕심만 차리지도 않는다. 나무는 꾸준하며 서로의 존재와 역할에 대한 완벽한 이해와 공감으로 서 있다. 지은이는 이렇게 말한다.

> 뿌리와 잎은 서로 반대 방향으로 자랍니다. 한쪽은 땅속 깊이 파고 들어가고, 한쪽은 빛을 향해 뻗어갑니다. 그렇지만 둘 다 자기 재능과 소임에 충실합니다. 깊은 곳에 있는 물을 찾아 나서는 뿌리, 빛에 열려 있는 잎!

조화로운 대립과 영감

이 책을 단순하게 삶의 지혜를 가르치는 에세이로 여기면 안 된다. 거기에는 매우 깊은 성찰의 영성이 담겨 있다. 그게 이 책의 매력이며 장점이다. 숱하게 쏟아지는 책들 가운데 조금도 요란스럽지도 현학적이지도 않고 난해한 사상이나 종교적 교조 따위는 전혀 없으면서도 자연스럽게 깊은 성찰을 통해 영성에 접근하게 해준다. 그렇다고 그 영성에 어떤 특정한 종교의 갈래로 안내하려는 암수暗數도 없다. 삶과 자연에 대한 사유와 성찰을 자연스럽게 빚어내는 힘이 담겼다. 한 번 읽고 잊는 책이 아니라 늘 곁에 두고 영성이 무뎌지거나 성찰이 퇴색할 조짐이 보일 때마다 손길이 가는 책이다. 실제로 이 책을 좋아하는 사람들 가운데 종교인이 많은 것은 그런 매력 때문일 것이다. 그러나 교조적인 종교인이나 신도들에게는 무덤덤할지도 모른다. 우리나라의 그런 사람들에게는 늘 자신들의 교리와 배타적인 신념이 우선하는 경우가 워낙 많으니까.

그렇다고 그들을 가볍게 비난하는 게 능사는 아니다. 모든 것은 다양하고 때로는 대립적인 구도 속에서 진화하기 때문이다. 일방적인 것은 결국 획일적인 것이고, 결국 폭력으로 변질될 수밖에 없다. 그것은 개인에게도 마찬가지다. 그래서 때로는 내버려두는 게 좋다. 예술에서는 내버려두는 일과 의도적으로 형상화하는 일이 끊임없이 상호작용하면서 매력적인 작품이 탄생하는 경우가 허다하다. 억지로 의도하지도 않고 임의로 내버려두지도 않는 두 가지 미덕이 균형을 이루는 것이 의미와 가치를 지닌 결실을 만들어낸다. 내버려두는 일이 빗나가면 계획 없는 행동이 되고, 형상화하는 일이 빗나가면 강요가 된다. 그 균형은 적당한 '긴장감' 속에서 발현된다. 긴장은 대립적 구조에서 생긴다.

내 안에서도 그렇고 사회적 관계에서도 나는 나와 생각이 다르고 정서가 다를 때 불편하고 때로는 분노가 치민다. 그래서 그런 관계를 피하고 내 안의 인식을 회피하고 싶어진다. 그러면 결국 고치에 웅크리고 살게 될 뿐임을 알면서도 그렇다. 그렇다면 상대의 생각과 느낌을 내 것과 같은 결로 받아들일 게 아니라 그의 그것들을 '인정'할 수 있는 내공을 키워야 한다. '조화로운 대립'은 나에게 없는 특성을 존중하는 것이다.

> 매력적인 것은 모두 규칙적이고 정렬된 패턴과 낯설고 불확실한 패턴을 함께 지닙니다. 이런 상호작용이 모두에게 아름다움을 느끼게 합니다.

지은이의 말은 음악에서 그대로 나타난다. 특히 현대음악이 끊임없이 시도하고 생산하는 익숙함과 낯섦의 갈등과 조화는 새로운 '음의 아름다움'을 만드는데, 그것은 대립이 만들어내는 적당한 긴장의 조화다. 고전주의에 익숙한 사람들은 비례에 근거한 조화를 탐색한다. 그런 태도가 꼭 과거의 사람들에게만 해당되는 것은 아니다. 고전주의라는 게 과거의 유산이 아니다. 일정한 형식과 규범은 그것이 주는 가치와 미덕이 있기에 우리가 학습을 통해 훈련하는 것이다. 다만 그것들을 획득하고 오로지 자신의 권력의 수단 혹은 견고한 성채로 삼을 때 병폐가 나타나는 것이고, 그런 병폐들에 질겁한 사람들이 그것들을 깨뜨리는 일에 앞장섰던 것이다. 그러므로 우리는 늘 익숙한 것과 익숙하지 않은 것의 대립과 조화를 끊임없이 탐색해야 한다.

> 좋은 바이올린과 마찬가지로 인생에서도 익숙한 것과 낯선 것, 친밀함과 거리 두기의 상호작용이 중요합니다. 울림이 있는 삶에는 노이만의 건축 원칙이 구현됩니다. 익숙하고 친숙한 것만 추구하면 영감이 오지 않습니다. 이질적이고 낯선 것뿐이면 소통할 수 없습니다.

이 말은 칸트의 유명한 명제 '직관 없는 개념은 공허하고, 개념 없는 직관은 맹목이다'와 매우 유사하다. 익숙한 것에 대한 기대가 채워지면 안정감을 느낀다. 그게 깨지면 불안하고 혼란하다. 낯선 것들만 이어지면 안정감은 사라지고 그것들을 이해하고 소화하는 데 너무 많은 에너지가 소비된다. 그것은 인간의 숙명이기도 하지만 동시에 인간이 누리는 특권이기도 하다. 위대한 바이올린 장인 스트라디바리는 바이올린을 제작할 때 익숙한 패턴과 시각적 변화를 보여주는 미학적 유희를 적용했던 인물이다. 그래서 그의 악기를 사용하는 연주자는 늘 그것을 통해 영감을 얻는다고 한다.

그렇다, 영감! 영감이 없는 삶은 얼마나 지루하고 따분하며 비창조적인가! 아무리 많은 지식이 쌓여도 자신의 영감으로 재구성하지 않으면 그저 남의 지식을 적립해놓은 것에 불과하다. 예술은 말할 것도 없이 영감이 없는 정치, 경제, 사회, 철학은 무료하고 타성적일 뿐이다. 영감은 양념 같은 게 아니라 섬광 같은 것이다. 아무리 땔감이 많아도 불을 붙이지 못하면 쓸모없다. 상상력을 현실로 만드는 것 또한 영감이다. 영감은 짧은 순간에 발화된다. 그래서 그것을 미처 발견하지 못하는 경우가 많다. 영감의 순간을 포착하고 발화시키는 것이 정수精髓다.

나의 필체, 너의 필체

바이올린 제작의 명인인 지은이가 스트라디바리의 바이올린 세 대를 동시에 손볼 일이 있었다. 18세기 초에 제작된 그 악기들은 모두 아름답고 깊은 음이 나고 부드러운 동시에 힘 있는 울림을 가졌다. 포르테로 연주할 때도 귀가 따갑지 않고 피아노로 연주할 때 역시 공간을 채우고도 남는 명기인데, 같은 '필체'를 담았으면서도 그 어느 것도 서로 같지 않았다. 나무가 다르기 때문이다. 스트라디바리는 나무의 특성에 따라 각자의 바이올린에 개성을 부여한 것이다. 그는 자기 필체에 충실하면서도 저마다 다른 나무의 특성을 존중했다. 대패질할 때마다 껄끄러운 소리로 나무의 결을 느끼는 일은 나무와 대화하는 것이라 여긴다.

자기 필체에 충실하다는 것은 그만큼 공력이 쌓였다는 뜻이다. 그러나 대상의 물성을 무시하고 오로지 나만의 작법 안에 가둬놓고 똑같은 방식을 강요해서는 명장이 될 수 없다. 남들이 준 명성에 도취해서 정작 '나무의 소리'를 듣지 않는 바이올린 제작자를 상상해보라. 우리들에게는 그런 제작자가 너무 많고 우리 또한 그런 부류의 삶을 산다. 나무와 대화하고 보듬으며 나무의 이야기를 담아내지 못하는 목수는 그저 나무로 도구를 만들어 생계를 해결하는 직업인에 불과하다. 각 나무의 개성과 이야기를 살려주는 것이 장인의 제작 비결이다. 나무에 자기 생각만 강요하는 어쭙잖은 제작자는 나무의 결이 지닌 요구를 알아채지 못한다.

다시 나 자신을 나무라고 상상해본다. 지금까지 묵묵히 힘든 조건에서 살아남은 것도 대견하다. 통증을 참고 잘린 뒤 지루한 건조 기간도 견디고 목재로 켜진 뒤 장인의 손에 넘어간다. 제발 나라는 나무를 잘 읽어내고 내 말에 귀 기울이며 나를 그의 악기로 멋지게 환생시켜주면 좋겠다. 그런데 그가 나의 말을 들으려 하지 않는다. 제멋대로 깎고 도려내고 다듬는다. 내가 이 대접 받으려고 그 숱한 시간과 고통을 참았단 말인가? 그러나 다시 생각해보자. 그 장인은 바로 나 자신이다. 내가 나라는 나무를 키웠고 그 나무를 다듬어 이제 악기로 만든다. 그런데 정작 나라는 나무에게 묻지도 않고 들을 생각도 없다. 내가 그렇게 살아온 것은 아닐까?

나무를 깎아 형태를 잡았다고 악기가 되는 건 아니다. 칠하는 과정이 남았다. 그냥 쓱쓱 도료를 바르는 게 아니다. 칠을 통해 좋은 질감은 겉으로 드러나지 않고 나무를 살려준다. 그리고 나무 속에서 환하게 불을 밝힌다.

> 각각의 수지는 질감 안에서 고유의 재능을 발휘하며 녹아듭니다. 사람도 마찬가지입니다. 우리는 모두 고유한 선물을 받았습니다. 우리는 서로 더 존중하고 이해해야 합니다. …… 서로 믿지 않고 존중하지 않으면 우리는 칠감 속에서 녹지 않는 고독한 성분으로 남을 것입니다.

나라는 나무에 가장 적합한 칠감은 무엇일까, 어떤 방식으로 칠해져야 할까, 몇 번을 칠할까 등 자잘한 듯하지만 최종적인 마감의 중요한 선택들이다. 그리고 그렇게 만들어진 악기의 최종적인 가치는 다른 악기들과 조화로운 소리를 만들어내면서 자신만의 음색을 정확하고 견고하게 유지하는 일이다. 그러니 바이올린 제작의 장인 슐레스케의 잠언 같은 말 한마디가 그가 만들어내는 악기의 견고함과 같다.

가장 많은 악기가 동원되는 음악 양식이 심포니다. 심포니는 전 오케스트라가 함께 연주하는 다악장 형식의 곡이다. 그것은 '함께 어우러지는 음악'이라는 뜻이다. 연주자들이 하나가 된다는 것은 모두가 똑같은 음을 연주한다는 뜻이 아니다. 그것은 바로 '협연'이며 서로서로 귀를 기울이는 협동이다. 각 연주자가 자기 마음대로 연주할 권리를 포기함으로써 완성된다. 그것은 우리의 삶과 사회에서도 동일하게 적용된다.

이 책은 다변이 아니다. 문단 하나하나 천천히 곱씹어보면 삶을 해석하고 성찰하게 된다. 그것은 결국 사람됨의 본질을 깨닫는 것이다. 이 책을 읽다 보면 저절로 신학자이자 예술가가 되는 심오한 경험을 하게 된다. 그런 정도의 깨달음을 주는 책이 어디 흔하던가! 그런 책이면 충분히 '이미' 고전의 영토에 들어갈 여권을 발급받은 것이다.

마틴 슐레스케(Martin Schleske, 1965~)

독일의 바이올린 장인. 일곱 살 때부터 바이올린을 배우기 시작해 독일 미텐발트 국립 바이올린제작학교를 졸업하고, 뮐러-BBM 음향기술컨설팅회사 소속 바이올린제작연구소에서 공부했다. 이어 뮌헨응용학문대학에서 물리학을 전공한 뒤, 바이올린 장인 페터 에르벤의 작업실에서 일하다가 1996년 함부르크에서 바이올린 마이스터 시험을 통과했다. 현재 뮌헨에서 바이올린 제작 아틀리에를 운영하고 있으며, 이곳에서 해마다 약 20대의 바이올린, 비올라, 첼로를 만들어낸다. 세계 순회 연주를 하는 솔리스트들과 유명 오케스트라의 수석 주자들이 슐레스케의 바이올린을 연주하고 있다.

『가문비나무의 노래』(유영미 옮김, 도나타 벤더스 사진, 니케북스, 2013년)는 슐레스케가 작업장에서 길어 올린 365개의 맑은 생각과 세계적인 사진작가 도나타 벤더스가 찍은 52장의 인상적인 사진이 만난 아름다운 명상 책이다. 슐레스케는 고지대에서 비바람을 이기고 단단하게 자란 가문비나무를 찾아 나서는 일부터 어렵게 찾은 '노래하는 나무'를 깎고 다듬고 칠해 바이올린으로 만들기까지의 과정을 통해, 지금 우리가 있어야 할 자리가 어디이며 살아가는 동안 추구하고 싶은 소중한 가치가 무엇인지 물으며 인생을 성찰한다.

신곡神曲? 인곡人曲!
조반니 보카치오의 『데카메론』

인간은 어떤 모범이나 전형을 추구한다. 그래서 그런 바람에 적절한 대상을 설정하고 그의 아름답고 고상한 삶에 대해 칭송한다. 중세까지 대부분의 이른바 고전들이 그랬고 그 이후까지 오랫동안 생명력을 지속한 고전주의가 표방하는 것도 그랬다. 아리스토텔레스는 『시학』에서 비극의 조건은 그런 숭고한 지위에 있는 사람이 겪는 고통과 그것을 이겨내는 과정에서 일어나는 정화(카타르시스)라고 했다. 그래서 주인공은 '추락의 여지'가 충분한 높은 지위와 신분일 수밖에 없었다.

근대정신은 '자유로운 개인'에 대해 눈을 뜨는 데서 시작해서 그것을 실현하는 것으로 이어진다. 그 발아가 바로 르네상스였다. 흔히 르네상스를 미술의 영역에서 주로 이해하지만 문학에서의 르네상스도 결코 가볍지 않다. 단테의 『신곡』, 페트라르카의 『칸초니에레』와 더불어 보카치오의 『데카메론』 등이 바로 그것이다. 작품의 내용뿐 아니라 작품을 생산하는 방식도 이전의 규범과 다르다는 점에서 대담한 도전이었다. 예를 들어 『신곡』은 그 작품 자체의 탁월성뿐 아니라(사실 그 내용은 대단히 중세적이고 그리스도교적이다) 교회 공용어인 라틴어가 아니라 자신의 고국 언어인 토스카나어로 썼다는 점이 파격이었다. 단테는 라틴어의 하위 언어로만 인식되던 토스카나어로 뛰어난 시문을 창조한 최초의 인물이라는 점에도 주목해야 한다. 페트라르카 역시 고대 그리스의 서정시인이며 '합창시'의 대가인 핀다로스의 시 세계와 시풍을 모방하면서도 이탈리아어로 뛰어난 서정시를 썼다. 보카치오는 세속의 이탈리아어로 운문이 아닌 산문으로 대중에게 다가갔다. (사실 보카치오는 자신이 라틴어가 아닌 이탈리아어로 썼다는 것을 후회했을 뿐 아니라 부끄러워했다고 한다.) 이러한 문학적 '반동'은 일종의 혁명이었다.

그런 작품들 가운데 『데카메론』은 보통의 사람들이 지녔던 삶과 욕망 그리고 사회의 모순들을 풍자적으로 묘사했다는 점에서 어쩌면 당시의 사람들에게 가장 큰 호응을 얻었을 것이다. 이른바 르네상스 문학은 낭만과 아름다움을 다채롭게 표현하면서도 한편으로 가장 순수한 욕망을 엿보면서 다층적이고 모순적인 당시의 문학의 움직임을 담고 있다. 그리고 그 중심에 있는 작품이 『데카메론』이다.

억눌렸던 욕망의 해방자

중세의 교회는 인간의 욕망을 죄악의 근원으로 보았다. 그래서 감정과 욕망을 억제하는 것이 필수적이었다. 지상의 모든 삶은 천상의 보상을 위한 기록물과도 같은 것이었다. 그런 보상체계 없이 현실의 억압과 통제를 그대로 받아들인다는 것은 '거래'가 될 수 없었다. 그러나 무역을 통해 부를 축적하고 번영하기 시작한 북이탈리아의 여러 도시들은 그 거래의 담보물에 대해 의심하기 시작했다. 무역은 단순히 부^{富}만 들여온 게 아니라 그리스의 고대 예술에 대한 안목도 묻혀왔다. 그리스 고대 예술이 추구한 인간의 아름다움과 더불어 천상이 아닌 지상의 삶에 대한 고뇌와 환희가 거기에 담겼음을 본 사람들은 깜짝 놀랐다. 사회의 변화가 문화와 예술에 대한 안목과 관점을 바꾼다는 것을 우리는 역사를 통해 확인할 수 있다.

부당하게 억압된 인간의 본성에 대해 가장 적극적으로 다가간 작가가 바로 보카치오였고 그 작품이 『데카메론』이었다. 있는 그대로의 인간, 즉 욕정과 욕망의 주체로서의 인간이 그것을 억압한 위선에 대해 비웃고 풍자하면서 인간성을 주체적으로 회복할 수 있는 실마리를 마련했다는 점에서 그와 작품이 힘을 갖는다. 단테의 『신곡』과 대조적으로 『데카메론』이 흔히 '인곡'으로 불리는 것은 그 작품에 담긴 내용들이 고상하고 위엄 있는, 높은 신분의 사람들의 '맥 빠진' 이야기가 아니라 모두에게 내재된 그러나 감히 겉으로 드러내지 못했던 욕망을 과감하게 펼침으로써 누구나 주변에서 발견할 수 있거나 내면에 숨어 있는 것을 소환했기 때문이었을 것이다. 억눌렸던 욕망을 해방시키는 것은 단순히 개인의 욕망의 발견과 발현에 그치지 않고 그것을 억제하는 사회적 부조리에 대한 비판과 저항을 촉구하고, 시간은 걸리겠지만 끝내 그 주체로 살아갈 수 있는 사회적 조건을 획득할 수 있게 하는 힘을 기르게 만들었다는 점에서 이 소설은 매우 가치 있다.

    보카치오는 단테의 고장인 피렌체 사람으로 그가 가장 흠모했던 사람이 바로 단테였고 그 단테를 추방한 피렌체의 우매함을 평생 비판하고 저주했다. 그는 단테의 '덕후'였다. 그가 나폴리 유학에서 돌아왔을 때 단테는 이미 추방된 후였지만 그에 대한 존경심은 변함이 없었다. 그는 단테가 타지에서 유랑하다 죽은 후 50년 가까이 지난 뒤까지 피렌체 정부가 그를 복권시키지 않은 데 분개하여 단테의 전기문을 집필했고 피렌체 당국의 강력한 반대를 무릅쓰고 『신곡』에 대한 강연도 시작했다. 하지만 그 강의가 비난받는 현실에 낙담하고 건강이 악화되어 생을 마감했다. 그러므로 '신곡'과 '인곡'이 쌍을 이루는 것은 단순한 우연이 아니라 단테와 그의 '덕후' 보카치오의 조합이라는 필연의 산물이고 그 조합이 르네상스 문학의 결정체라는 점에서 더욱 주목할 필요가 있다.

직설보다 아프고 짜릿한 풍자의 힘

1348년 유럽은 공포에 빠졌다. 무서운 속도로 전파되며, 감염된 사람은 죽음을 피할 수 없는 미증유의 질병 흑사병이 퍼진 것이다. 그 극한 상황에서 도피를 꾀하는 사람들이 피렌체 교외로 피난했다. 죽음의 초대장이 문 앞까지 다가온 현실에서 비록 일시적이더라도 죽음의 공포를 벗어날 방법을 찾는 것은 인간의 본능이다. 일곱 명의 숙녀와 세 명의 신사가 10일 동안 나누는 이야기가 바로 '데카(10)'메론이다. 흔히 『천일야화』를 '1000일 밤의 이야기'로 알고 있지만 사실은 '1001' 밤의 이야기인 것처럼, 『데카메론』은 10가지 이야기가 아니라 10명의 사람들이 14일 동안 하루에 10가지 이야기를 나눈 것을 모아놓은, 그래서 총 100가지 이야기다. 단테의 『신곡』이 100개의 곡으로 된 것처럼. 14일인데 이야기를 나눈 날은 10일인 까닭은 그리스도의 수난일인 금요일과 토요일을 제외하고 2주일에 걸쳐 모두 10일 동안 이야기를 나누었기 때문이다.

 10명의 사람들이 풀어낸 이야기들에 등장하는 인물들은 매우 다양하다. 신분도 왕, 왕자와 공주, 장관, 기사, 지주, 수도원장, 수사와 수녀, 군인, 시장 등 상류층에서부터 상인, 광대, 요리사, 여관주인, 농부 등 일반 대중 그리고 노예와 하인, 불한당 등 거의 모든 계층과 직업의 인물들이 등장한다. 성직자와 수도사도 고결한 인물부터 파계한 사람까지 스펙트럼이 넓고, 특히 여자들의 모습도 다양하다. 정절을 끝까지 지켜내는 여자, 비극적 사랑에 빠져 고통받는 여자, 무지하고 교활한 여자, 정욕에 휩싸인 여자 등 그야말로 천태만상이다. 이들 남녀들이 각각의 천성과 처지에 따라 거의 모든 유형의 인물들을 다루고 있다. 때론 기발하고 때론 이국적이며 어떤 부분은 선정적이고 외설적이어서 가히 만화경과도 같다.

 그러나 무엇보다 이 소설의 힘은 봉건세력에 대한 민중의 분노가 바탕에 깔려 있다는 것이다. 특히 교회와 신부의 타락과 기만 그리고 세속의 욕망에 도취된 모습에 대한 풍자와 고발이 많다는 것은 당시 시대를 지배하던 교회의 타락이 얼마나 극심했는지를 반증한다. 그러나 그런 고발에만 그쳤다면 이 소설은 지루하기 짝이 없었을 것이다. 젊은 청년과 귀족 부인의 애틋하고 안타까운 사랑 등 행복과 불행의 다양한 이야기들은 일상에서 수없이 일어나는 다양한 그림들이다. 비판에 풍자와 더불어 인간 군상의 생활상을 진솔하게 표현하며 희로애락과 더불어 도덕적 훈화까지 서로 충돌할 수 있는 것들을 절묘하게 풀어내는 힘이 이 작품의 매력이기도 하다.

이 소설의 주제나 형식은 어쩔 수 없이 중세적인 요소가 많지만, 그것을 다루는 보카치오의 정신은 적어도 중세적인 사고방식을 이미 벗어나 있다. 기존의 종교적 운명론에 맞서 그 운명과 싸우고 그것을 극복할 수 있으며 심지어 자신의 운명을 만들어갈 수 있다는 점을 함축하는 것은 이미 중세적 감성을 벗어난 중요한 흔적이다.

현대의 시선으로 미래를 가늠하는 눈

르네상스는 중세의 눈으로 본다면 일종의 '포스트 모던$^{post\ modus}$'이다. 그것은 두터운 과거의 인습과 제도에 대한 도전이다. 그런 모습이 도드라지게 보인 부분이 바로 이 작품이 그려내는 여성성에 대한 새로운 해석이다. 오랫동안 포르노그래피라는 과도한 평가를 받기도 했지만 성적 쾌락에 빠진 여성조차 매우 주체적이고 당당하기까지 하다. 재기 넘치는 여성들이 사건을 주도하는 모습은 거의 현대 여성을 보는 듯하다. 보카치오 스스로 「서문」에서 사랑 때문에 고통받는 여성들을 위안하고 싶다고 밝힌 것은 대담한 선언이다. 보카치오가 그려내는 쾌락은 탐미적이고 퇴폐적 쾌락이라기보다 합리적 쾌락주의다. 쾌락의 주인공으로 등장하는 여성들은 활발하고 낙관적이며 재능이 다양하다. 그들의 말은 성의 쾌락에 대해 웅변할 때조차 논리적이고 설득력을 갖는다. 세상의 도덕과 교회의 교리에 무심한 태도는 그들이 방탕해서가 아니라 그런 규범 혹은 교조야말로 기만적이고 폭력적이라는 것을 간파하고 있기 때문이다. 그의 풍자는 직설보다 그런 식의 당당하고도 절묘한 방식이라는 점에 주목할 필요가 있다.

예를 들어, 여섯 번째 날의 일곱 번째 이야기의 주인공 필립파는 남편을 두고 다른 남자와 정을 통했다는 이유로 고소당해서 법정에 서지만 벌벌 떨지 않는다. 오히려 그녀는 법이 모든 이에게 평등하고 만인의 동의를 구해야 하는 것임에도 여성을 무시하고 동의를 구하지도 않는다는 모순을 당당하게 비판한다. 자신의 욕망을 단죄하려면 남성도 똑같이 그런 법적 구속이 필요하다. 남자만 욕정을 갖는 게 아니라 여성도 그 주체이며 그 욕망을 충족할 권리를 동등하게 지녔다는 그 담대한 주장이 당시 사회에 주었을 충격을 고려해본다면 그것은 마치 지금 우리 사회가 여전히 공방하는 페미니즘 논쟁의 핵심을 꿰뚫고 있는 느낌이 아닌가.

1970년대 말, 당시로서는 한국 대학의 영문과 수업에서는 거의 다루지 않았던 60년대 현대 미국 소설가 존 업다이크의 작품들을 매우 진보적으로 가르쳤던 미국인 교수가 에리카 종의 『비행공포(당시의 책에는 '나는 나는 것이 두렵다'라는 제목이었음) *Fear of Flying*』(1973)를 돼먹지 않은 외설에 불과하다고 혹평하는 걸 듣고 기겁했던 기억이 또렷하다. 'flying'은 성적 쾌락의 상태다. 그런데 그것을 드러내는 게 두렵다. 에리카 종은 여성이 쾌락의 주체임을 감추지 않아야 한다는 주장을 소설화했던 것이다. 그것은 오히려 성을 대상화하는 남성의 일방적이고 폭력적인 시선에 대한 저항이고 비판이지 결코 발칙한 외설이 아니다. 그럼에도 자칭 진보적인 문학교수라던 사람이 성적 자유로움의 표현은 남성의 전유물인 듯, 거기에 도전하는 에리카 종의 태도를 '돼먹지 못한 암컷의 도발'인 듯 노골적으로 적대시한 그 편벽한 사고에 아연했다. 그런데 지금도 여전히 그런 시각이 존재하거나 변형되고 있는 걸 보면 한심하고 답답하다.『데카메론』을 현대의 시선으로 재해석하고 대담하게 묻고 저항해야 할 용기를 얻어야 한다. 그 시선을 거둔 채 그저 하나의 '고전'의 목록을 섭렵하는 것에 그친다면 어리석은 일이다.

상상해보자. 평범하고 신비롭지 않은 여성이 당당하게 자신의 주장을 내놓는 것은 당대 기존의 여성관에 일대 충격이었을 것이다. 여성을 신비한 존재로 떠받드는 것도 우습거니와 그렇지 않으면 주체적이고 합리적인 사고가 불가능한 여성이라는 편견 또한 하찮은 것이다. 개인의 욕망을 긍정하고 그 주체성을 인정한다는 것은 이 소설이 지닌 위대한 시대적 목소리다. 그런 것들을 제대로 보지 않으면서 상투적인 방식으로 이 소설을 읽는다면 차라리『선데이서울』을 보는 게 낫다. 인문학 열풍에 휩싸여 있으면서도 정작 아직도 여성의 주체성과 완전한 독립성 그리고 인격적 연대의 문제에 실천적이지 못한 우리 사회는 또 다른 방식의 '데카메론'을 요구한다.

보카치오는 '이상'을 말하지 않는다. 현실을 말한다. 그런 점에서 그는 중세를 비판하는 리얼리즘의 선구자다.『데카메론』이 단순히 이탈리아 르네상스 문학을 넘어 영국에서 초서의『켄터베리 이야기』등의 아류(?)나 변주곡들을 생산할 수 있는 힘을 보인 것은 당대의 현실과 모순을 명확히 인식하고 그것을 극복하려는 인간 지성의 힘을 보여주었기 때문이다. 그런 특별한 매력을 지닌 문학이 시대를 움직이는 힘을 갖는 것이다. 그런 점에서 문학의 숨이 시들해지는 사회는 위태롭다.

100개의 이야기가 독립적이면서도 교묘한 어울림으로 조화되는 것은 단순히 등장인물과 사건의 다양성 때문이 아니라 전체를 관통하는 의미와 마지막 장에서 수렴되는 결어 구조를 가졌기 때문이다. 이 또한 탁월한 구성의 방식이다. 이전에 보기 어려운 작법이다. 그런 점에서 지금 우리가 이 작품을 읽을 때 소설의 내용과 시대적 가치에 머물지 않고 현대의 시선으로 끌어와서 과연 우리는 시대정신을 제대로 인식하고 있으며 그것을 통해 미래 의제를 설정하고 제시할 수 있는 실천의지를 갖추고 있는지 자문해야 한다.

『데카메론』이라는 이 담대한 자각은 대담하고 파격적인 산문 문학을 탄생시켰다. 운문, 특히 라틴어로 쓴 운문이 높은 수준의 문학으로 평가되던 시기에 민중의 언어로, 그것도 산문으로 작품을 썼다는 것은 이미 그 자체로 하나의 포스트 모던의 시도였다. 작품 도처에 깔린 민중의 언어는 단순히 세속 이탈리아 언어를 썼다는 데 그치는 게 아니다. 머리가 나쁜 사람을 가리켜 "소금이 좀 모자라."라고 말하거나 '숫양' '거위' 등으로 지칭하는 것은 고상한 사람들의 언어가 아니라 당시 민중들의 일상어 혹은 일종의 속어였다. 그것은 새로운 시도였고 문학의 주체가 확장된다는 대담한 암시였다. 『데카메론』을 읽으면서 바로 그런 담대한 시선과 도도한 시도를 꾀하는 힘을 얻어야 한다. 그래서 읽으면서 혹은 처음에는 스토리 위주로 읽고 다시 읽을 때 그 시선에 주목하고 그 시선을 지금 우리의 문제로 끌어들였을 때 어떤 관점과 해석을 시도할 수 있는지를 자문해야 한다.

> 우리는 지위가 낮은 사람은 지혜롭지 못할 거라고 생각하는 경향이 있어요. 하지만 제 생각에는 전혀 그렇지 않아요. 하느님이 지혜라는 선물을 지위가 높은 사람에게만 주실 리 없잖아요. 저는 사회적 지위가 낮은 사람이 어려운 상황에 영리하게 대처한 이야기를 해드리려고 해요.

이 말을 지금 우리가 직면하고 있는 문제에 비춰서 고쳐 쓴다면 어떤 문장들이 될까? 생각이 바뀌면 삶이 바뀌고 미래도 바꿀 수 있다. 고분고분하게 순응하며 심지어 알아서 먼저 굴종하는 것을 보수적이라고 여기는 꼴통들은 말할 것도 없고, 말로는 진보를 자처하면서 아무런 변혁도 실천하지 못하고(실천은 고사하고 인식조차 따르지 못하는 밥통인 경우가 허다하다) 시대를 진화시킬 미래 의제를 제시하거나 도전하지 못하는 현실의 우리는 과연 어떤 이야기를 빚어낼 것인가?

조반니 보카치오(Giovanni Boccaccio, 1313~1375)
피렌체의 상인 집안에서 태어나 나폴리 궁정에서 귀족사회의 삶과 기사도, 교회법 등을 익혔고 『일 필로스트라토』 『테세이다』 같은 시와 산문을 써서 유명해졌다. 피렌체로 돌아와 1348~1353년에 대표작인 『데카메론』을 완성했다. 페트라르카와 함께 르네상스 인문주의의 토대를 마련했으며, 속어인 이탈리아어 문학을 고대 고전문학의 지위와 수준으로 끌어올렸다는 평가를 받는다.

『데카메론』(진형준 옮김, 살림, 2017년)은 페스트를 피해 교외 별장으로 피신한 10명의 청춘남녀가 서로 들려주는 '열흘간의 이야기'로, 이야기 속 등장인물이 교황, 귀족, 기사에서 농부, 요리사, 도둑까지 모든 계층을 망라한다. 육체적 욕망을 주요 소재로 삼아 인간의 본능과 악덕, 허위를 폭로하는 작품으로, 영적인 문제에 주목했던 중세적 시각을 타파하고 르네상스 시대로 전환하는 과도기의 모습을 생생하게 보여준다. 또한 문체 면에서 가장 완벽한 이탈리아 고전 산문의 본보기로서 전 유럽의 르네상스 문학에 큰 영향을 미쳤다.

우주에서 바라본 점 하나
칼 세이건의 『창백한 푸른 점』

대학 본고사와 예비고사를 모두 치러야 했던 우리 세대의 고등학생들은 문과 이과 가리지 않고 모두 사회와 과학 과목을 이수해야 했다. 문과도 물리, 화학, 생물, 지구과학(지학) 등 네 과목의 과학 수업을 이수해야 했다. 어차피 본고사 점수가 중요했고 조금 반영되는 예비고사에서도 과학의 각 과목은 큰 비중이 아니었다. 그래도 1점이 아쉬운 수험생 입장에서는 어느 하나 소홀하게 할 수 없었다. 나는 개인적으로 물리와 생물은 좋아했는데 화학은 매우 싫었다. 당시 화학 선생님이 매우 편협한 분이었고 수업 방식 또한 무조건 화학방정식을 외게 하는 주입식이었기 때문에 그랬던 것 같다. 주기율표만 해도 얼마나 재미있게 배울 수 있는지 나중에 깨달았고 그것만 제대로 익혔어도 화학의 절반은 이해하는 것이라는 걸 알고 나서 그때 수업과 선생님이 야속했다.

지구과학은 그저 그랬다. 지진에 대한 내용이 지금도 기억난다. 한 친구가 우리나라는 지진도 없는데 그걸 왜 배우냐고 물었다가 선생님께 따끔하게 혼났다. 자연을 너무 가볍게 보지 말라고, 지금은 지진이 없지만 언제 그게 찾아올지 모른다고, 제대로 배우고 알아야 올바르게 대응할 수 있다며, 우리가 어른이 되어 캘리포니아나 일본에 갈 일 없을 것이냐며 세상을 넓게 보고 자연에 대해 진지하고 겸손한 태도를 가져야 한다고 일장 훈시를 하셨다. 하물며 우리에게 천문학은 그냥 남의 일이었다. 그런 나이였고, 그런 배움의 영역이었다. 대입시험에 나오지 않는 건 얼씬도 하지 않는 게 상책이라는 시절의 학교였다. 지금도 크게 다르진 않지만.

칼 세이건이 던지는 묵직한 화두

이미 『코스모스』를 통해 널리 알려진(적어도 그의 이름과 책의 제목은 대부분 안다. 그런 점에서 '고전'의 반열에 올랐다. '저자와 제목 대강 알고 정작 책은 읽지 않는다.'라는 의미의 정의로 따지면 그렇다) 현대 천문학을 대표하는 과학자이자 베스트셀러 작가인 칼 세이건은 16세에 시카고 대학에 입학해서 천문학과 천체물리학을 전공하고 하버드와 코넬에서 30년 동안 강의하며 500여 편의 논문과 31권의 책을 저술했다. NASA의 자문 조언자였으며 행성의 생물 탐색과 생명의 기원을 밝히는 연구에 평생을 바쳤다. 『코스모스』는 영어로 출판된 과학서적 가운데 가장 널리 읽힌 책이다. 그 TV 시리즈는 60여 개 나라에서 5억 명이 시청할 만큼 대중적인 인기도 크게 끌었다.

과학이라는 게 처음에는 솔깃하고 호기심이 가지만 조금만 깊이 들어가면 헤매는 경우가 많다. 더구나 천문과학은 쉽게 다가서기 더 어렵다. 그런데 『코스모스』가 전 세계적으로 베스트셀러가 된 이유는 뭘까? 그게 바로 칼 세이건과 다른 과학자의 차별점이기도 하다. 그는 과학적 진리를 감성적 공감으로 이끌어주는 선구자였다. 그래서 "칼 세이건은 물리적 공간이나 천문학적 지식 차원의 우주를 넘어서 정신과 물질, 생명 등의 존재론과 인식론에 기반한 우주를 보여주었다."라는 평가를 받을 것이다. 게다가 그의 대중적이면서도 문학적인 특유의 문체도 크게 한몫을 했다.

나는 개인적으로 『코스모스』보다 『창백한 푸른 점』이 더 끌린다. '창백한 푸른 점'은 1990년 2월 14일 보이저 1호가 찍어서 전송한 사진에서 유추한 이름이다. "이 사진보다 우리의 오만함을 쉽게 보여주는 것이 존재할까?"라는 물음은 그 자체로 거대한 존재론과 인식론의 화두며 인생의 의미에 대한 성찰이다. 그 사진에는 주의 깊게 보지 않으면 눈치조차 채지 못할 만큼 작은 점 하나가 '콕' 찍혀 있다. 바로 지구다! 이 티끌 속에서 살아가는 우리는 글쎄, 미세먼지보다는 클까? 광대한 우주적 시선에서 보면 나란, 인간이란 무엇인가를 묻게 되고 그것은 인간의 위대함에 대한 자부심을 엄청나게 격하시키는 것처럼 느껴진다.

150억 년의 나이를 가진 우주의 역사를 1년 달력으로 줄이면 지구 탄생은 9월 중순의 어느 날 일어난 사건이며, 10일쯤 지나 최초의 생물이 등장했고, 인간의 조상이 불을 사용하게 된 건 12월 마지막 날의 마지막 15분 정도에 지나지 않는다. 우주에는 은하가 1000억 개, 각 은하에는 별이 1000억 개가 있고 그보다 많은 행성이 있으며 4000억 개의 별이 있는 우리은하, 그중에 우리가 아는 별은 태양 하나뿐이다. 와우! 도대체 그럼 지구는 뭐지? 그리고 그 안에서 지지고 볶으며 한 뼘이라도 많은 땅을 갖겠다고 전쟁까지 불사하는 우리 인간은 또 도대체 뭐람?

우주는 인간을 위해 만들어지지 않았다

이 책의 서문이 라이너 마리아 릴케의 「두이노의 비가」로 시작되는 건 의미심장하다. "그러나 말해다오, 이 방랑자들이 누구인지……?" 그렇다, 우리는 애초부터 방랑자였다. 그리고 그 물음은 '지금 서서히 다가오고 있는 우주에서 우리 지구의 위치(좌표)에 대한 새로운 인식'에서 시작하여 '인류 장래의 중심적 요소가 지구로부터 얼마나 멀리 떨어져 있는지'에 대한 성찰로 맺어진다. 릴케로 열었던 책은 각 장마다 볼테르, 베이컨, 에우리피데스, 이백, 굴원, 허먼 멜빌, 러셀, 루소, 아리스토텔레스 등의 인용문으로 이어진다. 왜 칼 세이건이 과학계의 철학자며 문필가로 이름을 날리는지 보여주는 단면 가운데 하나다. 그리고 그 핵심은 우주가 인간을 위해 만들어지지 않았다는 깨달음이다.

    이 깨달음은 '그럼 혹시 다른 지적 생명체가 있을까? 만약 그들이 창백한 푸른 점을 발견한다면, 인류 문명에 대해 어떻게 볼까?'라는 질문으로 이어진다. 우주에서 지구를 바라보면서 조금씩 근접하면 우리의 문명의 속살이 그대로 보인다. '직선, 정방형, 사각형과 원'으로 단순화되는, 지구 '덩어리' 안에서 불타는 아마존 숲과 온실가스 배출은 여전히 현재진행형이다. 오징어 선단의 조명등은 보이지만 인류가 이룩한 불멸의 건

축물이나 공업 작품들은 거의 보이지 않는다는 사실은 무엇을 말하는가?

인류 문명의 위대한 업적 가운데 하나가 아폴로 11호의 달 착륙이었다. 1969년 7월 20일의 일이다. 그때 초등학교 4학년이었는데 놀랍게도 그걸 남산야외음악당에서 위성 중계했을 만큼 우리에게도 실시간의 사건이었다. 당연히 이 책에도 달 착륙 사건을 다루고 있다. 그러면서 그것이 냉전시대 정치적 목적에 의한 경쟁이었으며 추진 과정에서 어떤 뒷이야기들이 있었는지도 서술한다. 그렇게 시작된 우주 탐험의 역사가 지금은 망망대해 우주를 항해할 만큼 발전했다. 대표적 사례가 바로 보이저 호다. 태양계에서 가장 멀리까지 간 보이저 호의 위대한 항해는 1977년에 발사된 보이저 1, 2호의 역사다. 태양계의 행성을 차례로 방문하며 40년 넘게 178억 킬로미터를 항해 중이다. 보이저 호는 목성의 구름 소용돌이 대척점을 최초로 촬영하면서 목성의 위성인 이오의 화산과 용암 분출을 확인하기도 했다.

칼 세이건이 이 책에서 특히 주목하고 있는 것은 토성의 위성인 타이탄 탐사 과정에서 가장 극적으로 드러난다. 대기 성분이 메탄인 타이탄은 태초의 지구를 연구할 수 있는 유일한 천체라는 점에서 특별하다. 메탄은 유기물이 생성되기 위한 중요한 성분이다. 해왕성의 가장 큰 위성인 트리톤도 예사롭지 않다. 해왕성의 대흑점과 시속 1600킬로미터의 강풍 그리고 간헐천이 끓는 모습도 확인할 수 있다. 지구와 닮은 타이탄과 트리톤을 살펴보며 지구를 대신할 수 있는 천체를 탐색할 수 있다는 점에서 인류와 우주탐사의 역사에 매우 중요한 지점으로 주목할 수 있을 것이다.

우주탐사에서 역시 가장 궁금한 건 ET건 에일리언이건 외계 생명체가 존재하는가, 인간처럼 지적 능력을 가진 생명체가 있을까 하는 점이다. 칼 세이건의 삶과 학문의 핵심 가운데 하나가 바로 그 외계 생명체라는 점에서 더욱 그렇다. NASA의 팀을 이끌고 탐사를 추진한 궁극적 목적 가운데 핵심이 바로 외계 생명체의 발견이었다는 건 자명하다. 영화로도 만들어진 소설 『콘택트』가 자연스럽게 연상된다. 전 지구적인 프로젝트로 진행 중인 SETI(외계지적생명체탐사계획)를 입안하고 진행하는 과정에서 '아직 생명의 표징조차 찾아내지 못하였다. 그러나 떨리는 가슴으로 조심스럽게 접근해 나갈 것'이라는 천명은 일반인의 시선에서는 뜬금없는 소리처럼 들릴지 모르나 언젠가는 그 놀라운 일이 목격되거나 확인될지 모른다. 실제로 보이저 호가 우주를 항해하다가 외계 생명체와 조우할지 몰라서 지구의 물건도 실었다. 55개 언어로 녹음된 인사말이 담긴 레코드판과 바흐의 브란덴부르크 협주곡 2번과 더불어 지구의 바람 소리, 빗소리, 남녀의 모습과 지구 환경이 담긴 사진 등이 바로 그것이다. 50억 년 후 인류가 멸망하거나 전혀 다른 존재로 진화하거나 혹은 지구가 생명을 다한 뒤에도 보이저는 사라져버린 세계의 기억을 지닌 채 그저 계속 날아갈 것이다.

우주 공상과학 영화나 소설을 보면 지구인들이 다른 행성으로 이주하는 스토리들이 점점 많아진다. 이게 실제로 가능할까? 칼 세이건은 금성의 육지 조성에 관한 논문을 쓰기도 했다. 그는 장차 지구가 어리석은 인류에 의해 스스로 자멸하거나 거대한 운석의 충돌로 붕괴할 위험이 크므로 이주할 다른 행성을 찾아야 한다는 견해를 피력한다. 그러기에 최적의 후보지는 화성이며 주요국들이 공동사업으로 화성 탐사를 추진해야 한다는 것이다. 금성이나 화성의 육지 조성 사업은 비용과 환경 파괴 문제만 해결된다면 22세기 이전에 착수 가능할 것으로 예측한다. 그게 당장 내 생애에서는 이뤄질 일이 아니니 솔직히 별 실감이 나지는 않는다. 우주탐사라는 게 그리 시급한 문제도 아니고 비용은 말 그대로 천문학적이다. 당연히 우주 프로젝트를 꼭 해야 하느냐는 물음이 제기된다. 그의 견해는 단호해 보인다. "우주탐사는 큰 모험과 방랑을 향한 인간의 의욕이다." 왜 서문에서 라이너 마리아 릴케의 시로 열었는지 그 까닭을 알 수 있을 것 같다. 인간을 다른 세계로 보내는 노력은 생각만큼 돈이 많이 들지 않으며 현재 지구의 문제를 해결할 수 있는 돌파구가 될 수 있고 낙관적인 미래를 가져다줄 것이라는 게 칼 세이건의 생각이다. 만약 지금 우리에게 인류의 영원한 존속 여부가 걸려 있다면 우리는 인간을 다른 세계로 진출시킬 근본적인 책임을 져야 한다는 것이다.

은하수를 살며시 지나며

이 책의 중요한 미덕은 단순히 칼 세이건의 글맛에 그치지 않는다. 책에 실린 사진들이 압권이다. 묘하게도 이 사진들을 보고 있으면 어떤 치유의 느낌이 들기도 한다. 그 사진들을 보고 있으면 광대한 우주에 압도되는 동시에 다른 관점으로 세상을 바라보게 된다. 누군가는 좁쌀 하나에도 우주가 담겨 있다고 하지만 현실은, 우주의 관점에서 본다면, 우리는 그저 '창백한 푸른 점'에 살고 있을 뿐이다. 달에서 바라보는 '아름다운 푸른 행성'과는 같은 듯 다르고 다른 듯 같다. 그게 우리가 딛고 사는 지구의 양면의 모습이며 그 모습에 따라 우리의 존재와 삶에 대한 사유와 성찰의 결도 달라진다.

물론 불편한 점이 없는 것도 아니다. 우주의 개척은 행성의 식민지화라는 것과 직접적 인과관계를 형성하고 우주 환경을 파괴한다는 점에서 또 하나의 인류의 오만을 촉발한다. 그는 우주탐사가 냉전을 일삼는 국가주의와 전쟁 수단에 의해 촉발되었지만 지구가 하나밖에 없고 연약하기만 하다는 것도 동시에 깨달았다면서, 죽음으로 치닫는 경쟁으로부터 시작된 것이 결과적으로는 전 세계의 협력이 우리 인류의 존속을 위한 필수적인 전제 조건임을 깨닫게 한다고 말한다. 하지만 과연 그 주장이 타당한 것인지에 대해서는 섣불리 동의하기 어렵다. 물론 다른 천체들을 탐사하여 지구를 보호한다는 중요한 덕목을 강조하기는 하지만.

그가 챌린저 호의 참변에 대해 '필요한 희생'이라고 언급하면서 인류가 불을 길들인 지 수십만 년인데도 여전히 화재가 나는 것과 다르지 않으며, 콜럼버스는 신세계 항해에서 배의 3분의 2를 잃지 않았느냐고 묻는 대목에서는 더더욱 그렇다. 미국의 개척주의 정신을 강조하면서 미국 주도의 우주개발을 제시하는 건 그 절정이다.

그럼에도 이 책은 다른 행성들을 살펴보고 우주를 아는 게, 우주로 나가는 게 인류에게 어떤 의미를 갖는가를 묻는다. 여행을 떠나는 건 나를 잊기 위해서가 아니라 나를 찾기 위해서라던가? 그런 점에서 인간이 지구를 떠나 우주로 가는 것은 지구를 '발견'하기 위함이다. 다른 행성들은 지구에 가해져서는 안 될 만행에 관한 중요한 통찰을 제공한다. 즉 생명체가 없는 행성의 연구를 통해 지구의 미래를 경고할 수 있기 때문이다.

이것은 지구를 원래 상태에 가깝게 되돌리기 위한 노력과 밀접하게 연결되어 있다.

  그러나 나는 이 책을 읽으면서 계속해서 뇌리에 떠나지 않는 상상을 해본다. 만약 내가 보이저 호에 탑승하여 점점 더 멀어지는 '창백한 푸른 점'을 바라보면서, '내가 살았던' 지구에서의 삶을 떠올린다면 어떤 느낌이 들까? 어쩌다 한 번씩 그런 물음을 던져보면 아무 생각 없이 자기 하고 싶은 대로 사는 무모함은 훨씬 줄일 수 있지 않을까? 그러면 칼 세이건의 말대로 "우리는 그동안의 짧은 정체 기간을 거쳐 이제 다시 조상들이 했던 방랑 생활의 양식을 계속하게 된 셈"이라는 전제에서 출발하여 광대한 우주의 시간 속에서 내 삶의 시간에 대해 훨씬 더 겸손해질 것 같다. 시간과 공간에 대한 성찰을 우주적 시선에서 바라볼 때 겸손하지 않을 수 있을까? 그런데도 우리는 여전히 탐욕과 무지 속에서 서로를 '뜯어먹기' 위해 혈안이다. 그 광풍에 휩쓸리지 않는 건 단순한 구도 행위와 수행에서만 오는 게 아니다. 우주의 시선에서 바라보고 읽기만 해도 어느 정도 삶의 성찰과 실천이 가능할 것이다. 이 책의 또 다른 미덕이랄까.

  아무리 높은 지위, 많은 재산, 넘치는 명예를 탐해봤자 '지구는 광대한 우주의 무대 속에서 하나의 극히 작은 무대'에 지나지 않을 뿐이다. 그럴 때마다 나는 칼 세이건의 눈과 입을 빌려 다시 이 빛나는 점을 바라본다. '그것은 바로 여기, 우리 집, 우리 자신'이다. 나는, 그리고 내가 아는 모든 사람은 그 위에 있거나 또는 있었던 작은 존재들일 뿐이다. 탐욕도 허세도 그 앞에서는 보잘것없는 먼지에 불과하다. 나는 우주 앞에서 겸손해질 수밖에 없다.

칼 세이건의 말대로 먼 미래에 인류가 지구를 벗어나 다른 행성에 정착하고, 다른 생명체도 만나는 그때가 정말로 온다면, 과연 어떤 풍경이 펼쳐질까? 도무지 상상조차 되지 않는다. 그러나 칼 세이건은 그런 미래 우주의 모습을 그려보면서 은하 공간에 자리 잡고 다른 은하들을 살며시 돌아다니는 인류를 떠올려보라고 말한다. 그럼 그때 다른 은하수에 거주하는 지적 생명체들에게 '창백한 푸른 점'에 대해 이야기를 늘어놓으리라. 그리고 그들은 그 사연에 경탄할 것이다. 그래도 칼 세이건이 낙관적으로 미래를 바라본다는 점에서 조금은 위안을 받을 수 있으려나.

사족 최근 출간된 앤 드루얀의 『코스모스』는 칼 세이건 사후 세이건 재단을 만든 아내 앤 드루얀이 칼 세이건의 『코스모스』 후속편들과 다큐멘터리들을 내놓으며 칼 세이건의 메시지를 계속 우리에게 전하고 있는 책이다. 이 책은 망망대해와도 같은 우주의 시공간에서 이 시간과 장소에 있는 우리가 어떤 존재인가를 물었던 칼 세이건의 『코스모스』를 넘어, 작은 행성 지구에서 살아가는 인간과 다양한 생명체들의 의식을 살펴보고 현재의 인류가 초래한 위기에 대한 책임의식까지 그 내용을 확장하고 있다.

칼 세이건(Carl Sagan, 1934~1996)
시카고 대학교에서 **천문학**과 천체물리학 박사학위를 받고, 코넬 대학교 천문학·우주과학 교수로 재직했다. 미 항공우주국(NASA)의 자문위원으로 보이저, 바이킹, 갈릴레오호 등 여러 무인 우주탐사 계획에 참여했고, 저술과 방송을 통해 과학의 대중화에 많은

노력을 기울였다. 30여 권의 저서를 남겼는데, 과학책 중 최고의 베스트셀러인 『코스모스』, 퓰리처상을 수상한 『에덴의 용』, 영화화되어 더욱 유명해진 소설 『콘택트』 등이 대표작이다.

1994년에 발표한 『창백한 푸른 점』(현정준 옮김, 사이언스북스, 2001년)은 『코스모스』 이후 15년 동안 축적된 연구와 탐사 결과를 바탕으로 우주 탐험의 역사와 미래를 다방면에 걸쳐 설명할 뿐 아니라 궁극적으로 인류가 우주 속에서 찾아야 할 가치와 희망을 이야기한다. 제목은 보이저 2호가 찍어 보낸 사진에서 지구가 우주라는 망망대해에 뿌려져 있는 하나의 작고 푸른 점에 지나지 않는다는 데서 유래했다.

17자에 담긴 우주

마쓰오 바쇼의 『바쇼 하이쿠 선집』

묵직한 전문서적을 한참 읽다 보면 머리가 무지근할 때가 있다. 그런 때 잠깐 머리를 식히기 위해 시집을 꺼내 읽는 경우가 많다. 분량으로는 가뿐하지만 생각과 느낌은 가볍지 않다. 뜨거운 여름 한낮 얼음을 머금은 듯 청량하고 개운하다. 그런 점에서 시만큼 순간의 밀도를 높게 하는 것을 달리 찾기 어렵다. 시의 영역 중에서도 짧은 시를 꼽으라면 단연 시조와 하이쿠다. 하이쿠는 고작 17자의 시다. 그런데 거기에 강한 울림과 묵직한 압축이 담겼다. 가볍고 쉽게 읽을 수 없다. 짧지만 깊고 강렬한 성찰과 감성이 녹아 있다. 그 하이쿠 가운데 마쓰오 바쇼의 작품들은 압권이다. 『바쇼 하이쿠 선집』(류시화 옮김, 열림원, 2015년)을 옮긴 류시화 시인은 하이쿠를 읽기 위해 독학으로 일본어를 공부했다고 한다. 그가 번역해서 시의 맛이 한결 더 깊어진 느낌이다.

시조와 하이쿠

하이쿠俳句는 5·7·5의 17음音 형식으로 이루어진다. 본디 일본 중세 무렵부터 조렝카長連歌라는 장시가 있었던 것이 15세기 말부터 렝카連歌와 하이카이렝카俳諧連歌 등의 갈래로 나뉘다가 에도시대에 이르러 마쓰오 바쇼松尾芭蕉(1644~1694) 같은 명인이 나와 하이카이렝카가 득세하면서 현재의 하이쿠로 자리 잡게 되었다. 우리 시조 종장의 첫 구가 3자로 이뤄져야 하는 규칙처럼, 하이쿠는 시 속에 계절을 나타내는 시어[季語]가 반드시 들어가야 하며 5·7·5 사이에서 한 번 끊어주면서 영탄과 여운을 주어야 한다. 예를 들어 '여름 장맛비 / 한밤중에 물통 테 / 터지는 소리'처럼. 자수와 소재가 제한되다 보니 점점 고도의 상징성과 여운을 지니도록 발전하면서 하이쿠의 미학이 탄생했다. 이 하이쿠의 태두며 가장 뛰어난 시인이 바로 마쓰오 바쇼다. 일본에서는 그를 하이쿠의 완성자이자 하이쿠의 성인으로 추앙한다. 그의 하이쿠를 가려 뽑아 한 권의 책으로 묶었으니 고마운 일이다.

하이쿠를 우리의 시조와 비교해보면 유사한 점과 차이점을 발견할 수 있다. 먼저 유사한 점은, 모두 정형시이고 조일전쟁(임진왜란)의 영향을 받았다는 것이다. 전쟁 이후 조선과 일본 모두 큰 변화를 겪었다. 7년의 길고 끔찍한 전란을 견디고 가까스로 버텨낸 조선. 전쟁 이후 사회와 제도를 풍자하는 새로운 형태의 시조가 출현했다. 바로 사설시조다. 사대부들이 즐겼던 기존의 정형시 형태와는 다른 양상이었다. 정형시라는 것은 엄격한 형식성을 통해 기존의 질서와 체제에 순응하게 하는 사회적 기능을 가졌다. 그런 점에서 정형시의 파괴는 그 자체로 기존 제도와 방식에 대한 비판이 담겨 있다. 내용적인 측면에서도 저항 어린 민심을 반영했다. 도무지 믿을 수 없는 지배계층과 국가, 사회 등 기존 질서에 대한 회의와 비판이 담겼다. 기존 시조가 사대부들의 작품이었다면 사설시조는 신분을 감춘 사대부나 선비들, 심지어 일반 평민들까지 지은이가 다양해졌다.

본격적으로 사설시조가 나타난 것은 숙종 이후였다. 전쟁 이후 바로 나타난 것이 아니다. 숙성되는 시간이 필요했다. 마침내 꽃을 피운 것은 서민문학이 일어났던 영·정조 시대였다. 몰락한 양반을 비롯해서 중인과 부녀자, 기생, 상인 등 다양한 사람들이 형식에 구애받지 않고 자유롭게 시조를 구사했다. 사대부들의 정형 시조가 충성이니 효도니 하는 추상적 관념을 다뤘다면, 사설시조는 일생생활을 소재로 재담, 욕설, 심지어 음담과 애욕 등도 대담하게 묘사하고 풍자했다.

사설시조는 형식적으로 중장이 마음대로 확장됐다. 민요나 가사 그리고 대화 등이 섞여서 통일성보다는 희롱에 가까운 자유를 만끽했다고 볼 수 있다. 그러나 이는 오래 가지 않았다. 왕의 권위는 다시 강화되고 사대부들의 위세 또한 공고해졌다. 다시 텍스트가 지배하는 시간이 도래한 것이다. 더 이상 사설시조가 발붙일 공간이 없었다.

하이쿠는 어땠는가? 도요토미 히데요시가 죽은 뒤 새로운 실력자 도쿠가와 이에야스가 세습적 군사독재 체제인 바쿠후幕府를 새로 열면서 기존의 계급구조에 큰 변화를 초래했다. 무사 계급도 변화를 피해갈 수 없었다. 그런데 이전과 같은 대규모 전투도 점차 줄었기 때문에 무사들의 입지가 축소될 수밖에 없었다. 무사와 승려 계급은 글을 읽고 쓸 줄 아는 계급이었다. 이들 가운데 시인으로 탈바꿈하는 경우가 생겼다. 감흥에 따라 단편적으로 창작되었던 조선의 시조와 달리 하이쿠는 전문 작가들이 일본 곳곳을 순례하면서 지속적으로 지어냈다. 그래서 한 작가가 수천 편의 작품을 남겼다. 그들은 일종의 음유시인과도 같았다. 그런 전통은 그대로 근현대까지 이어져 일본 문화에 그야말로 전문 가객으로 자리 잡았다. 그리고 노하우가 축적되면 될수록 더 세련되고 깊이 있는 작품들이 생산되었다. 조선에서도 『청구영언靑丘永言』 같은 시조집이 있었지만 그것은 한 작가의 선집Anthology이 아니라 영조 때 가인 남파南坡 김천택金天澤이 고려 말엽 이후부터의 여러 고시조들을 엮어낸 고시조집이었다. 이렇게 일본과 우리는 시의 창작자 집단에서 큰 차이를 보인다.

하이쿠와 시조의 차이는 또 다른 관점에서도 비교될 수 있다. 우리의 사설시조는 통쾌한 야유를 담고 있다. 기존의 시조에서는 결코 맛볼 수 없는 짜릿함이 있다. 일탈의 즐거움도 있다. 매우 직설적이다. 다른 관점에서 보면 상당히 감성적이고 즉발적인 면도 있다고 할 수 있다. 그와는 반대로 일본의 하이쿠는 감정의 절제와 극도의 단순화를 내면화한다. 이것이 일본인의 사고와 감성을 이룬다. 어쩌면 이런 차이가 한일 간 문화적 감성의 차이를 더 벌려놓는 것인지도 모른다. 반대로 그런 차이가 서로 다른 시 문화를 만들어냈다고 볼 수도 있을 것이다.

짧지만 짧지 않은

마쓰오 바쇼는 1644년 교토 이가우에노에서 하급무사(농부)의 아들로 태어났다. 본명은 마쓰오 무네후사였다. 권세 있던 무사의 집에 들어가 아들 요시타다를 시봉하며 하이쿠를 접했다.

바쇼보다 두 살 많은 요시타다는 하이쿠에 취미가 있어서 교토의 하이쿠 지도자 기타무라 기긴에게 사사하는 중이었다. 그는 바쇼를 친동생처럼 대했고 그의 총애를 받은 바쇼도 이것이 인연이 되어 하이쿠의 세계를 접했다. 그러나 요시타다가 25세에 갑자기 병사하자 충격을 받은 바쇼는 고향을 떠나 교토로 갔다. 바쇼는 무사의 길을 접고 두보와 장자에 심취했고 31세에 하이쿠 지도자 자격을 인정받은 뒤 에도로 향해 37세에 '옹翁'이라는 경칭을 들을 정도로 하이쿠 지도자로서 성공했다. 그가 활동했던 1600년대의 일본, 도쿠가와 이에야스의 에도시대에는 변화된 분위기가 지배했다. 전란의 시대가 끝나고 열린 태평성대였다. 그러면서 이 세상은 즐길 만한 것이라는 생각이 팽배했고 경제적·문화적 풍요와 발전의 시대를 만끽했다. 상인 시민계급(조닌)이 부상했다. 그러나 바쇼는 이 같은 세상의 흐름과는 다른 삶을 지향했다.

에도에서 성공한 하이쿠 시인으로서 제자도 여럿 거느린 바쇼는 부와 명예를 어느 정도 누렸지만 그는 오두막으로 갔다. 모든 지위와 명예를 내려놓고 오두막으로 은둔한 바쇼는 돈과 명성을 추구하면서 제자의 숫자로 경쟁하던 당시의 에도 시단의 행태와는 너무 다른 선택을 한 것이다. 그가 오두막으로 간 것은 인생에 대한 탐구와 진정한 문학에 대한 갈망 때문이었다. 바쇼라는 이름도 그 오두막에서 지은 것이다. 문하생이 선물한 파초 한 포기가 마당에 가득 퍼진 것을 보고 '무용의 용無用之用'의 의미를 깨닫고 지은 이름이다.

오래된 연못
개구리 뛰어드는
물소리

　개구리의 모습을 보면서 지은 하이쿠다. 더 이상 무슨 말이 필요한가. 이미 그에게는 17자로 충분하다. 흔히 개구리는 '개굴개굴' 하는 소리로 연상한다. 그러나 바쇼는 '물에 뛰어드는 소리'에 주목했다. 별 것 아닌 듯싶지만 이것은 엄청난 차이다. 그 독창성 때문에 바쇼가 일찍이 '옹'이라는 경칭을 얻은 것이 과장이 아님을 알 수 있다. 개구리가 '풍덩' 뛰어드는 그 소리는 연못가의 적막을 한순간에 깨뜨린다. 엄청난 소리다. 그런데 청각에 그치지 않는다. 그렇다고 시각적 표현을 한 것은 없다. 그럼에도 우리는 자연스럽게 개구리가 뛰어든 연못에 퍼지는 파문을 본다. 청각적 상상력을 통해 의식의 심층에 와닿는 의미가 깊다. 문학평론가 야마모토 겐키치가 "하이쿠의 모든 이해는 바쇼의 이 하이쿠에 대한 이해로부터 시작된다."라고 극찬한 것은 과찬이 아니다. 이 짧은 시 한 편에 독특한 청각과 시각을 융합해내는 그 힘이 바쇼의 하이쿠가 갖는 매력 가운데 하나다.
　책 표지를 보면 눈보라가 휘날린다. 고개를 푹 숙이고 그 눈보라 속을 걸어가는 삿갓 쓴 사내의 뒷모습이 그려져 있다. 어쩌면 그가 바쇼일지 모른다. 그런데 왜 눈보라를 헤치고 어디로 가고 있을까? 어쩌면 속세를 떠나 여행으로 평생을 일관한 '방랑 미학의 창시자' 바쇼의 모습으로 그 이상 제격이 있을까 싶다. 그는 41세, 44세, 46세에 각각 세 차례의 긴 방랑을 떠났다. 그가 은둔생활을 박차고 나선 그 방랑은 무엇을 추구했기 때문일까. 부와 명예도 버리고 오두막으로 갔는데 이번엔 아예 정처 없이 떠도는 방랑자가 되어 길 위에서의 인생을 선택한 건 '인생은 곧 여행'이라는, 안주를 거부하고 자유로운 이방인으로서 순수문학을 추구하는 바쇼의 삶과 문학에 딱 맞는 행위였을 것이다. (책 뒤에 바쇼의 여행 지도를 단 것은 매우 매력적이다.)

길에서 탄생한 바쇼의 시들

바쇼는 "나의 시는 하로동선처럼 쓸모가 없다."라고 선언했지만 이 말도 그의 이름 '파초芭蕉(바쇼)'처럼 '무용의 용無用之用'의 절창으로 해석해야 한다. 그는 시대에도 계급에도 참여하지 않은 채 은둔과 여행을 통해 스스로 자기 소외를 도모한 철저한 아웃사이더였다. 그의 여행은 어떤 세속적 목적을 위한 것이 아니었다. 그러므로 그의 길은 곧 시였고, 그의 시는 길 위에서 탄생했다. 바쇼를 바쇼로 만든 것은 바로 여행이었다. 나는 이 대목에서 시간과 공간을 가로질러 그의 곁에서 걸으며 그 성찰과 감성을 느껴본다. 그 방랑은 가장 농밀하며 내밀하다. 바쇼는 스스로 17가지의 방랑규칙을 정했다. 이 책의 391쪽에는 방랑규칙 17가지의 주요 내용이 소개된 까닭에 감정이입만으로도 즐겁다. 기존에도 하이쿠가 있었다. 당시 바쇼 말고도 하이쿠 시단을 형성한 인물들이 있었는데 바쇼는 그들과 무엇이 달랐기에 '바쇼의 하이쿠'를 이뤄냈을까? 바쇼의 하이쿠 정신의 고갱이는 책 첫머리의 글 '소나무에 대해선 소나무에게 배우고 대나무에 대해선 대나무에게 배우라'라는 말에 담겼다고 할 수 있을 것이다. 당시의 하이쿠는 동음이의어나 재미난 비유를 활용한 '언어유희'였다. 그러나 바쇼의 하이쿠에는 인간의 근원적 고독, 자연의 발견, 평범 속에서 비범을 찾는 독특한 사유와 감각의 정신이 담겼다.

이 책에는 바쇼가 남긴 1,100여 편의 하이쿠 가운데 엄선한 350편이 실렸다. 그 가운데 내가 개인적으로 가장 좋아하는 시는 이것이다.

> 두 사람의 생
> 그 사이에 피어난
> 벚꽃이어라.
>
> 命二つの中に生きたる桜哉

둘이서 함께 보았던 눈부신 벚꽃 아래서 긴 세월 후 다시 만난 감회, 살아있음의 경이로움을 노래하고 있다. 『노자라시 기행』 도중 고향 친구 도호를 19년 만에 해후하고 지은 하이쿠다. 타지에 있던 도호는 바쇼가 고향에 들렀다는 소식을 듣고 달려왔으나 바쇼는 이미 떠난 뒤였다. 그래서 숨 가쁘게 뒤쫓아가 고향 근처 만개한 벚나무 아래서 만났다. 바쇼가 에도로 떠날 때 도호는 소년이었는데 어른이 되어 마주한 것이다. 이후 도호는 바쇼의 문하생으로 입문해 시인이 되었다. 어찌 긴 사연과 이야기가 빠질 수 있겠는가. 그러나 바쇼는 이 짧은 시로 모든 걸 다 담았다. 그 두 사람이 친구일 수도 연인일 수도 있다. 어떤 누가 되더라도 이 시에 담긴 관계와 깊이라면 그 삶은 이미 충분히 행복할 수 있을 것이다.

짧은 시지만 이 시에 나를 밀어 넣는다. 누군가와의 삶 사이에서 벚꽃을 피울 사람이 내게 있는가? 그런 사람이 있다면 내 삶은 이미 그 자체로 충일하고 만족스럽다. 그 사귐이 꼭 오랜 시간을 필요로 하는 것도 아니다. 심지어 찰나의 스침일지라도 섬광처럼 번뜩이는 삶의 빛과 번개가 인다면 삶 전체에 엄청난 우레로 자리 잡을 것이다. 그 짧은 빛만으로도 삶을 마감할 때까지 고맙고 또 고마운 존재가 될 것이다. 그러나 그 물음은 곧 '나는 누군가에게 그런 사람이 되었는가?'로 돌아온다. 그 존재 자체가 삶의 의미고 불꽃의 원천이다. 그럼 된 거다.

이 시는 또 어떤가?

> 날은 춥지만
> 둘이서 자는 밤이
> 든든하여라.
>
> 寒けれど二人寝る夜ぞ頼もしき

계절을 나타내는 계어인 '추운' 날의 스산함이 이 짧은 시에 그대로 드러난다. 그러나 그 추위가 외롭고 쓸쓸하지 않은 건 바로 '너'가 함께 있기 때문이다. 그 관계성이 주는 든든함과 온기만으로도 충분히 겨울밤의 한기를 이겨낼 수 있다. 그런 '너'가 얼마나 소중하고 고맙겠는가. 또한 나는 누군가에게 그런 '너'가 될 수 있는지 자문할 것이고. 누군들 그런 '너'가 되고 싶지 않을까?

바쇼의 마지막도 바쇼다웠다. 그는 길 위에서 생을 마감한 방랑시인이었다. 51세 되던 해 여름 방랑길 도중 오사카 길 위에서 죽음을 맞았다. 그의 손으로 마지막으로 쓴 시는 '가을 깊은데 이웃은 무얼 하는 사람일까'였다. 병석에서 제자에게 받아 적게 한 시다. 이 책을 옮긴 류시화 시인은 "바쇼는 시가 곧 삶이었으며, 삶의 결과가 곧 시였다."라고 평가했다. 바쇼의 하이쿠가 오늘날까지 울림을 주는 이유는 여기에 있을 것이다. 바쇼가 존경을 받는 건 단순히 시적 재능 때문만은 아니다. 그의 실천적 자세와 일관된 태도가 삶의 실천을 통해 예술적 완성으로 이어졌기 때문이다. 시인의 생애와 문학적 여정이 어긋나지 않으면서 우러나는 감동이다. 바쇼의 하이쿠를 읽고 나면 여운 때문에 '청아한 먹먹함'에 젖는다. 말의 홍수 시대에 극도로 절제된 말을 추구하며 생략과 여백이 있는 짧은 시처럼 우리의 삶도 그래야 하지 않을까.

일본의 대형서점에 가면 시집 코너 중 절반이 하이쿠라고 한다. 그리고 그것의 절반 이상이 바로 바쇼의 작품이라고 한다. 그에 비하면 우리의 시조는 어떤가. 그리고 대표 시인으로 우뚝 선 작가는 과연 누구인지, 지속적으로 시조를 생산하면서 독자들이 그것을 소비하고 있는지 돌아보면 참 안타깝기도 하다.

30대까지만 해도 나는 '의도적으로' 하이쿠를 싫어했다. 우선 일본의 문학이라는 게 생리적으로 싫었고, 짧아도 너무 짧아서 도대체 거기에 무슨 시심을 담을 수 있겠냐는 반감 때문이었다. 그 짧은 몇 자에 인간의 복잡다단한 감정을 꾸겨넣는 것이 못마땅했다. 그러나 마흔이 넘어 편견을 걷어내면서 하이쿠의 진면목을 조금씩 다른 맛으로 느끼기 시작했다. 갈수록 그 맛이 진해진다.

마쓰오 바쇼(松尾芭蕉, 1644~1694)

일본의 전통시 형식인 하이쿠에 선종 불교의 정신을 가미해 예술의 경지로 승화시킴으로써 '하이쿠의 성인(俳聖)'으로 추앙받는다. 하이쿠 스승으로 명성을 얻은 후 후카가와에 있는 조그만 암자에서 검소하고 소박한 은둔생활을 하다가, 마흔 살 무렵부터 죽을 때까지 10년간 여러 차례 여행을 하며 여행길에서 본 다양한 광경을 노래했다. 특히, 그가 일본 북부지방을 여행하고 쓴 《오쿠로 가는 작은 길》은 가장 아름다운 일본 문학 작품으로 손꼽힌다.

『바쇼 하이쿠 선집』(류시화 옮김, 열림원, 2015년)은 하이쿠를 꾸준히 소개해온 류시화 시인이 하이쿠의 성인이라 일컬어지는 마쓰오 바쇼의 작품을 골라 옮긴 책이다. 바쇼의 삶과 방랑의 궤적을 따라가며 그가 지은 1100편의 하이쿠 중 대표작 350편을 해설과 함께 실었다. "바쇼의 하이쿠를 읽는 것은 '세계에서 가장 짧은 시'의 최우수작들을 읽는 것이며, 열일곱 자로 묘사된 자연과 인생의 허무를 감상하는 것이고, 방랑 미학의 대표작들을 마음에 품는 일이다."라고 류시화 시인은 말한다.

거짓 경제논리에
휘둘리지 않기 위해

애덤 스미스의 『도덕감정론』

한 개인은, 자신이 이익을 얻기 위해서 다른 사람을 침해하거나 상해할 정도로, 비록 자신이 얻을 이익이 다른 사람에게 가해질 침해나 손해보다 훨씬 크다고 하더라도, 자신을 다른 어떤 개인보다 소중하게 여겨서는 결코 안 된다.

이 문장을 읽다 보면 마치 탐욕스러운 재벌을 질타하는 말처럼 들릴 것이다. 혹은 매우 진보적인 사람의 평론처럼 느낄 것이다. 그러나 이 말의 주인공은 바로 경제학의 아버지이며 자본주의의 태두인 애덤 스미스가 『도덕감정론』에서 했던 말이다. 엄밀히 말해 그가 한 위의 말은 진보적이다. 지금 읽어도 그런데 당시 그러니까 18세기 후반의 상황을 고려하면 더 말할 것도 없다. 오늘날 시장경제 만능주의 숭배자들이 교범처럼 내세우는 애덤 스미스의 『국부론』 역시 당대의 관점에서 본다면 매우 파격적이고 진보적인 책이었다. 어쩌면 우리는 아직도 애덤 스미스의 이상에 접근하지 못했는지도 모른다.

인간의 본성을 이해해야 경제학을 이해할 수 있다

인문과학은 기본적으로 인간의 본성에 대한 이해에서 비롯되어 거기로 회귀 수렴하는 것이다. 인간의 심성에 대한 통찰력 있는 이해를 구하는 것은 필수적이다. 그런 점에서 애덤 스미스의 『도덕감정론』은 인간의 심성을 이해하는 데 큰 도움을 준다. 또한 이 책을 읽지 않고서는 『국부론』을 올바르게 이해할 수 없다(하기야 『국부론』조차 완독하지 않은 얼치기 경제학자들도 숱하게 많은데!)는 점에서 간과할 수 없다.

이 책을 처음 쓴 건 1759년이다. 이후 다시 개정했지만 기본적인 틀은 그대로였다. 그는 이 책에서 초기 계약론자, 즉 토머스 홉스의 사상을 비판한다. 홉스를 비롯한 근대 사상가들이 사회질서의 성립 근거를 인간의 이기적 본성으로만 설명한 것을 비판한 것이다. 사실 홉스의 주장도 당시로서는 파격적이고 대담했다. 그래서 그는 정치적 망명을 떠나야 했을 정도였다. 왕권신수설을 절대적인 것으로 여기던 현실은 그 왕의 품성과 인격에 따라 세상이 좌우되는, 절대적 복종만 강요되는 시기였다. 그런데 홉스는 왕권이라는 것도 그렇게 신성한 것이 아니라 계약에 의한 권리의 양도일 뿐이라는, 당시로서는 경천동지의 주장으로 충격을 주었다. 홉스는 원초적 상태를 가정하고 근본적으로 인간은 이기적 본성을 가진 존재라고 전제했다. 이러한 환경에서 '이리떼'와 같은 경쟁과 투쟁의 위험성을 줄이기 위해서 계약을 맺는다고 보았다.

인간은 분명히 이기적인 존재다. 나의 생존과 이익을 위해서라면 어떠한 짓도 마다하지 않는다. 고상한 품격을 자랑하는 귀족과 신사라고 예외는 아니다. 오히려 더 많은, 더 조직적인 탐욕을 드러냈다. 그런 모습의 총화가 바로 중상주의였다. 상업을 통한 부의 총화가 국부의 총화와 일치한다는 기치 아래 왕, 귀족, 상인이 하나의 카르텔로 똘똘 뭉친 이익공동체였다. 이런 상황에서 애덤 스미스의 선언은 이들에 대한 분명한 비판의 메시지였다. 이른바 지식을 지닌 사람들인 그 카르텔의 구성원들의 판단과 행동이 그렇지 않은 사람들의 그것들보다 우월하다는 건 그릇된 인식이라는 것이다. 이러한 비판의 바탕은 바로 경험주의의 건전성에 기인한다.

대륙의 합리론이 보편적 이성과 생득관념을 강조하는 반면, 경험론은 모든 지식은 경험의 축적에 기인하며 그 경험은 감각기관을 통해 습득되는데 '인류의 보편적 감각기관'이 아니라 개개인의 구체적이고 독립적인 감각기관에 기인한다고 여겼다. 그러므로 모든 지식과 판단의 주체는 각 개인이며 질적 차이가 있는 게 아니다. 예를 들어 단맛의 경우 귀족계급들만 그 맛을 감각할 수 있는 혀를 갖고 있지는 않으며 평민들도 그 감각은 있지만 단지 단 것을 사먹을 여유가 없을 뿐이다. 게다가 경험주의를 완성한 흄은 '공감'이라는 비이기적 원리로 도덕 및 법의 기원을 설명했는데, 이것이 공감은 타인의 환희와 비애를 상상적인 입장의 교환에 의해 추론하고 체험하는 문명인의 사회적 능력이라는 애덤 스미스의 사상으로 이어졌다. 그것은 문명인의 이기주의에 대한 비판이며, 루소식으로 말하자면 미개인의 연민과도 다르다. 또한 그 공감은 단순히 개인에 머무는 것이 아니라 사회적 공감으로 이어진다.

『국부론』에서 말하는 시장의 자율성이라는 것도 사실은 지금의 시장만능주의자들의 주장처럼 정부가 간섭하지 않고 그냥 내버려두면 최상의 결과를 가장 합리적 방식으로 실현할 것이라는 주장과는 달리, 중상주의자들을 비롯한 강자들이 자신들의 '그 잘난' 지성으로 가격을 결정하면서 최고의 이익을 추구함으로써 다수의 시민들이 겪는 불이익에 대한 비판과 맞닿는다. 다시 말해, 수요와 공급의 균형을 통해 저절로 가격이 형성되는 건 모든 시민들의 합리적인 판단능력에 의해 수행될 수 있다는 것이다.

물론 이기심을 어떠한 방식으로 통제하느냐는 별개의 문제다. 인간은 이기적이다. 그것을 스스로 억제할 수 있는 공정성은 사회적 합의에 의해 도출된다. 이러한 사고는 흄의 사상과 가장 가깝게 맞닿아 있다. 앞머리에서 밝힌 스미스의 주장은 바로 그런 맥락이다. 그런 점에서 제1부 '행위의 적정성' 서문의 구절은 매우 의미심장하다. 그는 묻는다. 왜 사람들이 무엇을 위해서 온갖 고생 다하면서 야단법석을 떠는지, 탐욕, 야심, 부, 권력, 최고를 추구하는 목적이 무엇인지, 도대체 경쟁심이 어디에서 생기는 것인지, 그리고 이른바 자신의 '지위의 개선'이라고 하는 인생의 거대한 목적을 추구하는 게 어떤 이익이 있기에 그러는지 등의 물음은 깊이 새겨들어야 할 질문들이다.

왜 이 책이 중요한가?

애덤 스미스는 어떤 행위의 도덕적 시인은 공감에 의한 타인 감정의 공유가 완전히 성립한 경우 그 감정을 동기로 했을 때 가능해진다고 주장한다. 물론 이때 공감에 의한 도덕적 판단이 공평한 관찰자에 의한 공감이라는 조건이 따르기는 하지만. 각자는 자신의 반사회적 정념을 스스로 규제할 수 있는 제3자적 존재여야 개인의 도덕적 자율, 즉 이기심의 사회화가 가능해진다. 이런 관점은 아마도 흄과 상당히 교감되는 부분일 것이다.

이기심의 사회화가 이루어지지 않을 때 시장은 교란된다. 실제로 규제가 요청되는 원인은 바로 거기에서 비롯한다. 시장에서 더 많은 이익을 취하는 방법은 간단하다. 수요와 공급의 균형을 의도적으로 깨뜨리면 된다. 다양한 형태의 독점은 자신들의 이익을 극대화시킬 수 있다. 실제로 기업들은 틈만 나면 그 선택에 대한 유혹에 빠진다. 그리고 그 유혹을 이기지 못하고 자신만의 욕망을 추구하고 실현할 때 소비자들은 그 손실을 고스란히 떠안아야 한다. 애덤 스미스가 주장하는 자본주의의 방식이 정부의 간섭과 규제를 최소화하려는 것은 앞서 말한 불필요한 일방적 선택의 강요가 그런 방식으로 행사되는 것을 막기 위한 바탕이다. 그런데 거기에는 이익의 사회화가 유지되었을 때만 그것이 가능하다. 자본주의가 사회적 합리성에 토대하지 못할 때 정부의 간섭과 규제가 불가피하다. 즉 최소정부는 필수적이지만 이러한 경우 불가피하게 개입하게 된다. 그리고 그 원인 제공자는 바로 탐욕스러운 자본이라는 점을 간과할 수 없다.

애덤 스미스는 이 문제에 대한 고민을 털어내지 못했다. 결국 『도덕감정론』의 핵심은 바로 이러한 문제, 즉 개인의 자유와 사회적 질서가 양립할 수 있는 도덕적·철학적 원리를 마련하는 것이었다. 그러므로 『국부론』을 제대로 이해하기 위해서 이 책은 필수적이다. 스미스 자신도 오늘날 경제학의 법전처럼 여기는 『국부론』보다 이 책에 대한 애착이 훨씬 더 강했던 듯하다. 자신의 묘비명에 스스로 쓴 구절이 바로 "『도덕감정론』의 저자, 여기 잠들다."였다는 것만 봐도 알 수 있다. 그리고 그는 언제나 '도덕철학자(실제로 이 책의 제7부 '도덕철학의 체계'에서 종래의 도덕철학의 여러 학설을 비판적으로 검토하고 있다)'로 불리기를 원했지 경제학자라는 명칭을 고사했던 걸 봐도 그렇다.

애덤 스미스가 사회질서론을 전제로 경제이론을 확립했다는 것을 결코 간과해서는 안 된다. 그는 정의의 여러 규칙으로서의 소유권과 계약법의 기원과 정의를 집행하는 정부의 정당성의 기초에 대해 깊이 탐구했다. 그래서 신의 의지나 정의의 사회적 '효용'에 의해서가 아니라 피해자의 분개에 대한 공평한 관찰자의 공감을 강조한 것이다. 그 토대는 경험주의와 공리주의의 맥락과 상통하기도 하지만 이들과는 다른 근대적인 법질서의 정당화론을 제시함으로써 사회질서론을 마련하고 그것을 기초로 스미스의 경제학이 비로소 성립하게 되기 때문이다. 이러한 점을 무시하고 애덤 스미스의 이론이 '천박하고 탐욕적인' 자본주의와 시장 자율성에 대한 모범 답안인 듯 들먹이는 자들은 정작 그의 중요한 사상은 놓치고 있는 것이다. 그것이 의도적이건 혹은 무지해서건.

『도덕감정론』은 '공감'이 일어나는 특성에 대해 상세하게 설명한다. 공감 자체가 감정이 아니라 상황에 의해 일어나기 때문에 감정을 느끼는 주체 이상의 감정을 느낄 수 없고, 따라서 완전한 공감은 불가능하다. '공평한 방관자'라는 개념을 통해 사회질서가 유지되는 중용의 미덕을 표현한 건 다분히 흄을 연상시킨다. 상황을 객관적으로 보고 타인에 대한 이해 범위를 넓혀준다는 점에서도 비슷하다. 이 책에서 스미스가 말하는 도덕은 사회적인 행위의 규준이라는 의미다. 다시 말해서 시민사회에서의 질서의 원리였다. 그는 그것을 공감의 원리로서 전개시킨다. 즉 자기의 행동이 타인의 공감을 받을 수 있느냐 없느냐, 자기를 타인의 입장에서 보았을 때 자기 행동을 시인할 수 있느냐의 여부가 사회적인 행위의 규준이 되는 것이다. 스미스가 『국부론』에서 이기심의 철학을 주장했다고 오해하는 경우가 많은데, 그것은 결코 질서를 파괴하는 따위의 방종한 것이 아니라, 이러한 객관적인 행위 규준 때문이었던 것이다. 결국 공감의 부재는 사회적 질서를 붕괴시키는 핵심이다. 지금 우리는 그 공감을 실현하고 있는가?

21세기 초반 세계경제를 혼란에 빠뜨린 신자유주의는 애덤 스미스를 욕되게 하는 논리였다. 그는 어떠한 상황에서도 국가의 시장 개입이 있어서는 안 된다고 주장한 게 아니라 독과점의 상시적 가능성을 환기함으로써 합리적 시장의 교란 세력을 물리쳐야 한다는 점을 강조했다. 더 나아가 복지에 대해 국가의 개입이 필요하며 그것이 소득과 총생산을 상승시킨다고 주장한 것은 대단히 진보적인 견해였다. 그런데 250년쯤 지난 지금 복지가 시장경제를 망가뜨리는 주범이며 노동의 의욕을 떨어뜨림으로써 국가와 사회의 경제를 퇴행시킨다는 주장을 거리낌 없이 지껄이는 자들이 여전히 준동한다. 그들이 제대로 애덤 스미스의 저작을 밝은 눈으로 읽었다면 '보이지 않는 손'은 가격 결정보다는 사회의 질서유지에 더 초점을 두고 언급했다는 것을 깨달았을 것이다.

앞서 이미 언급했지만 사실 그 유명한 '보이지 않는 손'이 정작 두 책에서 통틀어 세 차례만 언급되는 것은 그가 살았던 시대를 고려해야 제대로 이해할 수 있다. 그가 살았던 18세기는 중세와 완전히 결별한 근대의 시대였다. 그것은 곧 과학의 시대라는 의미와 일치한다. 그렇지만 신의 절대성에 대한 믿음과 그 효용(?)이 여전히 작동되는 혼용의 시대였다. 즉 사회는 과학과 객관성이 지배했지만 개인은 신앙과 전통적 도덕이 작동되는 시대였다. '보이지 않는^{invisible}'이라는 말에는 신성한 절대성의 의미가 함축되어 있다. 즉 수요와 공급의 합리적 교점이라는 자율성은 신성한 것이라는 강력한 메시지다. 그러나 과학의 시대에 그것을 대놓고 말하는 건 시대착오적이었다. 특히 과학의 객관성에 대한 신뢰가 큰 지식인에게는 더더욱 그렇다. 애덤 스미스가 말한 '보이지 않는' 손은 '신의 섭리'만큼이나 확고하다는 뜻이었기에 강렬하게 한두 차례 언급했을 뿐이다. 그런데도 '보이지 않는 손'을 마치 모든 간섭을 배제한 시장의 자율성으로 오독하는 건 매우 위험한 일이다.

그 시대의 눈으로 읽어야

애덤 스미스는 부자와 권세가에 감탄하고 숭배하는 성향과 가난하고 비참한 상태의 사람들을 경멸하고 무시하는 성향은 계급차별과 사회질서를 확립하고 유지하는 데 필수적인 것이지만 동시에 우리의 모든 도덕감정을 타락시키는 가장 크고 보편적인 원인이라고 진단했다. 존경과 감탄의 대상은 지혜와 미덕이지 부와 권세가 아닌데도 거기에 매달리며, 멸시가 부도덕 행위와 우둔함이 아니라 부당하게도 빈궁과 연약함에 가해지고 있다는 사실에 모든 시대의 도덕철학자들이 개탄한다는 쓴소리를 읽다 보면 마치 지금의 현실을 비판하는 것처럼 들릴지도 모른다. 그러나 1759년에 던졌던 비판이었다. 대통령보다 삼성의 힘이 더 막강할 뿐 아니라 사람들의 숭배를 받는다. 지금 삼성과 검찰에 대해 시민들이 갖는 감정을 250여 년 전 영국으로 옮겼을 때, 과연 애덤 스미스의 주장이 지금 시장만능주의자들이 주장하는 그것과 일치하는가? 천만의 말씀이다!

제2편 '타인의 행복에 영향을 미칠 수 있는 개인의 성품'에서 아들을 멀리 있는 귀족학교에 보내서 교육시키고, 젊은 사람들을 멀리 있는 대학에 보내서 교육을 시키고, 젊은 딸들을 멀리 있는 수도원이나 기숙사제 학교에 보내서 교육시키는 것은 근본적으로 영국과 프랑스 상류층 사회의 가정윤리와 도덕을 손상시키고 따라서 양국의 상류층 사회의 가정의 행복을 손상시켰다는 애덤스의 비판은 또 어떤가? 원정출산으로 미국 시민권을 획득하고 아이들을 조기에 미국으로 유학시키며 국내에서는 특목고에 보내기 위해 온갖 사교육에 매달리는 지금 우리의 모습과 무엇이 다른가! 이 대목을 읽으면서도 뜨끔하지 않다면 그건 이미 욕망과 타락의 임계점을 넘었다는 뜻이다. 임계점을 넘기 전에 변곡점을 마련해야 한다.

나는 다시 잠시 책을 덮고 묻는다. 만약 누군가 애덤 스미스처럼 그 시대를 넘어 시간과 공간을 꿰뚫는 예지를 제시할 때 과연 나는 그것을 올바르게 이해하고 수긍하며 그 실천에 앞장설 수 있을까? 내가 살아온 시간과 삶에서 이룬 상당 부분을 기꺼이 덜어낼 수 있을까? 내 편의 주장에 환호하고 반대편의 그것에 분노하는 데에는 즉각적으로 반응하면서 정작 근본적 물음을 던지되 반성을 요구하는 주장에 대해 차분하게 그리고 논리적으로 그것을 수용할 자세가 되어 있는가? 그런 점에서 당시 애덤 스미스가 던진 의제를 제대로 이해하고 실천한(경제적 이해관계와는 무관하게) 동시대인들을 생각해볼 수밖에 없다. 어쩌면 그들이야말로 애덤 스미스에게 힘을 주었고 곧이어 『국부론』으로 이어질 수 있는 동력을 제공한 사람들일지도 모른다. 그런 의미에서 나는 이 시대를 읽어내는 이의 의제를 이해하고 동참할 수 있는 사람이어야 한다는 자성을 얻는다.

내가 『국부론』보다 『도덕감정론』이 더 중요하다고 여기는 까닭은 단순히 이 책이 『국부론』의 바탕이어서가 아니라 인간의 경향성과 도덕성 그리고 사회적 가치의 실현을 추구한다는 점에서 지금 우리에게도 여전히 유효한 내용이라고 여기기 때문이다. 1776년은 세계사에서 두 가지 획을 긋는다. 하나는 미국의 독립이고 다른 하나는 『국부론』의 출간으로 비로소 경제학이라는 분야가 독립한 것이다. 그것은 둘 다 우리가 어떠한 세상에 살아야 하는지, 어떤 태도와 가치관으로 살아야 하는지를 제시하는 상징이다. 돈에 휘둘리며 타락하는, 탐욕의 시대에 『국부론』의 가장 핵심적 사상이 담긴 『도덕감정론』을 놓치지 말아야 한다. 그것은 단순한 고전이 아니라 지금도 여전히 유효한 시대적 성찰을 놓지 않고 있기 때문이다.

애덤 스미스(Adam Smith, 1723~1790)

고전 경제학의 아버지 애덤 스미스는 글래스고 대학교에서 도덕철학을 공부했으며, 나중에 이곳에서 논리학과 도덕철학을 가르쳤고 총장을 역임했다. 1776년 『국부론』을 저술하여 봉건제와 중상주의적 통제 정책을 비판하고, 자유주의적 시스템이 어떻게 생산력 증진을 가져오고 일반 시민들을 전반적으로 부유하게 만들 수 있는가를 논증함으로써, 이후 모든 경제학설 발상의 근원을 제공했다.

1759년 발표하여 스미스가 전 유럽에서 명성을 얻게 된 『도덕감정론』(박세일 옮김, 비봉출판사, 2009년)은 시민사회의 질서의 원리, 사회적 행위의 규준(規準)을 '공감(Sympathy)의 원리'에서 찾는 책이다. 자기의 행동이 타인의 공감을 받을 수 있느냐, 타인의 입장에서 보았을 때 자기 행동을 정당화할 수 있느냐의 여부가 사회적 행위의 규준이라는 것이다. 스미스는 인간사회의 관계의 근본을 이루는 공감의 원리, 관용과 자기억제의 사회적 가치를 설명하며 인간의 본성을 밝힌다.

인간 사유의 역사적 보물

키케로 외, 『그리스 로마 에세이』

세상이 빠르게 변한다. 최첨단 지식과 정보의 유효기간이 기껏해야 3년이 된 세상이다. 그러니 새로운 지식과 정보를 획득하기 위해 이리저리 덩달아 바쁘다. 그런 세상에서 인간 본연의 지성과 감성이라고 불변일 수는 없을 것이다. 하지만 그럼에도 성찰과 사유의 깊이와 너비를 아주 오래된 옛글에서 만날 수 있다. 그게 고전의 힘이고 가치다. 현대인이 고전을 읽어야 하는 가장 큰 이유 가운데 하나가 바로 그것이다.

사유의 품격

키케로, 세네카, 플루타르코스, 마르쿠스 아우렐리우스. 이들 모두 뛰어난 에세이스트들이다. 직업도 다양하다. 황제도 있다. 그러나 모두 걸작 에세이들을 남겼다는 점은 공통의 요소다. 이 가운데 플루타르코스만 고대 그리스 사람이고 나머지는 로마인들이다. 그러나 신화에서 이미 그렇듯 그리스와 로마의 사유와 문화는 따로 떼놓을 수 없는 이란성 쌍둥이와 같기에 이들이 한 묶음으로 엮여도 낯설지 않을 뿐 아니라 사유의 본질이라는 면에서 보면 오히려 한 묶음이 더 자연스럽다.

이들은 고민과 번뇌를 통해 사유의 깊이를 계속해서 파고들었고 거기에서 인간 보편의 가치인 자유, 인격, 문명 등에 대해 자신의 생각을 풀어냈다. 입장과 처지가 다른 사람들이지만 사유의 대상과 내면이 비슷하다는 점에서 마치 한 사람의 글을 모아둔 느낌까지 든다. 이것은 두 가지 점에서 매우 중요한 포인트다. 하나는 삶에 대한 성찰이라는 점이고, 다른 하나는 문화적 환경이 비슷하다는 점이다. 그래서 이 책은 네 사람의 글을 묶었지만 한 사람의 글인 듯 일체감을 갖는다. 물론 그러면서도 각자 사유의 결이 다르기 때문에 각자에게 길어내는 느낌은 특유의 맛을 갖는다. 아마도 이런 조합을 다른 시대와 공간에서 찾기는 그리 쉽지 않을 것이다.

> 각자의 사물이 완성되는 것은 보편적 자연을 따르는 것이지 밖에서 그 사물을 에워싸거나, 그 사물들 안에 내포되거나, 그 사물의 외부에 딸린 다른 본성을 따르는 것이 아니다.

마치 가스통 바슐라르의 글을 읽는 느낌이다. 날마다 이런 성찰의 '일기'를 쓴다는 건 예사롭지 않다. 게다가 그가 다른 사람도 아닌 로마제국의 황제라면? 그것도 전쟁터에서 틈나는 대로 그렇게 썼다면? 평생을 정복에만 몰두한 전쟁꾼 칭기즈 칸은 아예 논외로 치고, 스스로 탁월한 문화적 안목과 수준이 높다고 자평한 나폴레옹이 그런 글을 썼는가? 마르쿠스 아우렐리우스의 글을 읽을 때마다 어쩔 수 없이 그런 인물들을 소환하며 비교할 수밖에 없다.

마르쿠스 아우렐리우스는 어쩌면 일찍이 플라톤이 그토록 갈망하던 철인왕哲人王에 가장 가까운 인물일지 모른다. 그는 철학의 역사에서 대제국을 통치한 유일한 철학자였다. 아우렐리우스는 철학에 정통했고 언제나 어떤 문제, 어떤 고통에 대해서도 적절한 해결책을 스스로 이끌어내려 고민했다. 그러면서 한편으로는 로마의 중요한 정치가로서 정치적 조건에 따른 실존의 불확실성 앞에서 누구보다도 고민하고 번뇌했다. 그의 글들에서 우리는 그리스 철학과 사상을 너무나 빈번하게 만나게 된다. 그의 신분과 사유 그리고 글의 이 묘한 불일치적 조화가 또 다른 매력일지 모른다.

그가 정치적으로 성공했느냐, 자신의 사유와 행동이 일치했느냐는 논외로 치고 이 정도의 사유와 성찰을 기록한 최고 권력자는 찾기 어렵다. 개인적으로 아우렐리우스가 친근한 건 1970년대 나의 고등학교 국어책에 그의 『명상록』의 글이 실렸기 때문일 것이다. 왜 하고많은 작가들 가운데 뜬금없이(?) 그의 글을 교과서에 실었는지는 모르겠지만 고등학생이 읽었을 때 분명 다른 작가의 글과 다른, 어떤 깊이와 품격을 느꼈던 기억이 여전히 또렷하다.

아무래도 황제보다는 철학자에게 마음이 끌리는 나는, 학문 연구에

드는 비용이 적정해야 한다며 셀 수 없이 많은 서책과 그 주인이 평생 동안 표제조차 다 읽을 수 없는 수많은 장서가 대체 무슨 의미가 있느냐는 세네카의 글을 읽으면서 뜨끔하다. 그는 1세기 중반 네로 황제 궁정의 정치가였고(그는 네로의 스승이기도 했다), 신분에 어울리지 않게(?) 스토아 철학자였다. 금욕주의를 표방하는 스토아 철학을 따르던 이였으니 과도한 욕망을 덜어내라 했을 것이다. 서점에 갈 때마다 늘 예상보다 훨씬 더 많은 책을 '지르는' 나의 욕망은 얼마나 쓸데없는 탐욕인가 싶어 낯이 뜨겁다. 생활비가 크게 축날 정도로 책 구매 비용을 지불하면서도 그건 공부하는 사람으로서 반드시 필요한 일이라고 위안했던 나 자신이 부끄럽다. 사놓기만 하고 미처 읽지도 못한 채 쌓인 책을 보면서 게으름을 탓하기보다 '읽기 위해 사는 게 아니라 사놓으면 읽게 되는 것'이라고 합리화하는 일이 얼마나 많았던가. 어쩌면 그렇게 책이라도 사둬야 지적 욕망이 채워지는 것이라는 착각인지도 모른다. 정작 그 책들을 읽고 그 가르침 따라 충실하게 살지도 못하고 있으니 더더욱 그렇다. 그렇다고 해도 세네카는 빈정대거나 질책하는 게 아니다. 도타운 사유와 웅숭깊은 성찰로 일깨워주는 죽비인 셈이다.

　로마 최고의 문장가 키케로가 쓴 '노년'은 얼마나 싱싱한가. 늙으면 아무것도 할 수 없다고 하는 이들이 많다. 그러나 키케로는 노년에 활동할 수 없다고 주장하는 근거는 없다면서 배와 선원들의 관계로 비유한다. 그런 이들은 다른 사람들은 더러는 독채에 오르고 더러는 배 안의 통로를 돌아다니고 또 더러는 용골에 괸 더러운 물을 퍼내는데 키잡이는 고물에 가만히 앉아 키만 잡고 있다며 항해하는 데 그가 아무것도 하는 일이 없다고 주장하는 이들과 다르지 않다고 통박한다. 키케로는 그리스의 성취를 라틴어 사유 체계로 기록함으로써 그리스의 사상을 로마 문명에 정착시킨 로마의 지성이었다. 늙음의 통념에 대해 반박하는 키케로의 글은 젊다. 아마 노년에 썼을 테지만 정신은 파릇파릇하다. 마음으로는 나는 노년이 되려면 아직 멀었다고 저항하지만 이미 그 문턱을 넘고 있기 때문일까? 예전과는 달리 이 주제에 대한 키케로의 글들이 모두 살갑다. 제 나이가 되어야 보이는 삶의 성찰이 있는 법이다. 젊었을 때는 마땅히 예리하고 대담하게 세상을 향해 날카로운 칼을 들이밀 수 있는 열정으로, 나이 들어서는 관용과 지혜의 뭉툭한 칼로 다독이는 성찰이 제값을 하는 법이다. 키케로의 글은 그런 사유를 길어낸다.

> 독서광은 역사에 관해 이야기하기를 좋아하고, 문학자는 문법에 관해 토론하기를 좋아하고, 널리 떠돌아다닌 여행가는 낯선 나라에 관해 이야기하기를 좋아한다. 그래서 이러한 기호도 조심해야 한다. 수다는 언제나 짐승처럼 낯익은 풀밭으로 가고 싶은 유혹을 느끼기 때문이다.

'최후의 그리스인'이며 탁월한 이야기꾼인 플루타르코스의 넉살은 지금 우리에게도 고스란히 적용된다. 모두 제 이야기만 하는 세상이다. 남의 이야기에 귀를 기울이고 거슬리고 불편한 말도 일단 들어보려는 생각은 없고 오직 내 말만 들으라는 듯 소리 지르는 자들이 너무 많다. 사람 같잖아서 입 다물고 있으면 제 말이 전적으로 맞아서 그런 줄 알고 더 의기양양하다. 이런 자들이 이른바 진영 논리에 사로잡히면 그걸로 대화는 끝이다.

    네 사람의 뛰어난 에세이는 인간 사유의 품격을 대변한다. 그리고 그 가치는 언제나 어디서나 불변이기에 2000년 가까운 시간이 지났어도 여전히 우리에게 많은 깨우침과 격조를 선사한다. 걸핏하면 '고전'이라는 타이틀을 붙이는 평가절하의 시대지만 이런 책이야말로 고전의 이름에 조금도 모자람이 없다. 인류가 이런 유산을 가졌다는 것 자체가 축복이고 문명의 상징이다. 그런데도 우리는 어찌하여 더 몰개성과 비이성으로 치닫고 있는 걸까?

흔들리지 않는 힘

에세이는 '어떤 문제를 논하거나 어떤 주장을 내세우면서, 그에 관한 자기 견해를 받아들이도록 설득하는 적정 길이의 산문'이다. 우리가 흔히 말하는 '붓 가는 대로 쓴' 가벼운 신변잡기의 글 혹은 경수필 miscellany 의 영역은 에세이의 좁은 영역에 불과하다. 물론 에세이는 스스로 체계적인 설명이라고 자처하지 않는다. 또한 전문 독자가 아니라 일반 독자를 위해 쓰인다는 점에서 학술 논문과 다르다. 이러한 에세이에는 두 가지 미덕이 있다. 하나는 품격과 유머 감각이 잘 버무려진 경우가 많고, 또 다른 하나는 진정성이 있다는 점이다. 그런 점에서 지어낸 이야기인 허구와 다르다. 에세이에는 삶의 지혜와 사유가 담겼다. 그러므로 나의 삶이 흔들릴 때 에세이만 한 게 드물다.

    특히 마르쿠스 툴리우스 키케로의 경우는 그의 삶이 파란만장했던 만큼이나 글이 다양할 뿐 아니라 문장의 격조와 품위 그리고 내용에서 가장 주목할 만하다. 당대 최고의 웅변가이며 정치인이었고 문인이었던 그는 실제로 로마 최고 정치지도자인 콘술의 자리에 올랐던 인물이다. 그는 귀족 중심의 원로원 체제를 옹호했다는 점에서 귀족주의자의 한계를 벗어나지 못했지만 카이사르의 독재적 정치 노선을 가장 강력하게 반대했던 공화주의자였다. 그의 목숨을 거둬간 건 카이사르가 아니라 카이사르 사후 정권을 잡은 안토니우스가 보낸 자객에 의해서였다. 그가 정치 일선에서 물러나 은둔생활을 하면서 많은 책을 쓴 건 개인적으로는 안타까울지 모르지만 그것 때문에 후대인들이 큰 선물을 누릴 수 있었다는 점은 아이러니하다. 마치 다산 정약용의 삶이 그런 것처럼. 나는 그의 에세이들을 읽으면서 겉으로는 차분할지 모르지만 그의 마음속을 휘젓던 격정이 화산처럼 분출하는 게 아니라 오히려 잘 익은 술처럼 그윽해짐을 느낀다. 분노, 격정, 회한 등이 어찌 없었겠는가. 그러나 노년에 접어든 노정객 겸 사상가의 눈은 삶에 대한, 특히 나이 듦에 대한 애틋함이 잘 녹아 있어서 따사롭다.

키케로의 삶과 상당 부분 비슷하지만 문학적 측면에서는 딸리되 철학적 측면에서는 더 뛰어난 루키우스 안나이우스 세네카의 글도 그의 삶과 겹치면서 읽는 맛이 달라진다. 키케로가 그랬듯 세네카 역시 정치가였다. 네로 황제의 정치적 조언자를 넘어 스승이었으며 참모이기도 했던 세네카는 어쩌면 네로를 통해 자신의 정치적 이상을 더 강하고 넓게 실현시키고 싶은 소망이 있었을 것이다. 초기의 네로는 분명 그럴 가능성이 보였다. 하지만 갈수록 네로의 폭정이 심해지자 그 비난의 한 무더기는 세네카의 몫으로 돌아갔다. 대놓고 네로를 욕하지 못하는 경우 그의 정치적 동지이자 스승이며 참모였던 세네카에게 더 크게 비난이 돌아간 건 지금이나 비슷한 속성이다. 다행히 그는 대표적인 스토아 철학자였고 시인이었기에 정치적 야망의 좌절에 절망하기보다는 윤리와 철학에 대한 연구와 저술에 힘을 쏟을 수 있었다. 그런 점에서 그는 당대의 정신문화를 대표하는 인물이다. 실제로 18세기까지 세네카는 유럽에서 가장 많이 읽히는 '철학자'에 속했다. 특히 그는 인간 영혼에 대한 깊은 통찰로 시대를 뛰어넘는 깊이를 보여준다.

키케로와 세네카의 경우 많은 것을 생각하게 한다. 지금도 권력의 부스러기를 탐하다 몰락한 뒤 더 추해지는 자들을 흔하게 본다. 끝까지 포기하지 못하고 낡고 썩은 동아줄이라도 쥐려고 아등바등 온갖 추태를 보이는 자들은 생물학적 목숨은 유지할지 모르지만 이미 정치적으로나 인격적으로 추악한 모습일 뿐이다. 그에 비해 키케로와 세네카는 결국 정적의 손에 의해 생물학적 생명은 빼앗겼지만 그들의 사유와 품격은 한 터럭도 빼앗기지 않았다. 그게 글의 힘이고 사유의 품격이다. 그래서 이 두 사람의 글을 읽을 때마다 나는 글의 탁월성과 사유의 심오함보다 그들의 삶의 품격과 정체성의 고민에 끌린다. 내가 만일 그런 경우라면 분노와 부끄러움 등의 허허로운 상념에서 벗어나 오히려 더 깊은 사유와 성찰을 길어 올리는 글을 쓸 수 있을까? 그런 마음으로 그들의 글을 읽으면 맛이 확실히 다르다. 흔들리지 않는 힘은 바로 그것이다. 그게 진짜 권력이다. 그런데도 지식이 좀 있고 글 꽤나 쓴다면서 문화 권력을 탐하다 급기야는 정치적 권력을 넘보는 학자, 문인들의 모습은 얼마나 가소로운 일인가.

시간으로 퇴색하지 않는

한 사람의 인생 기껏해야 70~80년이다. 그 가운데 발육과 성장기는 아직 정체성도 굳어지지 않은 시기니 사회적으로나 경제적으로 그리고 자기정체성의 면에서도 제대로 된 독립적 자아로 사는 건 고작해야 40~50년일 뿐이다. 그 기간 온갖 욕망에 흔들리고 보잘것없는 성취에 환호하며 끝내 찾아올 쇠퇴에 절망하고 원통해하는 삶은 얼마나 허망한가. 늙어서도 그 욕망에서 벗어나지 못하고 인격적으로 성숙하지 못하면 노추老醜가 될 뿐이다. 그러나 사유와 성찰은 그런 자기 한계에 대해 인식하면서 삶의 본질에 대해 고갱이의 터를 마련한다. 이 고대 그리스와 로마의 현인들이 보여준 내면은 바로 그런 힘으로 시간의 강을 건너면서 오히려 더 단단해진다. 그래서 읽을 때마다 더 매력적이다. 예전에는 읽으면서 그냥 넘겼지만 다시 읽을 때 갑자기 전율을 느끼게 되는 대목들이 얼마나 많은가! 그게 고전이고 인간의 위대한 기록이다.

　이들의 글을 읽으면서 지금의 나에게 묻게 되는 건 당연하고 자연스럽다. 그것은 바로 성찰 때문이다. 모든 성찰이 언행에 직결되거나 일치하는 건 아니다. 교언영색보다 차라리 눌언민행이어야 한다. 그 차이는 성찰의 깊이에 달렸다. 매 순간 성찰하고 모든 언행을 짚어보며 내 삶의 의미로 묻게 되면 한 뼘이라도 더 나은 삶을 살아갈 수 있을 것이다. 그런 성찰을 이입시키면서 읽으면 이 에세이들은 결코 가볍게 쉽게 읽을 수 없다. 그들의 성찰과 사유를 나의 삶으로 옮겨놓고 하나씩 차분히 따져보는 것만으로도 이 책의 힘은 생각보다 묵직하다. 이들의 사상이 나의 사유로 넘어오지 않는 건 성찰이 부족하고 앞만 바라보며 달릴 생각만 하지 뒤를 돌아보며 짚어보지 않기 때문이다. 내가 이 책에서 건져야 할 가장 중요한 목록이다.

    나이 들어가면서 이들의 성찰이 이전과는 다른 결로, 다른 느낌으로 다가오는 건 축복이다. 그게 없다면 부끄럽고 추하게 인생을 허비할 것이니. 삶에 대한 진지함과 겸손함, 그게 성찰의 바탕이다. 키케로가 노년에 관해 쓴 것이나, 세네카가 인생의 짧음에 대해 쓴 것 그리고 아우렐리우스가 『명상록』에서 틈틈이 언급하며 쓴 것은 결국 삶의 유한성에 대한 겸손한 인식에 그 바탕을 두고 있다. 지금 나는 생생하게 살아있고 앞으로도 제법 오랫동안 지속될 것이라고 생각한다. 죽음을 모르는 것 아니지만 그건 일단 당장의 일이 아니니 그걸 사유하고 싶지 않다. 그러나 어쩌면 우리는 매일 죽는 셈이다. 어제의 내가 죽고 오늘의 새로운 나로 거듭나지 않으면 매일 죽음이 연속될 뿐이다.

    세네카는 근심에서 벗어나 마음이 차분한 사람이어야 지난 인생의 모든 부분을 돌아다닐 수 있으며, 분주한 자들의 마음은 마치 멍에를 메고 있는 것과 같아서 뒤돌아볼 수 없다고 조용히 말한다. 분주한 자들의 인생은 망각의 심연 속으로 사라지는 것과 같다. 아무리 많이 쏟아부어도 그것을 받아서 간직할 그릇이 없으면 아무 소용없는 것처럼 시간이 아무리 많이 주어져도 머물 곳이 없으니 아무 소용이 없다고 한탄한다. 그것은 마음의 금과 구멍 사이사이로 시간이 새어버릴 뿐이다. 세네카의 이 짧은 충고만 가끔 되새겨도 자잘하고 쓸데없는 일에 인생의 귀한 시간을 낭비하지는 않을 것이다. 결국 내 삶은 훈장을 주렁주렁 매달아서 빛나는 게 아니라 내가 아닌 다른 것에 매달리지 않고 전적으로 자신의 삶을 사는 데서 온다. 아우렐리우스의 다음 문장처럼.

> 오늘 나는 모든 방해에서 벗어났다. 아니, 모든 방해를 내던져버렸다. 왜냐하면 방해는 바깥에 있는 것이 아니라, 내 안에, 내 판단 안에 있기 때문이다.

황제도 그럴진대, 소시민인 나는 버릴 게 훨씬 적고 가벼울 것 아닌가. 그런 점에서는 내가 황제보다 유리하다. 그러니 하루에 한 줌씩 그런 방해들을 내던져버리며 살 일이다.

마르쿠스 아우렐리우스(Marcus Aurelius Antoninus, 121~180)

로마 제국의 제16대 황제(재위 161~180년)이자 후기 스토아학파 철학자다. 황제 안토니누스 곁에서 통치술을 배웠으며, 한때 노예였던 스토아철학자 에픽테토스의 글을 탐독했다. 황제로 즉위한 후 수많은 법을 공포하고 국민의 삶을 보살펴, 이후 오랫동안 서양에서 로마 제국의 황금시대를 상징하는 인물이 되었다. 이 철인왕의 스토아주의 도덕철학이 담겨 있는 『명상록』은 역사상 가장 위대한 고전 가운데 하나로 여겨져왔다.

마르쿠스 툴리우스 키케로(Marcus Tullius Cicero, BC 106~BC 43)

가장 위대한 로마의 웅변가이자 수사학의 혁신자다. 아르피눔의 부유한 집안에서 태어나 법조계에서 명성을 쌓고, 재무관으로 공직생활을 시작하여 집정관까지 이르렀다. 로마 공화국을 파괴한 마지막 내전 때 공화정의 원칙을 지키려고 애썼지만 실패했다. 철학사에서는 그리스 사상의 전달자로서 중요성을 갖는다. 주요 저술로 「웅변에 관하여」 「공화정에 관하여」 「법률에 관하여」 「브루투스, 궤변, 웅변가」 「최고선에 관하여」 「신의 본성에 관하여」 「도덕적 의무에 관하여」 등이 있다.

루키우스 안나이우스 세네카(Lucius Annaeus Seneca, BC 4~AD 65)

1세기 중엽 로마를 대표하는 지성이었다. 어려서 연설가 훈련을 받고 스토아철학을 공부했다. 칼리굴라, 클라우디우스 황제들과 충돌하였으나 50년에 집정관이 되었고 훗날의 황제인 네로의 스승이 되었다. 네로 황제의 재위 초기인 54~62년에는 로마의 실질적 통치자였다. 62년 은퇴 후 남은 해 동안 매우 뛰어난 철학책들을 썼지만 65년 적들에게 고발당해 자살을 명령받았다. 주요 저작으로 「도덕에 관한 서한」, 「분노에 관하여」, 「관용에 관하여」, 「삶의 짧음에 관하여」 등이 있다.

플루타르코스(Plutarchos, 46~119?)

아테네 철학자 암모니우스에게 수학과 철학을 배웠다. 철학적으로는 플라톤주의를 중심으로 스토아학파, 피타고라스학파를 절충했다. 아카데미에서 윤리학을 가르치고 델포이 신탁소에서 성직자로 일하는 등 여러 공직을 지내며 왕성한 저술 활동을 했다. 그가 남긴 약 227편의 작품 중 가장 유명한 것은 그리스와 로마의 위인들의 전기인 『영웅전』과 윤리·종교·정치 등 다양한 주제에 대한 60편 이상의 수필을 엮은 『모랄리아』다. 특히 『영웅전』은 16~19세기 유럽의 수필, 전기, 역사 저술 발전에 큰 영향을 주었다.

『그리스 로마 에세이』(천병희 옮김, 도서출판 숲, 2011년)는 고대 그리스와 로마의 위대한 철학자, 정치가, 역사가들의 빼어난 에세이들의 정수를 한 권에 모은 책이다. 마르쿠스 아우렐리우스의 『명상록』을 필두로, 키케로의 「노년에 관하여」와 「우정에 관하여」, 세네카의 「마음의 평정에 관하여」 「인생의 짧음에 관하여」 외 2편, 플루타르코스의 「수다에 관하여」 「분노의 억제에 관하여」 외 4편을 수록했다.

찾아보기

ㄱ

『가문비나무의 노래』 230~239
강제노동수용소 69~78
경수필 289
경제학 59~68, 273~274, 278, 282, 283
『경제학을 리콜하라』 59~68
경험주의 63, 275
고딕 양식 212~213
고리키, 막심 46
고전주의 38, 213, 217, 235
공감 5, 8~9, 46, 86, 108, 109, 126, 128, 132, 148, 163, 168, 171, 172, 185, 186, 193, 198~201, 204, 206, 214, 233, 253, 275~279, 283
공리주의 63, 225, 278

공산주의 178~179, 182~184
공자 27~36, 111
『관촌수필』 104, 112
괴테, 요한 볼프강 폰 209~219
『국부론』 9, 61~62, 68, 274, 276, 278, 279, 282, 283
군자 27~36
『군주론』 220~229
『그리스 로마 에세이』 284~295
『그리스인 조르바』 177, 187
「그린북」 167, 173
근대성 149~151
김성동 108
김승옥 89~99
김천택 265

─── ㄴ

나폴레옹 286
낭만주의 38, 185, 213, 217
네로 287, 290, 295
네루다, 파블로 19
노벨문학상 70, 71, 78, 147, 154, 166, 189~190, 197
『노인과 바다』 8
『노자라시 기행』 269
『논어』 27~36, 111
니어링, 스콧 113~123
니어링, 헬렌 116, 118~119, 121, 122, 123
니체, 프리드리히 113, 114, 178

─── ㄷ

『닥터 지바고』 156~166
단테, 알리기에리 216, 240~241, 242~243, 244
『데카메론』 240~250
『도덕감정론』 62, 273~283
도덕철학 278, 281, 283

독일 고전주의 213, 219
『동방견문록』 209
「두이노의 비가」 254
드루얀, 앤 240
디킨스, 찰스 37, 56

─── ㄹ

래그타임 170, 176
『러시아 기행』 177~187
러시아문학 184~186
로먼, 윌리 79~88, 196
『로미오와 줄리엣』 213
류시화 262, 271, 272
르네상스 240, 241, 243, 245, 247, 249~250
리, 하퍼 168
리카도, 데이비드 65, 68
릴케, 라이너 마리아 254, 257

─── ㅁ

마르쿠스 아우렐리우스 284, 286,

찾아보기 ─── 297

293~294
마르크스, 카를 66, 67, 68, 221
마키아벨리, 니콜로 220~229
맬컴 X 170
맹자 34, 198, 225
『맹자』 63
『명상록』 286, 293, 294~295
모루아, 앙드레 48~58
모리슨, 토니 167
모차르트, 아마데우스 156
목성 255
몽포르, 시몽 드 52
무용의 용 266, 268
「무진기행」 89~99
밀러, 아서 79~88, 196

─── ㅂ

바쇼, 마츠오 262~272
『바쇼 하이쿠 선집』 262~272
바슐라르, 가스통 285
바타이유, 조르주 202
박원암 63
『밤으로의 긴 여로』 188~197

백년전쟁 53~55
『벚꽃동산』 37~47
베르그송, 앙리 178, 187
베아트리체 216
베케트, 새뮤얼 200
보르자, 체사레 227~228
보이저 호 253, 255~256, 259, 260~261
'보이지 않는 발' 63
'보이지 않는 손' 62, 280
보카치오, 조반니 240~250
브렉시트 49, 57
블룸, 헤럴드 197
비교우위론 65
비트겐슈타인, 루트비히 140
『비행공포』 246
『빌러비드』 167

─── ㅅ

사설시조 263~265
사실주의(리얼리즘) 37~39, 47, 190, 247
사이드, 에드워드 145
『사자와 보석』 147, 148~153
『사진에 관하여』 201, 205

생텍쥐페리, 앙투안 드 17~26
성 바르톨로메오 축일의 대학살 221
세네카, 루키우스 안나이우스 284, 287, 290~291, 293, 295
세이건, 칼 251~261
『세일즈맨의 죽음』 79~88, 196
셍고르, 레오폴 세다르 145
셰익스피어, 윌리엄 39, 148, 213
소인 27~36
소잉카, 월레 145~155
손택, 수전 198~206
솔제니친, 알렉산드르 69~78
슈호프, 이반 데니소비치 69~78
슐레스케, 마틴 230~239
스미스, 애덤 9, 60~64, 67~68, 273~283
『스콧 니어링 자서전』 113~123
스토아주의 287, 291, 294~295
스트라디바리, 안토니오 236
스티글러, 조지 63
시조 262~265, 271
『시학』 240
『신곡』 216, 240~244
신자유주의 67, 279

──── ㅇ

아리스토텔레스 240, 254
「아마데우스」 156
아폴로 11호 255
안토니우스, 마르쿠스 290
『안티 마키아벨리』 221
『앵무새 죽이기』 168
『어린왕자』 17~26
업다이크, 존 246
에세이 136, 233, 284, 289, 290, 292
『영국사』 48~58
오닐, 유진 80, 188~197
『오리엔탈리즘』 145
오카라, 가브리엘 145
『올리버 트위스트』 37
와일더, 손턴 80
『우리 동네』 104, 112
우주탐사 255, 257~258
울프, 버지니아 200~201
윌리엄스, 테네시 80
「유자소전」 103~112
유재필 109, 111, 112
『은밀한 생』 134~144
응구기 와 티옹오 145

이노센트 장티예 221
이문구 103~112
이빈스카야, 올가 161, 163
『이 사람을 보라』 113
『이반 데니소비치의 하루』 69~78
이오 255
이정전 59~68
『이탈리아 여행기』 209~219

─── ㅈ

『자본론』 221
자본주의 9, 39, 115, 119, 179, 183, 273, 277, 278
『자유로운 영혼의 저항과 노래: 월레 소잉카 대표 희곡선』 145~155
잔 다르크 56
전태일 124~133
『전태일 평전』 124~133
『정글북』 153
정약용 290
조영래 128~132
『조화로운 삶』 116
존슨, 제임스 웰든 167~176

졸라, 에밀 121
종, 에리카 246~247
중상주의 61, 275, 283
지브란, 칼릴 11
『질문의 책』 19

─── ㅊ

차액지대설 65, 68
『창백한 푸른 점』 251~261
챌린저 호 258
철인왕 286, 294
『철학적 탐구』 140
『청구영언』 265
체호프, 안톤 37~47
초서, 제프리 247
최소정부론 64, 277
칭기즈 칸 286

─── ㅋ

카이사르, 율리우스 290
카잔차키스, 니코스 177~187

카트린 드 메디시스 221
카파, 로버트 202
『칸초니에레』 240
칸트, 이마누엘 31, 235
케인스, 존 메이너드 67, 68
『켄터베리 이야기』 247
쾌락주의 30, 245
『코스모스』 252~253, 260
키냐르, 파스칼 134~144
키케로, 마르쿠스 툴리우스 284, 287~288, 289, 291, 293, 294
키플링, 조지프 러디어드 153

---- ㅍ

파스테르나크, 보리스 156~166
페트라르카 240~241, 249
포스트 모던 245, 248
폴로, 마르코 209
퓰리처상 80, 189, 261
플라톤 286
플루타르코스 284, 285, 288, 295
피케티, 토마 65
핀다로스 241
필립 오귀스트(필리프 2세) 51

---- ㅌ

타이탄 255
『타인의 고통』 198~206
『토다 라바』 184
『토지』 5
트리톤 255
트웨인, 마크 4

---- ㅎ

하이쿠 262~272
『한때 흑인이었던 남자의 자서전』 167~176
합리론 275
「해석에 반대한다」 199, 205, 206
헤밍웨이, 어니스트 8
헤세, 헤르만 232
홉스, 토머스 274
흄, 데이비드 275, 276, 277, 279

─── **기타**

10월 혁명(볼셰비키 혁명) 157, 159, 166, 180

『21세기 자본』 65

『3기니』 200

NASA 252, 256, 260

SETI(외계지적생명체탐사계획) 256

고전에 묻다
인문학자 김경집의 고전 새롭게 읽기 3

1판 1쇄 발행 2020년 8월 24일

지은이 —— 김경집
펴낸이 —— 한기호
책임편집 —— 이기홍
편　 집 —— 여문주, 오선이, 박혜리
본부장 —— 연용호
마케팅 —— 윤수연
경영지원 —— 김윤아
디자인 —— 장원석

인　 쇄 —— 예림인쇄
펴낸곳 —— (주)학교도서관저널
　　　　　출판등록 제2009-000231호(2009년 10월 15일)
　　　　　121-839 서울시 마포구 동교로 12안길 14(서교동) 삼성빌딩 A동 3층
　　　　　전화 02-322-9677　팩스 02-322-9678
　　　　　전자우편 slj9677@gmail.com
　　　　　홈페이지 www.slj.co.kr

ISBN 978-89-6915-080-6 03800

책값은 뒤표지에 있습니다.